Mein großes Buch vom Reiten

Ute Ochsenbauer

KOSMOS

Inhaltsverzeichnis

Hallo!

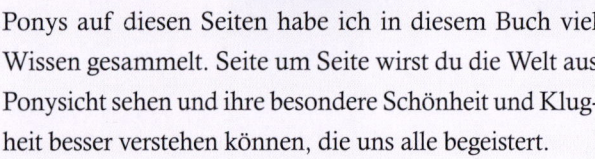

Zusammen mit den Kindern und Ponys auf diesen Seiten habe ich in diesem Buch viel Wissen gesammelt. Seite um Seite wirst du die Welt aus Ponysicht sehen und ihre besondere Schönheit und Klugheit besser verstehen können, die uns alle begeistert.

Viel Spaß beim Lesen! Deine Ute

Marcel mit Nini

Marcel ist zwölf Jahre, reitet seit sechs Jahren und bekommt Unterricht in Dressur und Springen. Am liebsten springt er, aber er mag auch abwechslungsreiche Geländeritte. Nini ist sieben Jahre alt und lebt seit drei Jahren bei Marcel. Im Sommer ist sie auf der Wiese und im Winter im Reitstall. Nini ist hübsch, lieb und anhänglich, reagiert aber oft ängstlich. Sie hatte eine langwierige Verletzung, weil sie sich in einem Stacheldraht verfangen hat.

Levke mit Sir Henry

Levke, zwölf Jahre, reitet, seit sie sieben ist, auf Sir Henry. Sie hat jede Woche Unterricht in Dressur und Springen. Sir Henry ist auch zwölf und ihr Kumpel. Manchmal kann er allerdings etwas griesgrämig sein. Er springt gern, ist sehr gehfreudig und nervenstark und braucht beim Reiten viel Abwechslung und Aufmerksamkeit. Henry hat leichtes Sommerekzem. Er darf jeden Tag mit seinen Freunden auf die Wiese. Levke spielt gern Geige, auch im Orchester.

Madita

Madita reitet seit acht Jahren. Gelernt hat sie es auf Sir Henry. Auch wenn sie ihn gern hat, ist sie jetzt für ihn zu groß geworden. Gerade hat sie ein neues Pferd bekommen, Charles. Madita reitet gern Dressur, springt aber auch. Außerdem spielt sie seit sieben Jahren Klavier. Für die Fotos hat sie ausnahmsweise Sir Henry geritten, als Levke keine Zeit hatte. Natürlich hat es ihr Spaß gemacht!

Koniks

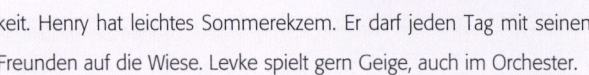

Die Graufalben in diesem Buch sind Koniks. Sie leben halbwild im Naturschutzgebiet Geltinger Birk an der Ostsee, nahe der dänischen Grenze. Koniks sind sehr robust und etwa 135 cm hoch. In unserem Buch helfen sie dir, zu verstehen, was Ponys brauchen, um so natürlich und glücklich wie möglich zu leben.

Finja mit Katinka

Finja ist 13 Jahre alt und reitet, seit sie vier ist. Sie hat jede Woche Reitunterricht und reitet gern im Gelände. Außerdem spielt sie Gitarre, Querflöte und Klavier. Finja hatte früher eine Pferdehaarallergie. Katinka (13 Jahre) ist ein Arabermix. Sie lebt mit fünf anderen Ponys im Offenstall. Sie zeigt deutlich, was sie nicht mag.

Malte mit Aron

Malte ist 13 und reitet, seit er fünf Jahre alt ist. Er bekommt Unterricht in Springen und Dressur. Beim Einreiten und der weiteren Ausbildung junger Pferde wird er von seinem pferdeerfahrenen Vater unterstützt. Malte liebt es zu springen, probiert aber auch gern Neues aus, wie zum Beispiel Halsringreiten oder Pferdefußball. Der schöne

und temperamentvolle Aron (zehn Jahre) lebt seit seiner Geburt bei Maltes Familie. Er ist spritzig beim Reiten und geht zusammen mit seiner Mutter Sally zuverlässig vor der Kutsche.

Rosa mit Trajan

Rosa ist zwölf und galoppierte zum ersten Mal mit zwei Jahren auf dem Rücken eines artigen Fjordponys. Sie reitet gern ohne Sattel und mag Bodenarbeit, Geländeritte und Zirkus. Unterricht bekommt sie von ihrer Mutter Ute. Rosas Haflinger Shoshoni (fünf Jahre) war zu unerfahren für den Fototermin. Rosa ritt daher den schö-

nen Trajan (21). Er ist ein guter Lehrer für junge Reiter. Rosa spielt gerne Klavier und Orgel, kickt in einer Mädchenfussballmannschaft und fährt Inliner.

Ina

Ina ist sieben Jahre alt. Sie reitet den Araberwallach Farou, auf dem sie schon als Baby zusammen mit ihrer Mutter Schritt reiten durfte.

Ein Mal in der Woche bekommt sie Reitunterricht auf dem Pony Benny. Ina schwimmt gern, tanzt Ballett und spielt mit ihren Omas stundenlang Märchen und Geschichten nach.

Charlotte

Charlotte ist 16. Sie hat auf Eselin Resi reiten gelernt und hat nun ihr wundervolles New Forest Pony Mio. Den Fototermin hat sie

mitorganisiert und die Motive auf der Liste abgehakt. Außerdem hat sie das Buch als Erste gelesen und ihrer Mutter Ute Themen vorgeschlagen, die sie bisher in Pferdebüchern vermisst hatte.

Clara mit Sunny

Clara ist elf und reitet mit großer Begeisterung seit sie vier ist. Ein Mal pro Woche hat sie Unterricht auf ihrem Pony Sunny, einer klugen und gehfreudigen Stute. Sunny ist 21, hat chronische Hufrehe, eine Heustauballergie und lebt im Offenstall. Clara spielt Klarinette und Klavier und fährt Kajak.

Greta mit Kimberly

Greta ist acht Jahre alt und reitet „schon immer." Sie liebt es zu springen und bekommt Unterricht von ihrer Mut-

ter Ingrid. Greta malt gern, auch Schwimmen und Skifahren machen ihr Spaß! Ihre Schimmelstute Kimberly hat ein goldenes Herz und ist ein prima Einsteigerpony.

Alles über Pferde

Was magst du am liebsten an einem Pony? Sein weiches Maul, sein warmes Fell, die gespitzten Ohren, die sich aufmerksam in alle Richtungen drehen? Oder die großen, klugen, glänzenden Augen? Magst du seinen Rücken, der so stark ist, dass er dich tragen kann? Seinen Bauch, der gemütlich hin und her schaukelt, wenn du ohne Sattel reitest oder seinen Hals, der so gut nach Pony riecht?

Wild galoppierende Ponybeine können über Gräben und ins Wasser springen, wuschelige Ponymähnen flattern dabei im Wind. Magst du das oder ist dir das zufriedene Schnauben und Kauen der Ponys bei ihrer Abendmahlzeit lieber?

Es gibt viele Gründe, warum kleine und große Menschen Ponys und Pferde lieben. Und wer sie liebt, möchte sie auch verstehen und so viel wie möglich über sie wissen. Und darum geht es auf den folgenden Seiten.

Von Kopf bis Huf

Was tun?

Bodenarbeit, Zirkuskunststücke, Kutsche fahren, Dressur, Springen, Gelände- und Wanderritte oder einfach spazieren gehen – mit jedem Pony oder Pferd lässt sich eine Menge unternehmen. Wichtig ist dabei, was dir und deinem Pony Spaß macht und worin ihr zusammen gut seid. ▶ Viele Tipps zu Unternehmungen findest du ab Seite 94.

Gras im Bauch

Pferde haben nur einen winzigen Magen. Das Gras oder Heu, das sie über den ganzen Tag verteilt fressen, wird vor allem in ihren Därmen verdaut, die insgesamt ungefähr zehn Mal so lang sind wie unsere. Pferde sind Vegetarier. ▶ Mehr über die Verdauung steht auf Seite 66.

Kraftpakete

Der „Motor" des Pferdes sitzt hinten. Hier befinden sich kräftige Muskeln, die zum Beispiel dafür sorgen, dass das Pferd kraftvoll galoppieren kann. Als Fluchttiere müssen Pferde jederzeit einen lebensrettenden Sprint einlegen und sich im Stehen perfekt erholen können. ▶ Mehr über Muskeln und Sehnen steht auf Seite 74.

Auf Zehenspitzen

Pferde sind Zehengänger. Der Pferdehuf entspricht der Spitze unseres Mittelfingers oder unseres mittleren Fußzehs, das Sprunggelenk unserem Knöchelgelenk. Ihr elastisches und gleichzeitig hartes Hufhorn federt Erschütterungen ab und pumpt bei jeder Bewegung das Blut von unten zurück Richtung Herz. ▶ Mehr über den Bewegungsapparat steht auf Seite 72.

Immer zusammen

Hengst Karl läuft hier zwar allein übers Gras, doch seine Herde ist nicht weit weg. Als Leithengst kümmert sich Karl um das reibungslose Zusammenleben seiner Herde. Er stellt sicher, dass die Mutterstuten auch im Winter Futter und Wasser finden und dass seine Fohlen sicher aufwachsen. ▶ Mehr über Pferdefamilien steht ab Seite 16.

In Farbe

Ponys haben oft üppige Mähnen und Schweife. Das wuschelige Deckhaar des Falbhengstes Karl schützt vor Regen und Wind, aber auch vor Insekten. ▶ Mehr über Farben steht auf Seite 56.

Schon gehört?

Am lebhaften Spiel der Pferdeohren und seinen glänzenden Augen kannst du erkennen, ob dein Pony gesund und munter ist. Pferde hören und sehen auf andere Weise als wir Menschen – ▶ wie, das erfährst du auf Seite 78.

Zoologischer Steckbrief

In der Zoologie, der Wissenschaft von den Tieren, sind alle Tiere systematisch geordnet. Zur Gattung Equus, also den Einhufern, gehören die Arten Zebra, Esel und Pferde.

Klasse: Säugetiere
Ordnung: Unpaarhufer
Familie: Einhufer = Equidae
Gattung: Pferde = Equus
Arten: Pferde, Esel, Zebra

◀ Im Pferdemuseum in Verden kann man die Entwicklung der Pferde vom hasenartigen Waldtier bis heute verstehen lernen.

▶ Das Morgenröte-pferdchen oder Eohippus hatte vorne vier und hinten drei Zehen. Da es nur so hoch wie ein Kaninchen war, war es als Reittier ungeeignet.

Vom Eohippus zum Wildpferd

Im Pferdemuseum in Verden haben wir versucht, die Millionen Jahre alte Geschichte unserer Hauspferde zu verstehen. Gar nicht so einfach! Als Ina vor dem merkwürdigen kleinen Eohippus steht, das ganz allein auf einem Steinblock aufgebaut ist, kann sie sich nur schwer vorstellen, wie dieses Tier lebte und was es mit dem Shetty Monty zu tun haben könnte, das Ina am Morgen geritten hat.

Vor Millionen von Jahren gab es bereits Bäume und Früchte, es gab urzeitliche Äpfel, Weintrauben oder Johannisbeeren. Und es gab auch Tiere, die sich von Blättern und Früchten ernährt und im Schutz der Bäume und Sträucher gelebt haben. Eins davon war das kleine Eohippus. Eohippus bedeutet übersetzt Morgenröte-pferdchen, denn das kleine Tier lebte in der frühesten Tageszeit unserer Erdgeschichte.

Zum Pferd wurde es erst im Laufe der nächsten Millionen Jahre. Das Eohippus lief vorne auf vier Zehen,

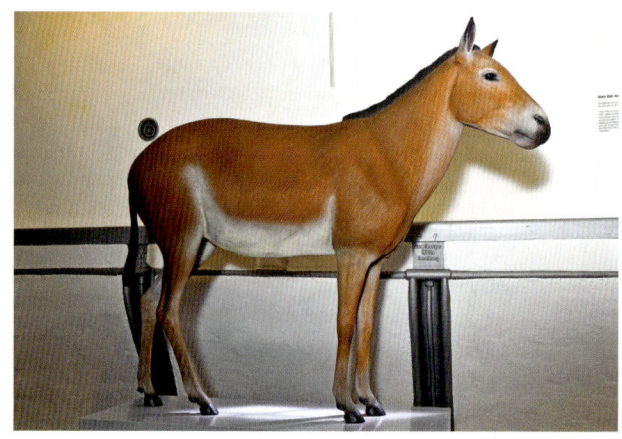

▲ Das ist ein Modell eines Przewalskipferdes, die als einzige Wildpferdeart in der Mongolei überlebt hat. Es gibt heute etwa 2.000 dieser Tiere, die meisten leben in Zoos.

hinten auf dreien, sein Hals war kurz und tief angesetzt und sein aufgewölbter Rücken lud nicht gerade zum Reiten ein. Da es etwa kaninchenhoch war, hätte es allerdings auch nur von einem Zwerg geritten werden können.

Farben der Wildpferde

Wildpferde und ursprüngliche Ponyrassen wie die Koniks weisen meist eine typische Fellfärbung auf, die sie gut tarnt. Sie sind oft falbfarben mit einem Aalstrich, der längs über ihren Rücken läuft. Auch an Beinen und Schultern haben sie dunkle Streifen.

Tapir und Wildpferd

Noch heute gibt es ein Tier, das dem Morgenrötepferdchen ähnelt: den Tapir. Im Laufe von Millionen von Jahren verringerte sich die Zahl seiner Zehen, bis das Eohippus schließlich genau wie unser Pferd heute nur noch auf einer einzigen Zehe lief. Dieser Pliohippus ähnelte unseren Ponys auch in seinem Körperbau schon viel mehr als das Eohippus. Außer Laub und Früchten fraß er vor ungefähr zehn Millionen Jahren bereits Gräser.

Aus der jüngeren Geschichte kennen wir verschiedene Wildpferdeformen als Vorfahren unserer Hauspferde. In kalten Gebieten entwickelten sich die kleinen Pferde anders als zum Beispiel in der Wüste. Das mongolische Przewalskipferd ist eines dieser urtümlichen Wildpferde. Ausgesprochen klingt der Name übrigens wie „Prschewalski".

▶ **Tipp:** Was es noch im Pferdemuseum zu entdecken gibt, findest du auf Seite 70.

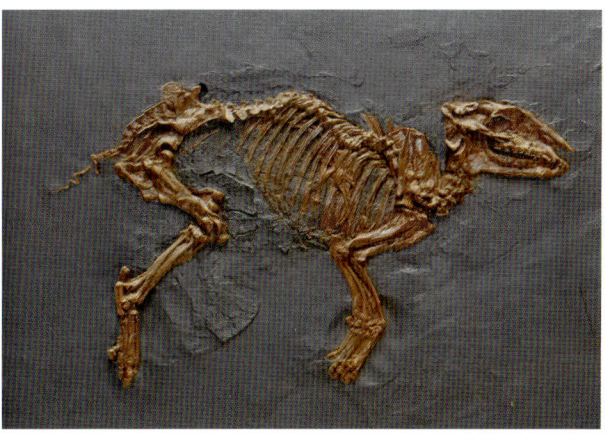

▲ 50 Millionen Jahre alte Versteinerung eines Morgenrötepferdchens. Solche Funde halfen, Körperbau, Lebensweise und Fressgewohnheiten des Tieres zu erforschen.

▲ Eine Szene aus der mongolischen Steppe: Die falbfarbenen Przewalskis mit ihren typischen Stehmähnen, Aalstrichen und Fellstreifen weiden in einer offenen Steppenlandschaft.

▲ Wer mochte sein Pferd wohl so gern, dass er diese Figur aus Mammutelfenbein geschnitzt hat? Sie ist über 25.000 Jahre alt und wurde auf der Schwäbischen Alb gefunden.

Die wilde Welt der Pferde

Sehen und verstehen

Wenn du Ponys und Pferde verstehen willst, setze dich so oft wie möglich an den Rand einer Wiese oder eines Paddocks und beobachte das Verhalten der Tiere. Wer ist mit wem befreundet? Wie unterhalten sich die Herdenmitglieder untereinander? Welches Fohlen trinkt bei welcher Stute? Wer spielt mit wem? Wie lange grasen die Pferde? Wie oft äppeln sie? Wann legen sie sich zum Ausruhen hin? Wenn du dir Zeit zum Beobachten nimmst, kannst du Pferde richtig gut kennen lernen.

In der Herde

Wilde und halbwilde Herden werden in Deutschland oft in Naturschutzprojekten gehalten, zum Beispiel die Koniks in der Geltinger Birk in Schleswig-Holstein. Sie leben halbwild und ziehen in Familiengruppen und Herden über große Weiden mit Gestrüpp und Waldstücken. Ihr Platzangebot ist riesig und sie verhalten sich natürlich und ursprünglich.

Als Säugetiere bekommen die kleinen Fohlen zunächst nur die Milch ihrer Mutter. Nach einigen Wochen beginnen sie, mehr und mehr Gras zu fressen. Pferde sind Veganer, sie fressen nur Grünzeug, Heu, Früchte, Wurzeln, Zweige, Laub oder Gestrüpp. Erwachsene Wildpferde wissen genau, was giftig ist und was nicht.

Auf der Flucht

Die halbwilden Koniks sind nicht scheu. Einige von ihnen lassen sich sogar anfassen. Frei laufende Hunde und Menschen, die den Eindruck machen, dass sie etwas von ihnen wollen, versetzen sie aber sofort in Alarmstimmung. Pferde sind Fluchttiere. Normalerweise kämpfen sie nur dann, wenn sie nicht flüchten können. Oder, wenn ein Althengst sich gegen einen Junghengst durchsetzen oder eine Stute ihr Fohlen verteidigen muss. Die Leitpferde einer Herde sind sehr aufmerksam und haben die gesamte Umgebung im Blick, sodass sie jederzeit die ganze Herde alarmieren und in Bewegung setzen können.

Paradies für Lauftiere

Die etwa 70 Koniks der Geltinger Birk bewegen sich über weitläufige 340 Hektar. Sie verbringen ihre Tage zwischen Waldstücken, gutem Weideland, Gestrüpp, natürlichen Wasserstellen und Lieblingswälzplätzen. Dabei laufen sie im Durchschnitt über 30 Kilometer! In Freiheit bestimmen die Pferde selbst, wann sie dösen, fressen, spielen, sich gegenseitig kraulen oder ein Schlammbad nehmen möchten. Die typischen Hauspferdekrankheiten sind ihnen fremd. Hauspferde haben im Vergleich zu ihren wilden Kollegen sehr viel weniger Platz und Entscheidungsfreiheit. Moderne Bewegungsställe oder Boxen mit Paddocks und Weidegang versuchen, den Pferdealltag so natürlich wie möglich zu gestalten.

◀ Dies ist eine Shettiestute mit ihrem Fohlen. Stuten, die Nachwuchs bekommen, werden von ihren Zuchtverbänden beurteilt. So bleiben die typischen Merkmale einer Rasse erhalten.

▼ Mutterstuten erziehen ihre Fohlen, zeigen ihnen, was man fressen darf und trösten sie nach einem Schreck mit leckerer Milch oder beruhigendem Wiehern.

Mütterliche Stuten

Die meisten ausgewachsenen Wildpferdestuten bekommen jedes Jahr ein Fohlen. Sie beschützen und säugen ihr Pferdekind, bis ihr nächstes Fohlen geboren wird. Manchmal lassen sie das ältere Geschwisterfohlen sogar dann noch an ihr Euter, wenn das Neugeborene schon da ist.

Die Aufgabe von Mutterstuten ist es, für ihr Fohlen zu sorgen, aufzupassen, dass ihm nichts passiert und es zu erziehen. Daher sind Stuten oft wachsamer als Wallache und scheuen häufiger vor unbekannten Dingen, auch wenn sie gerade kein Fohlen haben. Als ausgesprochene Herdentiere bestehen Stuten anderen Pferden gegenüber darauf, dass pferdige Anstandsregeln eingehalten werden. Sie können im Reitunterricht oder auf der Weide ziemlich böse werden, wenn ihnen ein anderes Pferd zu nahe kommt oder wenn es vor ihnen durchs Tor oder an die Tränke geht.

Weil der Schutz der Herde eine so große Rolle in ihrem Leben spielt, brauchen Stuten oft lange, um sich auf Veränderungen in ihrem Alltag einzustellen. Verluste von Freunden, Stallwechsel, veränderte Tagesabläufe, Einsamkeit, Bewegungsmangel und andere pferdeunfreundliche Haltung – all das kann Stuten stärker aus der Bahn werfen als männliche Pferde. Andererseits übertragen manche Reitpferdestuten die Fürsorge, mit

Anstandsregeln der Pferde

- Halte Abstand von ranghöheren Pferden.
- Gehe nicht vor einem ranghohen Pferd an die Tränke oder ans Futter.
- Mache Platz, wenn ein Ranghöherer dich zur Seite schickt.
- Es gelten Ausnahmen von den Regeln, wenn es um deine besten Freunde geht.

▲ Finjas Stute Katinka ist eine ranghohe, selbstbewusste Stute, die gut auf Finja aufpasst, aber auch mal zickig sein kann.

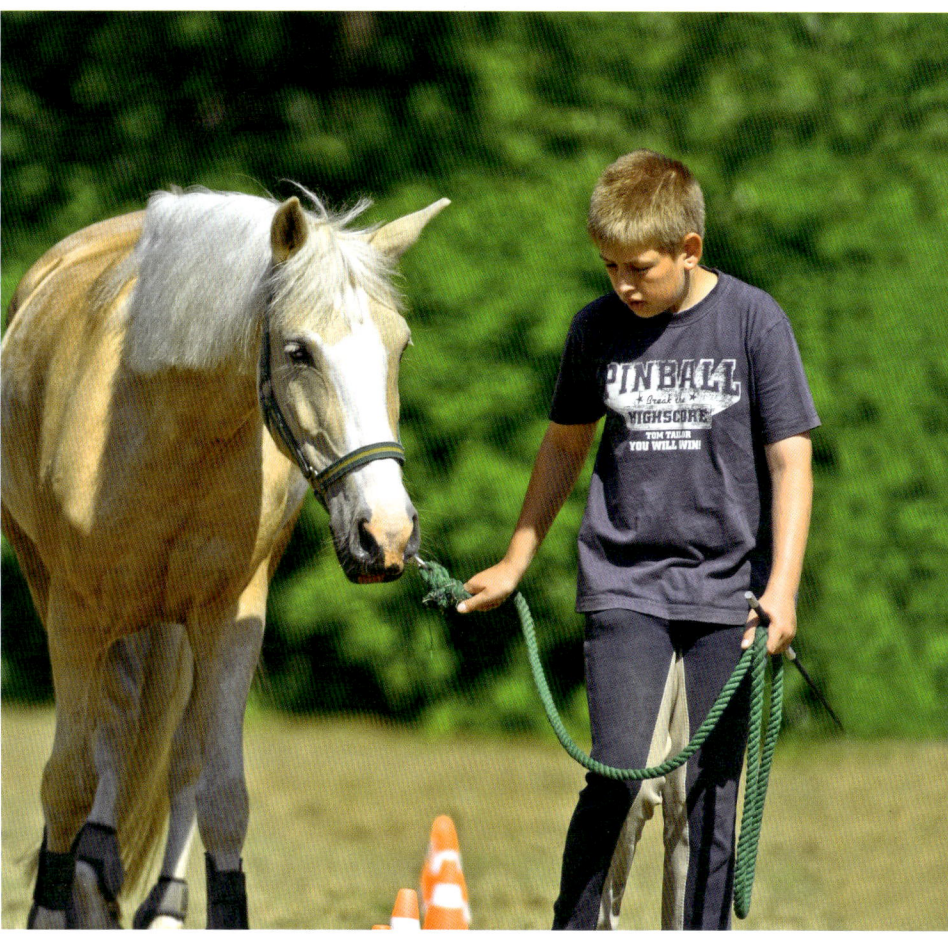

der sie sich um ihre Fohlen kümmern würden, auf ihre jungen oder schwachen Reiter. Als mögliche Leitstuten sind sie oft sehr selbstbewusst und wirken auf ihre Art ebenso majestätisch wie ein Hengst.

▲ Fini ist eher rangniedrig und ängstlich. Sie versucht, alles richtig zu machen und ist besonders liebenswert, empfindsam und mütterlich.

Zur Paarung bereit

Das Liebeswerben eines Wildpferdehengstes dauert meist recht lang. Wenn die Stute den Hengst genug geprüft hat und der Zeitpunkt stimmt, lässt sie zu, dass der Hengst sie besteigt. Um ihre Rosse herum sind viele Stuten beim Putzen von Bauch, Hinterbeinen und Flanken empfindlich, pinkeln häufig und können leichte Bauch- oder Rückenschmerzen haben. Im Frühjahr ist die Rosse der meisten Stuten viel deutlicher zu spüren als im Herbst oder Winter. Das Frühjahr ist eben die beste Zeit, um Fohlen zu bekommen oder um sie zu empfangen.

▶ **Tipp:** Wie Pferde Nachwuchs bekommen, kannst du auf Seite 22 nachlesen.

Stutenrosse

Alle weiblichen Säugetiere sind zu bestimmten Zeiten des Jahres bereit, sich mit einem männlichen Tier zusammenzutun, um Nachwuchs zu bekommen. Bei Stuten heißt diese Zeit Rosse. Stuten sind alle drei bis vier Wochen rossig und zeigen dies, indem sie ihren Schweif zu Seite legen und häufiger Harn ablassen. Manche Stuten sind ständig rossig, bei anderen verläuft die Rosse still. Quietschen oder beißen beim Putzen und Satteln, Schlagen nach anderen Pferden oder Reitprobleme, die von Rückenschmerzen ausgelöst werden, können Stuten um die Rosse herum beeinträchtigen und ihren Reiter stören.

◀ Der Jährlingshengst gibt Leithengst Olko klar zu verstehen, dass er weiß, wer das Sagen hat. Ihm gegenüber wird er sich keine Frechheiten rausnehmen!

▲ Mit gleichaltrigen Hengsten dagegen wird gerangelt, gebissen, gestiegen und gerannt, ohne dass gleich Strafe droht!

Hengste halten und reiten

In freier Wildbahn bleiben Hengstfohlen bis zum Alter von etwa drei Jahren in der Herde ihrer Mütter. Jungstuten verlassen die Herde oft früher. Spätestens, wenn die jungen Hengste beginnen, sich für Stuten zu interessieren und den Leithengst herauszufordern, treibt er sie aus der Herde heraus. Oft ziehen sie zusammen mit anderen gleichaltrigen Junghengsten übers Land. Nur wenige sind klug und stark genug, um später selbst einige Stuten zu führen und Vater werden zu dürfen.

Wilde Leithengste sind genau wie die Leitstuten stolze, kluge und kraftvolle Tiere. Das Überleben ihrer Herden hängt von ihnen ab. Sie vergeuden ihre Zeit nicht mit unnötigen Auseinandersetzungen, sondern kümmern sich aufmerksam darum, dass innerhalb und außerhalb ihrer Herde alles optimal läuft.

Als Reitpferde sind Hengste mitunter etwas schwierig. Wenn sie auf Stuten treffen, interessieren sie sich manchmal mehr dafür, eine Familie zu gründen, als ih-

Kinder und Hengste?

Ingrid Klimke hat mehrere Hengste in ihrem Stall. „Als Reitpferde für Kinder finde ich Hengste zu anspruchsvoll", sagt sie, „aber als Profireiterin muss ich mich auf alle Eigenheiten meiner Pferde einstellen."
Greta mag am liebsten Wallache reiten, weil Hengste oft anstrengend und Stuten manchmal zickig sind.

rem Reiter zuzuhören. Es erfordert Fingerspitzengefühl, mit ihnen umzugehen, denn sie sind schnell in ihrem Stolz verletzt und können angriffslustig werden. Sie sind sehr wach und wer mit ihnen umgeht, sollte ebenfalls genau aufpassen, was er tut.

Reithengste können genau wie Stuten jedoch auch sehr liebevoll und fürsorglich sein. Wenn sie die Möglich-

▲ Hengste interessieren sich sehr für die Ausscheidungen anderer Pferde und äppeln oft genau darüber. Auch Karl führt auf diese Weise eine Art Gespräch mit Olko.

▲ Ingrid Klimke mit Dresden Mann, einem gekörten westfälischen Hengst, der viele Erfolge in Dressurprüfungen hat und gerne mal seine Grenzen austestet.

keit haben, aus freien Stücken mitzuarbeiten, ist ihre Ausstrahlung unübertroffen stolz und würdevoll. Viele Sportreiter bevorzugen Hengste als Sportpartner, und auch im Rennsport sind Hengste wegen ihres Kampfgeistes häufig auf den vorderen Plätzen der Ranglisten anzutreffen.

Bitte nicht allein

Einen Hengst pferdegerecht zu halten ist eine schwierige Angelegenheit, da er Stuten lästig werden und andere Hengste oder Wallache als Konkurrenten betrachten kann. Viele Hengste haben daher zu wenig Kontakt zu anderen Pferden! Doch gibt es auch für Hengste artgerechtere Haltungsmöglichkeiten als das isolierte Leben in der Box und es lohnt sich, danach Ausschau zu halten!

▶ **Tipp:** Was die Konik-Junghengste im Winter machen, steht auf Seite 30.

◀ Viele Bewegungen, die wir aus der Dressur kennen, zeigen Hengste im Kontakt miteinander. So beeindruckt Olko hier einen jungen Konik (und uns alle) mit dem spanischen Gruß.

◀ Sir Henry ist ein sehr anhänglicher Wallach. Levke wurde seine Reiterin, nachdem ihre Schwester Madita zu groß geworden war – diese Umstellung fiel ihm nicht leicht.

▶ Aron ist ein leistungsbereiter, temperamentvoller Wallach. Er kann sich auf viele Menschen einstellen und ist für jeden Spaß zu haben.

Ausgeglichene Wallache

Wallache sind männliche Ponys oder Pferde, die sich nicht mehr fortpflanzen können, weil ihnen die Hoden entfernt wurden. Viele Reiter bevorzugen sie als Reittiere, weil sie so ausgeglichen sind. Sie sind mit einem Hengst vergleichbar, der noch nicht ausgewachsen ist und daher auch kein ausgeprägt männliches Verhalten zeigt.

Weder regen sie sich übermäßig auf, wenn sie einer rossigen Stute begegnen, noch sehen sie in anderen Wallachen gleich Konkurrenten. Die meisten Wallache können problemlos mit anderen Pferden zusammen auf der Wiese leben – oder sogar mit einem Hengst.

Im Alter von etwa zwei Jahren werden viele Junghengste kastriert. Nur besonders rassetypische junge Hengste werden gekört, das heißt, zur Zucht zugelassen. Bevor sie für Nachwuchs sorgen dürfen, müssen sie dann noch eine Prüfung, die Hengstleistungsprüfung bestehen.

Wallache sind auf keinen Fall schlechtere oder weniger schöne Reitpferde als Hengste. Viele Wallache sind wunderschön und rassetypisch, haben aber winzige körperliche Mängel, wie zum Beispiel eine etwas bodenweite Stellung der Vorder- oder Hinterbeine.

Auch wenn Wallache meist keine Stuten decken, so können sie sich doch eng an eine Stute anschließen. So

Wallach oder Stute?

Ich habe erst Sir Henry geritten, dann meine Ponystute Gina und nun den Hannoveraner Wallach Charles. Gina ist im Vergleich zu den Wallachen sehr selbstbewusst. Sie ist lieb und hat vor nichts Angst, übernimmt aber sofort das Kommando, wenn ich unsicher bin. Die Wallache sind williger und unproblematischer.

▲ Beim Fototermin durfte Rosa den erfahrenen Trajan reiten, der beim Halsringreiten so weise wie ein Einhorn wirkte. Später im Galopp war er aber beinahe zu flott.

▲ Auch Wallache können sich verlieben. Shoshoni und Eselin Resi sind unzertrennlich, sorgen füreinander und zeigen so, dass sie sich mögen.

 Shoshoni ist aber auch sehr menschenbezogen. Auf Spaziergängen auf der Weide begleitet er Rosa gern, und wenn sie zur Wiese kommt, trottet er sofort zu ihr.

ist beispielsweise Rosas junger Haflinger Shoshoni in unsere Eselstute Resi „verliebt". Die beiden stehen beim Fressen oft zusammen, und wenn einer von beiden sich zum Schlafen hingelegt hat, steht der andere bei ihm und hält Wache.

Wie wird aus einem Hengst ein Wallach?

Im Hoden von Hengsten werden außer Samenzellen, den Spermien, auch Hormone gebildet, die für männliches Verhalten und Fortpflanzungsfähigkeit verantwortlich sind. Wird der Hoden entfernt, nennt man das Kastration. Manchmal hat ein Hengst keine sichtbaren Hoden, verhält sich aber hengstig und kann auch für Nachwuchs sorgen. In diesem Fall sind die Hoden meist nicht mit durch herausgewandert, die Kastration ist schwierig. Solche Hengste nennt man Klopphengst.

◀ Dieses Konikfohlen wächst unter völlig natürlichen Bedingungen auf.

▲ Im letzten Stadium der Trächtigkeit wird die Stute runder und ihr Bauch senkt sich etwas. Ihre Bewegungen sind dann schwerfälliger.

So kommen Fohlen zur Welt

Alle 21 bis 28 Tage sind Stuten rossig. Wird eine Stute in dieser Zeit von einem Hengst gedeckt, ist die Wahrscheinlichkeit groß, dass sie etwa elf Monate später ein Fohlen zur Welt bringt.

Zunächst wächst das Fohlen nur wenig. Erst in den letzten drei Trächtigkeitsmonaten erreicht es seine Geburtsgröße. Häufig sieht man einer Stute gar nicht an, dass sie ein Fohlen erwartet und mancher Pferdebesitzer fand bei einem Besuch auf der Weide ein neugeborenes Fohlen bei seiner Stute.

Wildpferdestuten sondern sich für die Geburt ein wenig von der Herde ab. Alle Stuten können die Geburt ein wenig verzögern, sodass sie sich während der Geburt wirklich sicher fühlen. Manche Stuten warten, bis sie abends in ihre Box geführt werden, andere richten es so ein, dass sie auf der Weide abfohlen können. Das Euter der Stute, das in den letzten Tagen vor der Geburt dicker geworden ist, sondert ein bis zwei Tage bevor das Fohlen

kommt, eine Flüssigkeit ab, die „Harztropfen" genannt wird. Direkt vor der Geburt kann die Stute etwas nervös sein oder sich so verhalten, als habe sie eine Kolik. Sie äppelt häufiger und es kann sein, dass sie schwitzt.

Was braucht ein Fohlen?

- Geborgenheit und Schutz von der Mutter
- Stutenmilch
- Zeit zum Dösen und Schlafen
- Platz zum Rennen und Toben mit Spielkameraden
- Jede Menge Bewegung im Freien
- Eine Familiengruppe mit Tanten, Jährlingen und Zweijährigen, die bei seiner Erziehung mithelfen

2 Monate

6 Monate

10 Monate

12 Monate/Geburt

▲ Während die Stute in den ersten Trächtigkeitsmonaten kaum durch das Fohlen beeinträchtigt wird, kannst du hier gut sehen, warum du in den letzten Wochen vor der Geburt nur noch geradeaus reiten und körperliche Belastungen wie Sprünge, schnellen Trab oder Galopp und enge Wendungen vermeiden solltest.

Während der Geburt legt sich die Stute auf die Seite. Das erste, was man bei einer normalen Geburt vom Fohlen sehen kann, sind zwei kleine Hufe.

Nach der Geburt beriecht die Stute ihr Fohlen und leckt es ab. Beide prägen sich den Geruch des anderen gut ein, denn er ist ein wichtiges Erkennungsmerkmal. Wenig später steht das Fohlen zum ersten Mal auf seinen langen Beinchen, sucht das Euter seiner Mutter und trinkt die erste, kostbare Muttermilch, die es stärkt und gegen Krankheiten schützt. Erst wenn das Fohlen seine Mutter sicher erkennt und ihr folgt, stellt sie es auch der Herde vor. In den ersten Tagen und Wochen bleibt die Mutterstute das wichtigste Spielzeug des Fohlens – gefolgt von Maulwurfshügeln, Gräsern und Insekten. Ponyfohlen, die im Stall oder auf der Wiese geboren wurden, sollte man während der Prägephase nicht stören. Die ersten beiden Stunden gehören Mutter und Kind, jedenfalls, wenn die beiden gesund und munter sind!

▲ Gesunde Fohlen sind sehr unternehmungslustig und genießen ihren Körper bei Abenteuern wie Rennen, Wälzen oder Kraulen.

◄ Fohlen sind kleine Wildlinge, die sehr instinktiv reagieren. Brave Wohlerzogenheit darf man von einem gesunden Fohlen noch nicht erwarten!

▼ Auf Fohlenschauen werden Mutterstute und Fohlen vorgestellt und beurteilt. Für viele Fohlen ein aufregender Tag und ihre erste Begegnung mit der „Welt da draußen".

Kleine Fohlen werden groß

Nach den ersten aufregenden Lebenstagen macht sich jedes gesunde Fohlen auf die Suche nach Spielkameraden. Immer häufiger spielt es mit Gleichaltrigen und besucht seine Mutter nur dann, wenn es sich erschrocken hat oder wenn es hungrig oder müde ist. Kommt es auf der Suche nach seiner Mutter aus Versehen einer anderen Stute zu nahe, wird es energisch weggeschickt.

Auf seinem Ponyglücks-Tagesprogramm steht vor allem rennen, laufen, hüpfen, schnuppern, schubbern, beißen, steigen, scharren, anrempeln, grasen und dösen.
Auch wenn dich ein Fohlen mal „anspielt", indem es auf dich zurennt, an dir zupft oder vor dir herumhüpft, bist du kein geeigneter Partner für Fohlenspiele.

▲ Die Richter sehen sich an, wie der Körperbau und die Bewegungen des Fohlens sind. Sieht gut aus, oder?

Spielkameraden

Fohlen brauchen andere Fohlen zum Spielen, und je mehr Fohlen sie zur Auswahl haben, desto besser! Untereinander und in der Herde mit älteren Geschwistern, anderen Stuten und am besten auch einem Hengst lernen die kleinen Rabauken am besten, wie gute Pferdemanieren aussehen. Zu ihrem eigenen Schutz vor stärkeren oder ranghöheren Pferden machen Fohlen mit vorgestrecktem Hals Kaubewegungen. Übersetzt bedeu-

Schon bei jungen Fohlen bilden sich enge Freundschaften. Man rennt, döst und spielt miteinander und vermisst sich, wenn man sich nicht gleich findet.

◄ Der kleine Hengstjährling zeigt hier die typischen Kaubewegungen, das Fohlenkauen. Es bedeutet „Tu mir bitte nichts, ich bin noch klein." Manche rangniedrige Wallache kauen noch als erwachsene Ponys leer.

▼ Auch Fellpflege betreiben die Kleinen bereits untereinander oder mit der Mutter. Oft bilden sie dazu auch Kleeblätter und kraulen sich im Dreieck.

tet diese Bewegung „Tu mir nichts, ich weiß, dass du größer und stärker bist."

Ab jetzt ohne Mutter

Mit frühestens einem halben Jahr werden Fohlen und Mutterstute am besten nach und nach getrennt. Das nennt man Absetzen. Das Fohlen wächst dann mit Gleichaltrigen auf, vielleicht hat es sogar noch einen etwas älteren „Ponyonkel" als Aufpasser und Beschützer in seiner Gruppe. Nun kann es allmählich lernen, sich ein Halfter anziehen und sich führen zu lassen und seine Hufe zu geben. Mehr muss es erst einmal nicht können.

Wenn es Reitpferd wird

Einige kurze Führübungen kann es schon mit einem oder zwei Jahren lernen. Mit drei Jahren beginnt seine wirkliche Grundausbildung: die Arbeit an der Longe und Spaziergänge im Gelände. Immer noch sollte das

Ponyglücks-Tagesprogramm genauso wichtig sein wie die regelmäßige Arbeit mit dem Menschen.

Mit vier Jahren ist sein Rücken meist stark genug, um an das Tragen von Sattel und Reiter gewöhnt zu werden. Auch wenn viele Ponys bereits mit drei Jahren eingeritten werden, diese alte Reiterweisheit stimmt immer noch: „Ein Jahr später Reitpferd werden, heißt zehn Jahre länger Reitpferd sein."

◀ Das zauselige, kleine Fohlen kennt die Herdenregeln!

▲ Auch in einer Abteilung bilden die Pferde mit der Zeit eine Herde. Bleibt ein Pferd als Letztes zurück, kann es daher sehr unruhig werden.

Wie Pferde zusammenleben

Die natürliche Lebensform für Ponys und Pferde ist die wandernde Herde. In einer solchen Herde wird den ganzen Tag miteinander „geredet". Ohren werden einander zugedreht („Was willst du?") oder voneinander weg („Verzieh dich"). Der Kopf wird leicht angehoben („Platz da!"), die Lippe gekräuselt („Mich juckts am Hals, könntest du mal kratzen?"). Und wer je einer Pferdeherde bei ihrer Unterhaltung zugesehen hat, wird nie wieder behaupten, Pferde seien stumm.

Da es in einer großen Herde vor allem Stuten, Pferdekinder in allen Altersklassen vom Fohlen bis zum Dreijährigen und wenige Hengste gibt, schließen sich die übrigen Hengste zusammen. Diese „Männerherden" werden auch Hengst- oder Junggesellengruppen genannt. Bei den Koniks haben sich solch einer Gruppe aus Junggesellen allerdings auch einige junge Stuten mit Fohlen angeschlossen.
Einzelne Pferde innerhalb der Herde haben oft „beste Freunde", mit denen sie spielen, sich kraulen oder ru-

hen. Die Herde bedeutet Schutz und Sicherheit für Pferde. Auch Hauspferde bilden in einem Stall und vor allem auf der Weide eine Herde. Je stabiler diese Herde bleibt, je weniger Pferde wegziehen oder neu hinzukommen, desto besser. Bis ein Pferd sich in einer neuen Umgebung wirklich vertraut fühlt und bis es wirklich zu ei-

Herdenleben-Tipps

• Herden, in denen Wallache und Stuten gemeinsam laufen, sind häufig unruhiger als solche, in denen sie getrennt sind.
• Große Herden mit über zehn Pferden sind häufig unruhiger als kleinere.
• Ponys sind meist friedlicher als Pferde.
• Pferde brauchen beim Dösen und Fressen mehr Platz um sich herum als Ponys.

▼ Auch Mutter und Fohlen beknabbern sich gegenseitig und drücken damit ihr Zugehörigkeitsgefühl aus. In einer Herde gleichfarbiger Ponys erkennen sich die beiden am Geruch.

▲ Kennenlernrituale von Pferden sind laut und mit Gestampfe, Kopfgeschleuder und anderen Drohgesten verbunden. Fremde Pferde daher nie aneinander schnuppern lassen!

▶ So innig eine Freundschaft zwischen Mensch und Pony auch ist – andere Pferde kann auch der netteste Mensch nicht ersetzen!

ner neuen Herde gehört, vergeht mindestens ein ganzes Jahr. Für unsichere Pferde ist das eine lange Zeit!

Wenn Neue dazukommen

Ein neues Pferd in eine Herde einzugliedern erfordert Geduld und Fingerspitzengefühl. Meist geht die Begrüßung fremder Pferde nicht ohne Stampfen, Ausschlagen und Gequietsche vonstatten. Für uns Menschen heißt das: Abstand halten! An der Hand oder unter dem Reiter sollte man fremde Pferde niemals aneinander schnuppern lassen!

Für Hauspferde ist es wichtig, genügend Gelegenheit zu freier Bewegung mit anderen Pferden zu haben. Rangniedrige, schüchterne oder alte Pferde brauchen dabei genug Platz, um sich zurückzuziehen, wenn ranghöhere „Angeber" sich vor ihnen aufplustern.

▶ **Tipp:** Wie Pferde reden steht auf Seite 60.

▲ Jungpferde beobachten ihre älteren Familienmitglieder genau und ahmen ihr Verhalten nach. Das können wir uns bei der Ausbildung von Pferden zunutze machen!

◀ Pferdekinder werden in den Frühling hineingeboren und wissen nichts vom Winter. Für sie ist es normal, dass man sich im Sonnenschein ins Gras legen kann.

▼ Das Frühjahrsgras enthält viele Nährstoffe, die das Wachstum der Jungpferde anregen, aber die Frühjahrsluft kann auch mal müde machen.

Es wird Frühling ...

Genau wie du dich freust, im Frühjahr deine Winterjacke an den Haken hängen zu können oder barfuß zu laufen, so bringt das erste sprießende Frühlingsgras Ponys und Pferden gute Laune und eine Menge Energie. Manchmal sieht man Vögel auf dem Ponyrücken landen und das Winterfell als Nestbaumaterial herauszupfen. Das Fell oder die Haut juckt und die Tiere nehmen jede Gelegenheit wahr, sich zu wälzen oder zu schubbern. Für besonders gründliches Putzen bedanken

Pferde mögen es lieber kühl

Die Wohlfühltemperatur von Pferden liegt weit unter deiner eigenen! Gesunde Pferde, die nicht geschoren oder eingedeckt werden, finden 5 bis 10 Grad angenehm, Menschen brauchen über 20 Grad, um sich wohlzufühlen.

sie sich mit ihren schönsten Putzgesichtern. Die Hufe, die im Winter nur zögerlich wachsen, schieben kräftig neues Horn nach. Die Zeit der Fohlengeburten beginnt, Stuten werden zum Hengst gebracht, die Weidesaison steht vor der Tür.

Mittagshitze und Abendgalopp

Im Sommer haben die Tiere dagegen unter den Insekten und der Hitze zu leiden. Am frühen Morgen oder am Abend sind sie am unternehmungslustigsten. Auf der Weide spielen und galoppieren sie dann in der Gruppe umher, und auch beim Reiten sind sie nicht so matt wie in der Mittagshitze.

Dichtes Fell oder warme Decke?

Ab Ende August werden die Nächte kühler und länger, und das Winterfell beginnt wieder zu wachsen. Manche Menschen decken ihre Pferde nun ein. Andere warten,

▲ Fliegen können den Pferden ganz schon lästig werden. Stechende Insekten können auch Auslöser für Allergien sein.

▲ Im Frühjahr wird aus dem Vollen geschöpft. Bei Ponyrassen muss das Gras oft eingeteilt werden, damit die Tiere nicht an Hufrehe erkranken.

bis das Winterfell gewachsen ist und scheren es dann ab. Wieder andere decken ihre Ponys und Pferde nur nach der Arbeit ein. Dann ist die Muskulatur warm und die Ponys sind verschwitzt. Kühlen sie zu schnell aus, verspannen sie sich oder können krank werden. Nach etwa drei Stunden kann die warme, atmungsaktive Decke wieder abgenommen werden und der natürliche Winterschutz der Pferde, ihr dichtes Fell, übernimmt die Aufgabe, sie warm zu halten, perfekt.

Dunkle Tage, lange Nächte

Wildpferde laufen im Winter auf Sparflamme und verschleudern möglichst wenig Energie. Lange aufwärmende Schrittphasen, kurze Arbeitsphase, langes Trockenreiten am langen Zügel kommt dem Winterstoffwechsel von Pferden entgegen. Auch im Winter gilt: Ponys brauchen mindestens zwölf Stunden am Tag freie Bewegung auf dem trockenen Paddock oder der Wiese, zusammen mit ihren Ponykumpels.

Pause nach Turniersaison

Bei uns haben die Pferde nach jeder Turniersaison eine Pause auf der Weide. Dann stehen Ausritte und Spaß im Vordergrund, aber wir achten auch darauf, die Pferde immer schrittweise ab- und wieder anzutrainieren. Auch unser Olympiapferd Braxxi (mit vollem Namen FRH Butts Abraxxas) ist da keine Ausnahme. Er darf genauso Pferd sein wie unsere anderen Pferde und Ponys. Er kennt auch das Springen mit Halsring (Seite 46) oder bummelige Ausritte.

Koniks im Winter

Winter im Pferdestall

Für Hauspferde beginnt die Winterzeit im Oktober. Die Sommerweiden werden geschont, sobald es nasskalt wird. Die Pferde werden oft eingedeckt. Nachts sind sie meist im Stall und nur tagsüber auf Winterweiden oder großen Paddocks. Sie bekommen Möhren, Kraftfutter und Heu und wenn es so kalt ist, dass ihre Tränken einfrieren, werden sie aus Eimern getränkt.

Winterruhe, bitte nicht stören!

Viele große Säugetiere, wie zum Beispiel Hirsche und eben auch Wildpferde, halten eine Art Winterruhe. Winterspeck dient ihnen als Energiereserve. Sie brauchen weniger Nahrung. Fell und Hufe wachsen langsamer und die weiblichen Tiere sind nicht an Fortpflanzung interessiert.

Wildpferdewinter

Nur in besonders strengen Wintern bekommen die Koniks Heu zugefüttert. Lieber machen sie sich aber selbst auf Futtersuche. Unterm Schnee scharren sie nach altem Gras, im Gestrüpp fressen sie Brombeerranken und andere Sträucher. Die Herden tun sich dann oft zu einer einzigen großen Gruppe zusammen. Das spart Energie. Ähnlich wie bei Tieren, die Winterruhe halten, so läuft der Organismus von wilden Pferden im Winter auf Sparflamme. Es wird viel gedöst.

Pferde mögen's kalt

Bei Temperaturen unter zehn Grad blühen viele Pferde richtig auf. Sie fangen an zu spielen und haben richtig gute Laune. Gesunde Pferde haben eine andere Wohlfühltemperatur als wir Menschen. Sie haben ja auch ein herrlich plüschiges Fell, jedenfalls, wenn sie nicht geschoren und eingedeckt werden. Durch Rennen oder kleine Kampfspiele halten sie sich zwischendurch warm, achten aber immer darauf, insgesamt so wenig Energie wie möglich zu verbrauchen.

Auf Futtersuche

Die Wintertage der Koniks vergehen damit, dass sie zwischen den wenigen natürlichen Futterstellen hin und her ziehen. Vom Brombeergebüsch geht es zum Zweig- und Knospenknuspern am Waldrand oder zu Grasflächen, die weniger tief verschneit sind.

Im Schnee lässt es sich auch gut wälzen! Mehrmals am Tag besuchen sie ihre Wasserstellen. Wenn das Wasser zugefroren ist, hauen sie mit ihren harten Hufen ein Loch ins Eis, damit sie trinken können. Nur die Fohlen haben immer etwas Warmes zu trinken in der Nähe: warme Muttermilch.

◀ Beim Fellkraulen ist auch ein Fohlen schon ein ernst zu nehmender Partner. Die Reaktion der älteren Ponys zeigt dem Fohlen, ob es alles richtig macht.

Professor Patriot

Patriot war mit Ingrid Klimke Grand Prix platziert. Als er aus dem Sport verabschiedet wurde, konnte Greta ihn reiten. Er hat ihr schwere Lektionen beigebracht, wie zum Beispiel Einerwechsel, Piaffe und Pirouetten. Er war ein toller Professor. Ingrid führt Patriot, er ist der Fuchs ganz rechts, und seinen besten Freund, das Shetty Sir Barnaby und zwei andere Pferde zur Weide.

Junge Pferde, alte Pferde

Ponys sind mit etwa sechs Jahren ausgewachsen. Zwischen 15 und 20 stehen sie in der Blüte ihrer Jahre, denn bei guter Haltung können sie 35 oder 40 Jahre alt werden. Junge Ponys und Pferde müssen alles, was sie im Umgang mit uns Menschen und beim Reiten verstehen sollen, erst einmal in Ruhe lernen.

Für ein- bis dreijährige Ponykinder ist es vollkommen normal, zu beißen, mit den Hufen zu scharren, zu rempeln oder, wenn es sich um Junghengste handelt, auf zwei Hinterbeinen zu stehen. Daher ist es wichtig, dass sie in einer Herde mit Gleichaltrigen aufwachsen, die auch gern beißen, steigen, scharren oder rempeln und mit erwachsenen Pferden, die diesen jugendlichen Übermut ein bisschen begrenzen.

Ungeduldige Jungpferde

Höflichkeit gegenüber Menschen lernen sie am besten von einem netten, ausgeglichenen „Pferdelehrer". Pferdekinder lernen am liebsten in der Gruppe. Auch die Grundlagen des Gerittenwerdens verstehen sie beson-

▶ Mit zurückgelegten Ohren, Schweif schlagen und angedeutetem „Ich könnte dich auch hauen" zeigt der Jährling, dass er eine Spielpause braucht.

▶ Nini ist noch jung (sieben Jahre). Sie reagiert in Schreckensmomenten instinktiver als ältere Ponys mit mehr Selbstkontrolle. Hier flüchtet sie vor einem Schirm.

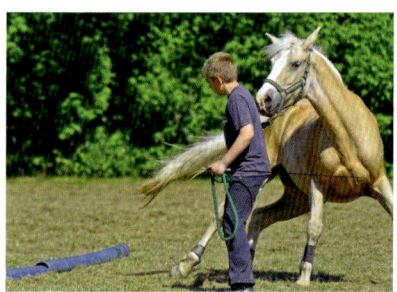

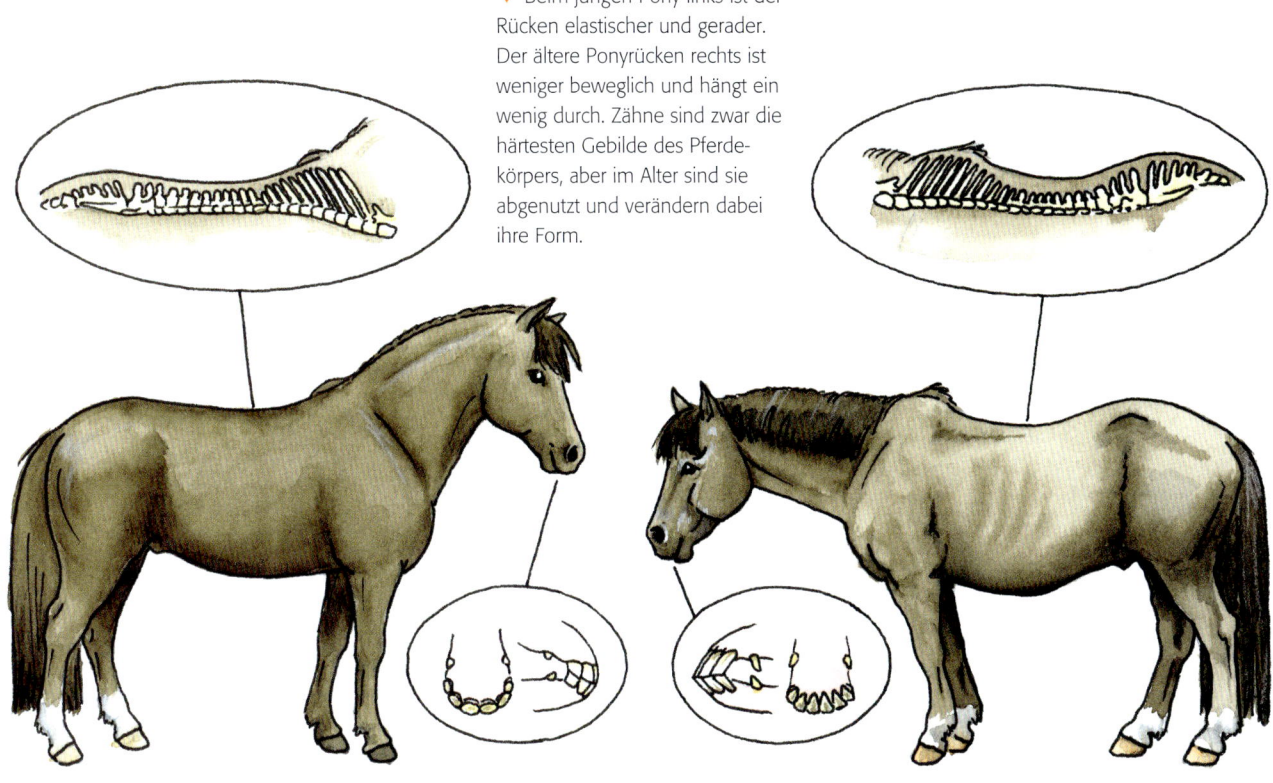

▼ Beim jungen Pony links ist der Rücken elastischer und gerader. Der ältere Ponyrücken rechts ist weniger beweglich und hängt ein wenig durch. Zähne sind zwar die härtesten Gebilde des Pferdekörpers, aber im Alter sind sie abgenutzt und verändern dabei ihre Form.

ders gut, wenn erfahrene Ponys oder Pferde sie dabei begleiten und beruhigen.

Junge Ponys und Pferde können meist noch nicht lange still stehen. Es beunruhigt sie, wenn man etwas über ihren Rücken legt oder um den Bauch schnürt. Sie untersuchen alles mit dem Maul und fürchten sich vor Dingen, die ihren älteren Kollegen gar nicht auffallen. Sie reagieren noch sehr instinktiv, fast wie Wildpferde. Sie springen vor Schreck zur Seite oder reißen den Kopf hoch und beim Hufeauskratzen schwanken sie.

Gelassene Senioren

Alte Ponys und Pferde kennen die Menschensprache schon und sind in vielen Situationen gelassen. Sie sind meist wunderbare Lehrer für junge Ponys und Pferde und für Reitanfänger. Manchmal frieren sie im Winter leichter als Jungpferde, brauchen besonderes Futter, Zahnbehandlungen oder einen speziellen Hufbeschlag. Regelmäßige Bewegung ist wichtig für sie. Bodenarbeit, Zirkuslektionen, gründliches Putzen, Massagen, Spaziergänge an der Hand und andere wenig belastende Unternehmungen tun gut.

▶ Der weise Trajan (21 Jahre) ist ein erfahrener Lehrmeister, von dem man viel lernen kann. Seine Lust am Laufen sorgt dafür, dass es nicht langweilig wird.

▶ Sunny (21 Jahre) kennt sich aus in der Welt. Brücken, Trecker, Regenschirme, kein Problem! Ein Riesenvorteil für Clara, die auf Sunny sogar allein ausreitet!

Kleines Rasse-Lexikon

Andalusier

Der Andalusier stammt aus Spanien und geht auf das Sorraia-Pferd zurück, das mit orientalischen Pferden gekreuzt wurde. Ausdrucksvolle Köpfe mit großen Augen, viel Schopf, Schweif und Mähne und ein gutmütiger Charakter haben diese barocken Pferde (Seite xx) mit der besonderen Dressureignung sehr beliebt gemacht. Schimmel, Braune und Rappen kommen vor, die Widerristhöhe der Andalusier beträgt 1,52 bis 1,64 m.

Araber

Der Vollblutaraber (Seite 46) ist die älteste ohne Einkreuzung anderer Rassengezüchtete Hauspferderasse. Vollblutaraber haben einen zierlichen Kopf mit einer breiten Stirn und großen, ausdrucksvollen Augen und großen Nüstern. Die Einsenkung des Nasenbeins sorgt für den typischen „Hechtkopf". Araber sind zähe, ausdauernde und sehr menschenbezogene Pferde mit großem Bewegungsbedürfnis. Sie sind zwischen 1,40 und 1,56 m groß und häufig Schimmel.

Deutsches Reitpony

Das deutsche Reitpony (Seite 40) ist durch die Anpaarung englischer Ponyrassen mit arabischem und englischem Vollblut entstanden. Es wirkt in Typ, Bewegung und Charakter wie ein Warmblut im Kleinformat. Das leistungsbereite Pony eignet sich für Dressur und Springen und ist häufig auf Turnieren zu sehen. Genauso beliebt ist es als vielseitiges Familienpony. Es ist zwischen 1,38 m und 1,50 m groß und in allen typischen Ponyfarben zu haben.

Deutsches Warmblut

Warmblüter (Seite 44) werden in vielen Ländern für Turniersport und Freizeitreiten gezüchtet. In Deutschland gibt es vierzehn Zuchtgebiete und neun Landgestüte, die zum Teil eng zusammenarbeiten. Warmblüter entstanden einst aus Arbeitspferden, die mit Vollblütern gekreuzt wurden, um eleganter und ausdauernder zu werden. Trakehner gehören zu den Warmblütern mit einem hohen Anteil an Vollblut. Warmblüter sind zwischen 1,58 m und 1,70 m groß.

Fjord

Das Fjordpferd (Seite 38) ist eine der ältesten Kleinpferderassen. Es stammt ursprünglich aus Norwegen. Die kräftigen, trittsicheren und gutmütigen Pferde arbeiteten früher in der Landwirtschaft. Sie sind ausdauernd und mutig und eignen sich gut zum Fahren und als Wanderreitpferde, als Therapiepferde, fürs Westernreiten und die Dressur. Fjordpferde sind Falben und haben entlang ihrer Oberlinie einen Aalstrich. Sie sind zwischen 1,35 und 1,50 m groß.

Haflinger

Der Haflinger (Seite 38) stammt aus den Bergen Südtirols. Er ist ein vielseitiges, genügsames Familienpferd. Er kann sportliche Erfolge in der Dressur erreichen, als Westernpferd ausgebildet werden, vor der Kutsche gehen oder ein unermüdliches Wanderreitpferd sein. Er ist arbeitswillig und mutig. Er wird zwischen 1,40 und 1,50 m hoch. Der Haflinger ist immer ein Fuchs mit üppigem, weißem Langhaar. Die Fuchsfarbe kann vom Hell- bis zum Kohlfuchs variieren.

Islandpferd

Seit über tausend Jahren werden auf Island Islandpferde (Seite 42) gehalten und gezüchtet. Islandpferde sind temperamentvolle, anspruchslose und harte Pferde, die in der kargen Umwelt Islands überleben können. Sie sind etwa 1,40 m groß und verfügen über zwei zusätzliche Gangarten, den

Tölt und den Pass. Für Isländer werden spezielle Turniere veranstaltet, aber sie sind auch beliebte Freizeitpferde für die ganze Familie.

Kaltblut

Kaltblüter sind gutmütige, starke Pferde, die bei den Römern, den Wikingern und anderen alten Völkern schwere Arbeiten verrichten mussten. Sie sind leistungsfähig,

leichtfuttrig und nervenstark mit bequemen Bewegungen. Ihre Stärke liegt im Ziehen. Früher hatte beinah jede Region ihre typische Kaltblutrasse. Ein Kaltblüter kann über tausend Kilo wiegen! Sein Blut ist jedoch genauso warm wie das jedes anderen Pferdes, nämlich etwa 38° C.

Quarterhorse

Amerikanische Quarterhorses (Seite 48) sind nervenstarke, ruhige Pferde, die sich für unterschiedliche Arbeiten und Disziplinen eignen, wie zum Beispiel für die Arbeit auf Rinderfarmen. Ihre Größe kann zwischen 1,45 und 1,75 m liegen. Typisch für sie sind ein kleiner Kopf mit kurzen

Ohren, ein kurzer Rücken und eine sehr starke Bemuskelung der Hinterhand. Quarterhorses werden auch in Deutschland gezüchtet und meist im Westernstil geritten.

Shetty

Shetlandponys (Seite 36) kommen von den Shetland Inseln. Bis vor fünfzig Jahren wurden sie in Kohlebergwerken eingesetzt, wo sie hart arbeiteten, ohne je das Tageslicht zu sehen. Sie sind kräftig, stabil, genügsam, gutmütig und klug. Shettys werden etwa einen Meter groß. Es gibt sie in den unterschiedlichsten

Farben. Mit ihrem hübschen, kleinen Kopf, der tollen Mähne und dem üppigen Schopf über den großen, freundlichen Augen sehen sie einfach wunderschön aus.

Vollblut

Vollblüter (Seite 46) stammen von den Araberpferden ab. Englische Vollblüter, Vollblutaraber und Anglo-Araber gehören zu den Vollblütern. Hinter dem Namen von englischen Vollblütern steht ein xx, beim Anglo-Araber ein x und beim Arabischen Vollblüter ein ox. Die Stärke dieser

intelligenten, temperamentvollen Pferde ist ihr schneller und raumgreifender Galopp. Sie werden vor allem für den Galopprennsport gezüchtet.

Welsh

Das Welsh-Pony stammt aus Wales. Es ist elegant und nervenstark und eignet sich als Kinderreit-, Fahr-, Turnier- oder Freizeitpferd. Welsh-Ponys gibt es in vier Typen, die man Sektionen (A bis D) nennt. Das Welsh-Mountain Pony (Sektion A) wird bis

1,21 m groß. Sektion D hat eine Schulterhöhe bis 1,57 m und ist ein elegantes Pony. Das Welsh-Pony Sektion C im Cob-Typ ist die schwerere Art. Durch sein kräftiges Fundament mit einem Stockmaß bis 1,37 m ist es ein ideales Sport- und Freizeitpferd. Welsh der Sektion D haben ein Stockmaß von über 1,37 m.

▶ Keck schaut dieser doppelte Mini in die Welt. Auch wenn es sowohl jung als auch klein ist, wirkt das Shetty-Fohlen gelassen wie ein Großer!

▶ Edle Köpfe, vertrauensvolle Fohlenaugen – diese Kleinen werden sicher einmal gute Lehrer für Ponykinder, wenn sie verantwortungsvoll ausgebildet werden.

Shettys und Co.

Shetland, Dartmoor, Exmoor und kleine Welsh Ponys sind tolle Partner für junge Reiter bis etwa zwölf Jahre. Bodenarbeit, Reitunterricht und Gelände meistern sie spielend und mit ihrem pfiffigen Aussehen und ihrer Wuschelmähne erobern sie jedes Reiterherz im Flug.

Die Voraussetzung für Reiterspaß mit einem kleinen Pony ist allerdings, dass das Pony gut ausgebildet wurde und ponygerecht gehalten wird. Passendes Sattelzeug für so einen Zwerg zu finden, ist nicht immer ganz leicht, aber es ist möglich- und notwendig! Auch wenn kleine Ponys oft günstig angeboten werden, sind sie in der Haltung ebenso anspruchsvoll wie Pferde. Auch sie bekommen Rückenschmerzen, wenn ihr Sattel drückt, auch sie verstehen nicht von selbst, was eine Parade oder eine Galopphilfe ist.

Erwachsene können sich schlecht auf so einen „laufenden Meter" setzen, um ihm das Reitponyeinmaleins beizubringen. Alle kleinen Ponys lassen sich jedoch wun-

derbar an der Hand ausbilden. Zirkuslektionen, Longe, Langzügel, Kutsche, als Handpferd mit ins Gelände, gesunde Shetlandponys freuen sich über jede Abwechslung! Kleine Ponys sind ebenso klug, liebenswert und leistungsbereit wie Pferde. Häufig sind sie jedoch viel unerschrockener!

Schnelle Shettys

Ich habe auf Lilly reiten gelernt, als ich vier war, erzählt Clara. Lilly war eine braune Shetty Stute. Leider ist sie nur 18 Jahre alt geworden, denn sie hatte Krebs. Sie war ziemlich dick, aber sie konnte schnell galoppieren und war richtig fetzig. Wenn mein Vater mich auf ihr spazieren führte, hatte sie solche Lust zu laufen, dass er kaum hinterherkam!

◀ Shettys sind sehr stark! Diese hübsche Stute zieht super ausgerüstet und mühelos zwei Erwachsene und scheint dabei eine Menge Spaß zu haben.

▶ Lancelot ist ein richtiger Star. Der weit ausgebildete Tigerscheck-Pony-hengst tritt mit seinen Lektionen aus der Hohen Schule in Showprogrammen auf.

▶ Die klugen und lerneifrigen Shettys lassen sich auch mit einem richtig ange-passten Westernsattel gut reiten. Mehr übers Westernreiten steht auf Seite 48.

▲ Diese vielseitigen Ponys lassen sich nicht nur artig und ohne Ausbindezügel in einer flotten Quadrille reiten. Sie nehmen auch am temporeichen Mounted Games Wettbewerb für Einsteiger teil!

Sie brauchen Auslauf, Abwechslung und große Aufmerksamkeit, was ihren Grasbedarf angeht. Ausgewachsene kleine Ponys dürfen vor allem vom Frühjahr bis Ende Juli nur stundenweise auf die Wiese, damit sie keine Hufrehe bekommen.

Die übrige Zeit verbringen sie am besten zusammen mit Freunden auf einem geräumigen Sandpaddock. Futterstroh und ungiftige Zweige wie Birke, Obstbaumschnitt oder angetrocknete Brennnesseln eignen sich gut als Knabberspaß zum Zeitvertreib. Und natürlich sind alle Kleinen froh über die Abwechslung, die ihr Reiterkind ihnen bietet! Putzen und Massage, Spaziergänge zum Schulbus oder Picknicks, Bodenarbeit und Reiten auf dem Platz, kleine Sprünge und herrliche Ausritte – kein Problem! Kleine Ponys sind leistungsbereite, fröhliche Partner für Kinder. Und wer reiterlich aus ihnen herausgewachsen ist, zeigt vielleicht dem kleinen Nachbarkind, wie man putzt, massiert, führt und reitet. Oder Pony und Kind lernen Kutsche fahren.

Was sind Ponys?

Ponys sind kleiner als Pferde. Falabella und Mini-Shetlandponys sind die kleinsten Ponys mit weniger als 87 Zentimetern. Als maximale Höhe gilt für Ponys 1,48 Meter. Wer größer ist, wird offiziell als Pferd bezeichnet. Gemessen wird am höchsten Punkt des Widerrists. Die Größe wird „Stockmaß" genannt.

◀ Unerschütterlich gelassen und sanftmütig wirkt diese hübsche Fjorddame trotz der Aufregung, die eine Fohlenschau mit sich bringt.

▶ Punkige Stehfrisuren sind das Markenzeichen der schönen Fjordpferde, die vom Stockmaß her Ponys sind und mitunter auch Norweger genannt werden.

Haflinger und Fjordpferde

In ihrer Unerschrockenheit und Genügsamkeit stehen die robusten Freiluftfans kleinen Ponys in nichts nach. Kinder und Jugendliche ab etwa zwölf Jahren kommen mit Haflingern und Fjordpferden gut zurecht, wenn sie energisch genug sind, sich gegen den Dickkopf dieser Rassen durchsetzen zu können. Für ausdauernde Gelände- oder Wanderritte sind die hübschen Ponys gut geeignet. Sie sind meist mutig und haben angenehm weiche Bewegungen.

Damit du diese Ausritte auch wirklich genießen kannst, sollte dein Haflinger oder Fjordpferd aber auch Dressurunterricht bekommen. Ponys, die nur im Gelände geritten werden, sind häufig schief und galoppieren zum Beispiel immer nur auf einer Hand.

Eine Zeitlang wurden beide Rassen durch die Einkreuzung von Arabern etwas leichter und schnittiger gezüchtet. Tatsächlich wirkten sie dadurch edler, wurden aber auch nervöser oder bekamen Gesundheitsprobleme,

wenn etwa der Körper eines Haflingers auf den kleinen Hufen eines Arabers ruhte.

Bei den Haflingern unterscheidet man inzwischen Reinzuchthaflinger und Edelbluthaflinger. Du kannst dir

▲ Rosas Haflinger Shoshoni ist sehr menschenbezogen und gutmütig, Eigenschaften, die typisch für Fjordpferde und Haflinger sind.

◀ Kleine Sprünge machen den meisten Haflingern und Fjordpferden sichtlich Spaß. Sie lernen dabei viel über ihren Körper – und du lernst mit ihnen.

▶ Malte hat auf den beiden unerschrockenen Haflingerstuten die ungarische Post gelernt. Mit je einem Bein steht er auf je einem Haflingerrücken.

▶ Fjordpferde und Haflinger werden häufig Western geritten und gewinnen auf Turnieren auch mal gegen typische Westernpferderassen!

▲ Wie die Mutter, so das Kind – im Gleichschritt, gut gebaut und perfekt herausgebracht!

sicher denken, wer von ihnen mehr Araberblut führt. Fjordpferde sind dadurch leichter geworden, dass man elegante Hengste gekört hat, die vor allem gute Reitpferdeeigenschaften haben.

Beide Rassen machen auch vor der Kutsche eine sehr gute Figur. Dies ist ein weiterer Grund dafür, warum Dressurunterricht gerade für „Haffis und Fjordis" so wichtig sein kann. Mehr als andere Rassen neigen sie nämlich dazu, viel Gewicht auf ihre Vorhand zu legen. So können sie zwar sehr gut ziehen, zum Beispiel eine Kutsche. Gesünder ist es jedoch, wenn sie beim Reiten schieben, also Last mit der Hinterhand aufnehmen. Und das lernen sie im guten Dressurunterricht.

Ziehen oder schieben

Ob ein Pony zieht oder schiebt, merkst du schon beim Führen. Pferde, die sehr auf der Vorhand laufen, also ziehen, sind häufig schwer zu bremsen. Unterm Reiter lassen sie sich mühsam durchparieren, sind im Trab unbequem zu sitzen, nehmen bei Tempowechseln den Kopf hoch, setzen die Hinterhufe nicht sehr weit unter ihren Körper und haben Schwierigkeiten beim Angaloppieren.

Wenn du ihnen beim Traben zuhörst, klingt ihr Hufschlag laut. Pferde, die schieben, haben weiche, elastische Bewegungen und sind leichttrittig. Sie setzen die Hinterhufe weit unter ihren Körper – das kannst du vor allem im Trab gut beobachten. Ihr Rücken ist aufgewölbt, also gerundet.

▶ **Tipp:** Wenn du wissen möchtest, ob dein Pony schief ist, lies auf Seite 50 weiter.

Gretas Reitpony Kimberly hilft seiner jungen Reiterin über die ersten Sprünge. Sie ist eine besonnene, ehrliche Sportpartnerin, der Greta zu Recht vertraut.

▶ Reitponys sind zwischen 1,22 und 1,48 Meter groß und vom Aussehen her ziemlich „pferdig". In dieser Quadrille sind sie schön nach Größe geordnet.

Englische und Deutsche Reitponys

In den 1970er-Jahren begann man in Deutschland, ursprüngliche Pony-Rassen wie Dülmener, Welsh, New Forest oder Connemara mit Vollblütern, Arabern und Warmblütern zu kreuzen, um sportliche Ponys für Kinder und Jugendliche zu züchten. Vorbild für diese Zucht war das britische Riding Pony. Deutsche Reitponys sind hübsche und handliche Warmblüter im Ponyformat. Sie sind leistungsbereit, elegant, leichtrittig und auf allen Turnieren zu finden.

Häufig sind sie jedoch weniger nervenstark als ihre Vorfahren. Reitanfänger, ängstliche oder sehr junge Reiter sind mit vielen Deutschen Reitponys überfordert. Viele Ponykäufer interessieren sich daher eher für Ponyrassen, die ihre Reiter nicht durch ihr überschäumendes Temperament in Gefahr bringen.

Doch auch unter den Deutschen Reitponys gibt es „Alleskönner", die im Umgang besonnen sind, sich im Gelände vor nichts erschrecken und im Reitunterricht leichtfüßig dahinschweben. Wer sich mit den einzelnen Hengstlinien der Ponys auskennt, hält Ausschau nach Elterntieren, die für ihr ruhiges Wesen bekannt sind.

Alle Reitponyrassen, aus denen das Deutsche Reitpony gezüchtet wurde, sind genügsame, gute Futterverwerter, die auf unbegrenzten Weidegang oft mit Hufrehe reagieren. Dennoch fühlen sie sich in einer Gruppe mit viel Bewegung am allerwohlsten.

Ponys der Welt

Weitere große Pony- oder kleine Pferderassen sind die irischen Tinker, die britischen Dale- und Fellponys, die französischen Camargue- und Merenspferde, die bosnischen Gebirgsponys, die schottischen Highlandponys, die deutschen Lewitzerponys, die baskischen Pottoks, polnische Huzulen und Koniks, Mongolenponys und bosnische Gebirgspferde.

▲ Süß sind sie alle – die ursprünglichen Ponyrassen aus England, Irland, Wales. Aber auch die Dülmener sind die Ahnen sportlicher Reitponys wie Nini. Während den irischen Connemara Ponys ein legendäres Springvermögen nachgesagt wird, leben viele New Forest Ponys ähnlich wie die Dülmener halbwild und sind besonders sportlich und nervenstark.

Connemara

Dülmener

New Forest

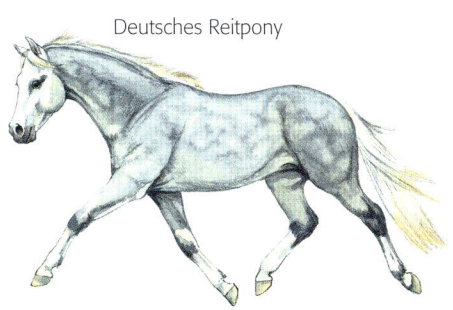

Deutsches Reitpony

Wichtige Ponyrassen

Dülmener Wildpferde sind halbwilde Ponys, die in der Nähe der Stadt Dülmen in einem etwa 360 ha großen Areal leben. Junghengste aus der Wildpferdeherde können jedes Jahr im Mai ersteigert werden.

Im britischen New Forest unweit von London leben die halbwilden New Forest Ponys. Sie sind anhänglich, nervenstark und für den Turniersport, aber auch für gemütliche Ausritte ins Gelände geeignet.

Im Süden der britischen Inseln, in Wales, werden Welsh Ponys in drei Größen gezüchtet. Welsh Ponys sind hübsche, kräftige und ganggewaltige Bewegungskünstler mit spritzigem Temperament. Häufig sind sie auch vor der Kutsche zu sehen.

An der Westküste Irlands werden Connemara Ponys gezüchtet. Ihr besonderes Springvermögen ist legendär. Doch sie eignen sich auch für den Einstieg in den Dressursport und sind im Gelände nervenstark, robust und trittsicher.

Ponybesitzer oder -züchter, die sich für ein Pony der selteneren Rassen wie Connemara oder New Forest entschieden haben, finden in Zuchtverbänden schnell Anschluss und Unterstützung, wenn sie dies wünschen.

Der Beste!

Eigentlich findet jeder sein Pony am schönsten und besten. Mir geht es so mit meinem Pony Mio. Er ist zwar offiziell als Reitpony eingetragen, aber fast alle seiner Vorfahren sind New Forest Ponys. Sie haben ihm seine bemerkenswerte Nervenstärke, seine Klugheit, Schönheit und seinen Eigensinn vererbt. Er ist schmusig und toll zu reiten.

◀ Ein stolzer Blick hinterm üppigen Schopfhaar hervor betrachtet aufmerksam prüfend den Fotografen und macht klar: Nicht nur Araber sind königliche Majestäten in Pferdegestalt!

Vier- und Fünfgänger

Manche Ponys und Pferde beherrschen außer Schritt, Trab und Galopp noch eine oder zwei weitere Gangarten: Tölt und (Renn-)Pass. Tölt ist eine bequeme Gangart im Viertakt, mit der sich mühelos weite Strecken überwinden lassen. Auch der Schritt ist ja normalerweise ein Viertakt, der Tölt ist aber flotter. Pass ist eine Bewegung im Zweitakt. Dabei gehen zuerst die linken und dann die rechten Hufe gleichzeitig nach vorne. Das nennt man eine gleichseitige oder laterale Verschiebung.

Wenn sich bei dreigängigen Pferden und Ponys der Viertakt des Schritts zum Zweitakt des Passes verschiebt, ist das Anlass zur Sorge. Es könnte ein Zeichen dafür sein, dass das Pony verspannt ist, Rückenbeschwerden hat oder das freie Schreiten im Schritt zum Beispiel durch zu kurze Zügel behindert wird. Beim Gangpferd ist der Pass dagegen völlig normal.

Die bekanntesten Gangpferde sind sicher die Islandpferde. Aber auch die griechischen Arravanis, die töltenden

Traber, Paso Fino und Peruano, Missouri Foxtrotter, Mangalarga Marchador, Tennessee Walker und Spotted Saddle Horses können tölten.

Aus der Kreuzung zwischen Islandpferden und Paso Peruanos entstanden die Aegidienberger, die etwas grö-

▲ Isländer sind Freiluftfans und brauchen Robusthaltung in der Herde. In Boxenhaltung leiden und verkümmern sie.

▼ Im Rennpass (links) bewegen sich beide Beine einer Seite fast gleichzeitig vor und zurück. Der Viertakt des Tölts (Mitte) klingt wie ra-ta-pa-ta-ra-ta-pa-ta, der Zweitakt des Trabs (rechts) wie ping-pong-ping-pong.

▼ Hier kannst du noch einmal Rennpass und Trab vergleichen. Oben ein Isländer im flotten Rennpass, unten ein Aegidienberger im Trab.

ßer als Isländer sind und Erwachsene müheloser tragen sollen.

Isländer, die speziell für Gangpferdeturniere gezüchtet wurden, sind meist nicht dafür geeignet, um gemütlich durchs Gelände zu bummeln. Wie bei Turnierpferden mit „drei Gängen", so sind auch wettkampferprobte Islandpferde Spezialisten für geübte Reiter. Sie sind Tölt- oder sogar Rennpassprofis und rattern mit ihren wehenden Mähnen über den hölzernen Laufsteg oder durch die Ovalbahn wie Rennmaschinen.

Alle anderen Islandpferde dagegen sind beliebte Freizeitponys mit einer großen Fangemeinde. Reiter mit Rückenproblemen schätzen ihre bequemen Gänge, Lehrer für therapeutisches Reiten schwärmen von ihrer Gelassenheit. Wanderreiter genießen ihre Unerschrockenheit. Wer sie als Familienmitglied hält, freut sich über ihr angenehm unaufdringliches und liebenswertes Wesen.

◀ Aus Pantsy soll einmal ein galoppierfreudiges Vielseitigkeitspferd werden. Sie ist zwar eine Trakehner Stute, doch ihr Vater Fandsy ist ein Vollblüter.

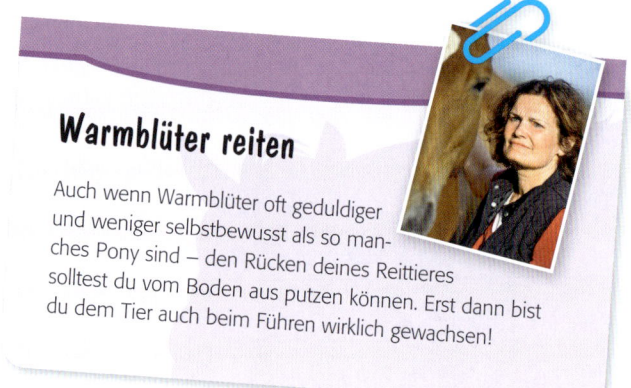

Warmblüter reiten

Auch wenn Warmblüter oft geduldiger und weniger selbstbewusst als so manches Pony sind – den Rücken deines Reittieres solltest du vom Boden aus putzen können. Erst dann bist du dem Tier auch beim Führen wirklich gewachsen!

Die Welt der Warmblüter

Warmblüter werden in den USA, den Niederlanden, in England, Irland, Frankreich, Dänemark, Schweden, Ungarn, Polen, der Sowjetunion und in Deutschland gezüchtet. Die früheren landwirtschaftlichen Arbeitspferde wurden durch das Einkreuzen von Vollblütern Generation für Generation bewegungsstärker und eleganter. Auch wenn es keine einheitliche deutsche Warmblutrasse, sondern unterschiedliche Landeszuchten mit geschichtlichen Traditionen gibt, hat sich das Bild der Warmblüter mittlerweile sehr vereinheitlicht.

Trotzdem gelten Oldenburger und Hannoveraner traditionell eher als dressurbegabt, während Holsteiner ihren Ruf als legendäre Springtalente verteidigen. Trakehner sind sowohl spring- als auch besonders dressurbegabt und eignen sich wegen ihres Galoppiervermögens und ihrer Menschenbezogenheit sehr gut für die Vielseitigkeit.

Brandenburger und Mecklenburger sind neben ihrer Sportlichkeit für einen besonders guten Charakter be-

▶ Hannoveraner sind häufig Füchse. Sie sind gute Dressurpferde und vielseitige Freizeitpferde. Ihr Landgestüt ist in Celle in Niedersachsen.

Hannoveraner

▶ Oldenburger sind oft große Rappen. Sie sind besonders gute Dressurpferde. Der Stammsitz des Oldenburger Verbandes ist in Vechta.

Oldenburger

▶ Dies sind die Zeichen der deutschen Warmblutzuchten. Seit Kurzem ist es verboten, dass Pferde Brandzeichen bekommen, zur Erkennung tragen sie jetzt Mikrochips.

Trakehner
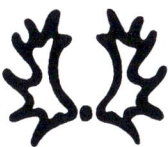

Holstein

Mecklenburg

Oldenburg

Hannover

Berlin-Brandenburg

Sachsen-Anhalt

Westfalen

Rheinland

Hessen

Thüringen

Sachsen

Rheinland-Pfalz

Württemberg

Bayern

kannt. Die kleineren Zuchten der Bayern, Hessen, Rheinländer, Westfalen, Württemberger und Sachsen/ Thüringen sind stark von Hannoveraner- und Trakehner-Hengsten beeinflusst worden.

Landgestüte der jeweiligen Bundesländer gibt es in Redefin, Neustadt Dosse, Warendorf, Moritzburg, Schwaiganger, Marbach, Dillenburg, Prussendorf und Zweibrücken. Es sind meist sehr schön gelegene, gepflegte historische Anlagen, deren Hengstparaden beliebte Zuschauermagnete sind. Ob die dort lebenden Pferde ein pferdegerechtes Leben mit genügend freier Bewegung und Kontakten zu Artgenossen führen? Auf jeden Fall sind die Landgestüte wichtige Anlaufpunkte für Züchter, Reiter und Pferdefreunde. Auch in Verden, Elmshorn und Vechta sind überregionale Reitsportzentren zu finden.

Warmblüter eignen sich für den Turniersport, viele sind aber auch zuverlässige Freizeitpartner.

▶ Trakehner sind besonders edle und menschenbezogene Pferde. Sie werden in ganz Deutschland ge-züchtet und stammen aus dem früheren Ostpreußen.

Trakehner

▶ Viele der sportlichen Württemberger sind mit dem ausgeglichenen Trakehner Fuchshengst Julmond verwandt. Ihr Stammsitz ist das Haupt- und Landgestüt Marbach.

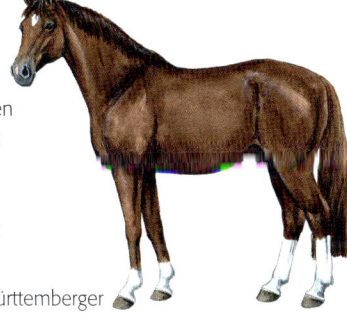
Württemberger

◀ Diese kleine Stute ist mit ihrer Lieblingsgangart Galopp und ihrem edlen Gesicht deutlich vom Vollblut geprägt. Wenn sie besonders vergnügt ist, stellt sie den Schweif auf und rast los!

▶ Ingrid Klimke auf ihrem Olympiapferd mit Halsring und ohne Sattel. Braxxi ist ein Hannoveraner mit einem Vollblut-Vater und -Großvater.

Feinfühlige Vollblüter

Zu den Vollblütern zählen vor allem Vollblutaraber (ox), Englische Vollblüter (xx), Shagya Araber (Sha) und Angloaraber (AA). Auch Tersker, Achal Tekkiner und Traber werden manchmal zu den Vollblütern gerechnet, streng genommen gehören sie jedoch nicht in diese Gruppe.

Warmblüter, die mit Vollblütern gekreuzt wurden, nennt man Halbblüter. Menschenbezogenheit, Galoppiervermögen, Schnelligkeit, Intelligenz, Ausdauer und Schönheit kennzeichnen die sanften Athleten und erklären, warum sich Pferdefreunde aus aller Welt zu Vollblütern hingezogen fühlen. Sanft sind sie allerdings nur, solange sie genügend Bewegung, einfühlsames Training und Abwechslung haben. Ein unterbeschäftigter Vollblüter, der sich womöglich nur wenige Stunden am Tag frei bewegen darf, neigt zu Bucklern und wilden Hüpfern.

„Einen Vollblüter darf man nicht zwingen, den muss man locken", sagt Dr. Hubertus Schmidtlein vom Gestüt Heidekaten, der Halbblüter für den Vielseitigkeitssport züchtet. „Wenn man sein Herz gewonnen hat, wenn man fair zu ihm ist, wenn man ihn einfühlsam vorwärts reitet, tut er alles für seinen Menschen."

Vollblutaraber werden etwa seit Anfang unserer Zeitrechnung, also seit ungefähr zweitausend Jahren gezüchtet. Ihre besondere Härte und ihre Fähigkeit zu

Sensible Wesen

Vollblüter brauchen einfühlsame Reiter. Das gilt auch für Ponys oder Warmblüter mit hohem Vollblutanteil. Sie sind sensibel, menschenbezogen und galoppieren gerne. Für die Vielseitigkeit sind sie ideal.

▶ Vollblüter geben auch in der Mischung mit anderen Pferderassen viel von ihrem vielseitigen, sensiblen Wesen weiter. Das eigentliche Einsatzgebiet reiner englischer Vollblüter ist die Galopprennbahn.

Jung und berühmt

Spielfilme wie „Seabiscuit" oder „Ruffian, die Wunderstute" zeigen das harte Schicksal von Rennpferden, die schon als Fohlen trainiert und häufig nicht sehr alt werden. Ruffian zum Beispiel war ein Ausnahmepferd, das alle Rennen gewann, aber schon mit drei Jahren starb.

stundenlangen Galoppaden beweisen sie vor allem auf Distanzritten. Solche Ritte reichen von 30 (für Einsteiger) bis zu 160 Kilometern – und sie werden meistens von Vollblutarabern gewonnen. Mitunter werden diese sensiblen Pferde wegen ihrer besonderen Schönheit nur zu Showzwecken gezüchtet. Auf diesen Shows werden nicht nur ihre Augen mit Kajal und Öl geschminkt, sie bekommen auch die Haare aus den Ohren entfernt und die Tasthaare geclippt. Dies ist tierschutzwidrig. In ihrem Heimatland Ägypten werden Araber in Beduinenzelten gehalten und als Familienmitglied behandelt.

Englische Vollblüter werden für den Galopprennsport gezüchtet. Sie sind die schnellsten und teuersten Pferde der Welt. Ursprünglich entstand die Rasse vor rund 400 Jahren in England, ist inzwischen aber auf der ganzen Welt zu Hause.

▶ **Tipp:** Mehr über das Gestüt Heidekaten liest du auf Seite 124.

◀ Zum Westernreiten gehört das passende Outfit: Cowboyhut, Bluse oder Hemd, Jeans mit Gürtel und Metall-Schnalle, Westernstiefel.

▲ Über eine schmale Brücke zu gehen erfordert Vertrauen vom Pferd. Eine tolle Übung für das Reiten im Gelände, wenn es über echte Brücken geht.

Pferde aus Amerika

Obwohl Westernpferde hierzulande eher selten sind, stellen sie weltweit die häufigste offiziell gezüchtete Pferderasse dar. Die größte Gruppe unter den Westernpferden sind die Quarter Horses. Langsame flache Gänge, schnelle Beschleunigung, Wendigkeit, Intelligenz, sanfte Menschenbezogenheit und der sogenannte „Cow Sense" (das Talent, Rinder zu treiben) sind Kennzeichen typischer Westernpferde.

Die meisten Westernpferde haben einen relativ kurzen Rücken, der sie besonders wendig macht und ihre Gänge abflacht. Im Gegensatz zum Rechteckformat der Warmblüter nennt man kurzrückige Pferde Quadratpferde.

Es gibt Cow-Horses, die vor allem für die Arbeit an und mit Rindern gezüchtet wurden. Diese Pferde werden sogar noch einmal in Roping, Cutting und Reining Horses unterteilt. Es gibt Pferde, die für reine Show-Zwecke gezüchtet und in den „Halter Classes" vorgestellt werden.

Der Name der Rasse leitet sich aus der Geschichte der Pferde ab, als einige Vorfahren der Quarter Horses auf einer Viertelmeile (Quarter of a Mile) so schnell waren, dass sie ihrer Konkurrenz davonliefen. Noch heute werden in den USA Quarter Horses speziell für diese Kurzstreckenrennen gezüchtet. Am vielseitigsten für

Vorsicht Sonnenbrand!

Viele Westernpferde sind um Maul und Augen herum weiß oder sogar rosa gefärbt und damit sehr anfällig für Sonnenbrand. Alle Pferde sollten im Sommer die Möglichkeit haben, schattige Plätze aufzusuchen. Sonnenbrandgefährdete Pferde kann man mit speziellen UV-Schutzmasken helfen, die auch ohne Halfter am Pferdekopf befestigt werden.

▼ Das Öffnen und Schließen eines Tores vom Pferd aus wird oft in Trail-Prüfungen verlangt und ist eine ganz schön knifflige Aufgabe.

▲ Unter den Westernpferden gibt es viel mehr Schecken als bei den Warmblütern. Auffälligkeit ist bei den Westernfans mehr gefragt als auf dem Dressur- oder Springturnier.

▶ Das Bosal ist eine gebisslose Zäumung, die einhändig geführt wird. Das Pferd reagiert auf Signale an Nase und Hals und auf Gewicht und Beine.

Freizeitreiter, die ab und zu auf einem Turnier starten möchten, sind Pferde, die für Pleasure gezüchtet wurden, oder als „Allarounder" verkauft werden.

Weitere Westernpferderassen sind die Paint Horses oder Paints. Je nach Scheckung spricht man vom Overo oder Tobiano. Ansonsten sind Paints ganz einfach gescheckte Quarter Horses mit „Sonderlackierung".

Die dritte typische Westernpferderasse sind die sanftmütigen Appaloosas. Ursprünglich von den amerikanischen Ureinwohnern des Nez Percè Indianer-Stammes gezüchtet, wurden die wenigen reinen Appaloosas, die nach der Ausrottung der Nez Percè übrig blieben, mit anderen Pferderassen wie Morgan Horses oder Arabern gekreuzt. Ihr meist gelassenes Wesen und die bequemen, flachen Gänge machen alle Westernpferderassen für unsichere Reiter interessant.

▶ **Tipp:** Den Unterschied zwischen Rechteck- und Quadratpferd kannst du dir auf Seite 77 ansehen.

▲ Einfädeln in einen Stangengang – beim Westernreiten wird das Pferd auch mit Zügelkontakt am Hals geritten. Der links angelegte Zügel bedeutet, es soll nach rechts weichen.

◀ Stilechte Barocktrense mit Kandare in S-Form und Unterlegtrense. Das Pferd wird mit vier Zügeln geritten.

▲ Das Reiten schwieriger Lektionen im Damensattel gehört ebenfalls zur Barockreiterei. Der wundervolle Friese Yke meistert die Pirouette leicht und elegant.

Barocke Pferde

Die meisten Barockpferderassen sind kompakt und kräftig und haben einen kurzen Rücken und einen hoch angesetzten Hals. Dadurch lassen sie sich leichter versammeln als beispielsweise Vollblüter, was ihnen die Lektionen der Dressur bis zur Hohen Schule erleichtert. Typisch ist auch die hohe Knieaktion der Barockpferde, die majestätisch wirkt.

Die Geschichte der barocken Pferderassen ist miteinander verflochten und mit den europäischen Königshöfen und Adelssitzen des Mittelalters verknüpft. Dass wir die Schönheit dieser Pferde noch immer bestaunen können, ist ein großes Glück, denn viele barocke Rassen sind seit den 1970er-Jahren extrem bestandsgefährdet.

Andalusier sind seit dem Mittelalter in ganz Europa begehrte Pferde, da sie kräftig, edel und elegant aussehen. Wie die nordafrikanischen Berber, so haben die spanischen Andalusier die meisten anderen Barockpferderassen maßgeblich geprägt. Reinblütige Andalusier werden als PRE (Pura Raza Espanola) oder, wenn es sich um die edelsten Andalusier handelt, als Cartujanos bezeichnet.

Der einfarbige Frederiksborger und der meist als Tigerschecke „eingefärbte" Knabstrupper kommen aus

Test: Ist dein Pferd schief?

• In der Bodenarbeit: Führe dein Pferd von links und rechts in Achten. Ist es in Rechtskurven unwilliger als in Linkskurven? Biegt es sich entspannt oder nimmt es den Kopf hoch oder schaut zur anderen Seite?
• Beim Reiten: Vergleiche Links- und Rechtsvolten miteinander. Welche fallen deinem Pferd leichter?
• Im Gelände: Fühlt es sich gleich gut an, auf dem linken oder rechten Hinterbein leichtzutraben?

▲ Aus der Reitweise der spanischen Hirten stammt die Arbeit mit der Garrocha, einer bis zu vier Meter langen Holzstange. Rechts: Das könnte Pippi Langstrumpfs Pferd Kleiner Onkel sein: ein Fohlen mit vielen Pünktchen.

▼ Der Lusitano wird in Portugal gezüchtet. Er wurde im berittenen Stierkampf eingesetzt.

▲ Die großen Kladruber kommen aus Tschechien. Wie die kleineren Friesen waren sie begehrte Fahrpferde vor herrschaftlichen Kutschen, aber sie eignen sich auch für die barocke Reitweise.

Dänemark. Beide Rassen sind in ihrer ursprünglichen barocken Form vom Aussterben bedroht.

Die schwarzen Friesen aus den Niederlanden haben einen besonders hoch angesetzten Hals. Ihr Rücken ist eher lang, ihre Mähne üppig und gelockt und ihr Wesen menschenbezogen.

▶ **Tipp:** Welche Zirkuslektionen es gibt, steht auf Seite 104, Kostümreiten auf Seite 136.

▲ Der Lipizzaner ist aus seinem Stammgestüt in Lipica (Slowenien), aus dem österreichischen Staatsgestüt in Piber und aus der spanischen Hofreitschule in Wien bekannt. Er ähnelt dem Andalusier.

◀ „Wir schaffen das!" Dieses Paar strahlt Gelassenheit, Vertrauen und Harmonie aus.

▲ „Gut gemacht, Dicker!" Beim Reiten im Gelände, aber auch in der Dressur machen die zuverlässigen Kraftpakete ein ebenso gutes Bild wie beim Fahren.

Coole Kraftpakete: Kaltblüter

Das Blut von Kaltblütern hat genau die gleiche Temperatur wie das eines Warmblüters. Ihren Namen verdanken Kaltblüter eher der Tatsache, dass sie auch in aufregenden Situationen kühl und gelassen bleiben und nicht so hitzig reagieren, wie mancher Vollblüter.

Vor der Erfindung von Landmaschinen wurden Kaltblüter in der Land- und Waldwirtschaft eingesetzt. Sie zogen Baumstämme und schwere Kutschen, halfen beim Pflügen, beim Mähen und Dreschen oder koppelten ganze Eisenbahnwaggons ab. In Frankreich werden sie inzwischen vor allem für die Pferdefleischproduktion gezüchtet, also als Schlachtpferde.

Ein schwerer Kaltblüter wiegt über 1000 Kilo, das ist eine Menge Fleisch! Zu den Kaltblutrassen, die in der Schlachtpferdezucht eingesetzt werden, gehören die schweren Ardenner, die Belgier, die schweren Boulonnais, die Bretonen, die Percheron und die Jütländer. Viele von uns lehnen es ab, Pferdefleisch zu essen.

Trotzdem hat die Vorliebe für Pferdefleisch viele Kaltblutrassen vor dem Aussterben bewahrt! Die schottischen Clydesdales und die Shire Horses sind dagegen

Kaltblüter brauchen Zeit

In meinen Bodenarbeitskursen durfte ich schon häufiger Kaltblutpferde begrüßen. Riesige Shire Horses testeten die Stabilität meiner Podeste (sie hielten!), gutmütige Freiberger ließen sich vom Boden fahren und massieren. Eine Mecklenburger Kaltblutstute machte uns deutlich, dass ihr großer Körper eine längere Lernleitung hatte als die der anderen Pferde. Als sie aufgefordert wurde, ihr Vorderbein auf ein Signal hin zu heben, tat sich zunächst gar nichts. Dann, nach einer knappen Minute, hob sie schließlich ihr Bein. Zum Glück haben wir ihr diese Zeit gegeben, die sie brauchte, um das zu tun, was wir wollten!

▼ … wie fantastisch sie mit ihrem Menschen zusammenarbeiten und seine Signale umsetzen. Sie denken aber auch mit und platzieren ihre großen Hufe mit Bedacht. Alle Pylonen stehen noch.

▲ Nur auf Zuruf lassen sich die Kaltblüter im Wald zentimeterweise zwischen den Bäumen hindurch dirigieren und ziehen dabei schwere Baumstämme hinter sich her! Hier zeigen sie beim Ziehen des Schlittens …

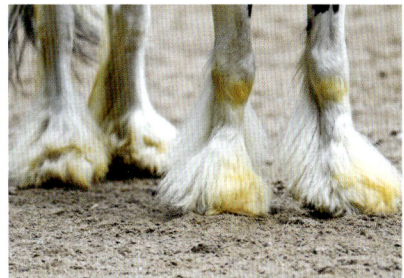

▶ Die plüschigen Haare hinten am Fesselgelenk der Kaltblüter werden Köten- oder Fesselbehang genannt. Die Haut darunter ist empfindlich.

weniger verbreitet, da man sich in Großbritannien nicht mit Pferdefleisch im Kochtopf anfreunden kann. Leichte Kaltblutrassen haben ihren Weg in die Ställe von Freizeitreitern gefunden.

Die sanften Riesen eignen sich als zuverlässiges Reitpferd oder werden als Therapiepferde eingesetzt. Schleswiger, Freiberger und die wunderschönen Schwarzwälder Füchse gehören ebenso wie die eleganten, leichten Boulonnais zu diesem Typ Pferd.

Früher wurde vielen Kaltblütern der Schweif kupiert, damit er sich nicht in den Fahrleinen verfing. Allerdings konnten die Pferde ihn dann auch nicht einsetzen, um Fliegen zu verscheuchen und sich vor Regen und Wind zu schützen. In Deutschland ist diese Tierquälerei glücklicherweise verboten.

Wer ein sanftmütiges, geduldiges Kaltblut besitzt, hat mit Sicherheit einen wunderbaren Freund!

▲ Passende Sättel und Trensen sind für diese herrlichen, unerschütterlichen Pferde oft schwer zu finden. Hier ein gut ausgerüstetes Schleswiger Kaltblut.

Spiele der Giganten

Vierkampf für Kaltblüter

Extra für Kaltblüter war ein Vierkampf des Landesbreitensportturniers in Bad Segeberg ausgeschrieben. Hier wurden die besonderen Fähigkeiten der gut ausgebildeten Dicken gezeigt und bewertet. Kraft, Ruhe, Nervenstärke, Gehorsam und Geschicklichkeit kamen eindrucksvoll in jeder der Einzelaufgaben zum Tragen. Die Pferde spielten einen riesigen Pferdefußball in ein Tor aus Sprungständern, zogen einen Schlitten durch einen Slalom aus Hütchen, rannten hundert Meter in Bestzeit und überwanden einen Geschicklichkeitsparcours mit kniffligen Aufgaben.

Gelassenheit und Schnelligkeit

Das Aufsitzen von einer Aufstiegshilfe aus mit ruhigem Stehenbleiben fiel den meisten Pferden und Reitern leicht. Den riesigen Ball so oft wie möglich ins Tor zu kicken war dagegen gar nicht so einfach. Beim Hundert-Meter-Rennen bebte der Boden! Das war superdynamisch! Und beim Hütchenslalom waren die meisten Kaltblüter voll in ihrem Element. Wendig und aufmerksam ließen sie sich durch die Hindernisse lenken, ohne dass ein Hütchen kippte. Vielen Pferden merkte man an, dass sie schon im Wald gearbeitet hatten, denn Slalom um Bäume herum erfordert volle Aufmerksamkeit!

Tolle Pferde, diese Riesen!

Auch bei den langen Wartezeiten, die die einzelnen Pferde zwischen den Prüfungen hatten, bot sich dem Zuschauer ein tolles Bild der Gelassenheit und Ruhe und des Vertrauens zwischen Pferden und Reitern.

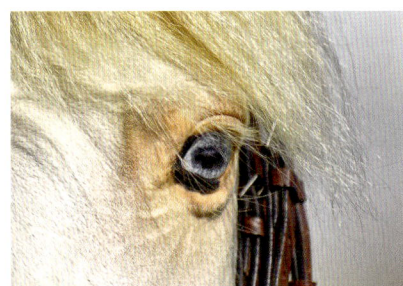

◀ Bei Knabstruppern sind weiß geborene Fohlen gar nicht so selten. Ein paar Punkte wird der kleine Fuchstigerschecke wohl noch bekommen.

▶ Viele Westernpferde haben blaue Augen. Ihre Sehfähigkeit ist genauso gut wie die von Pferden mit dunklen Augen, siehe Seite 78.

Farben und Abzeichen

In welchem Kleid ein Pony zur Welt kommt, wird von vielen Züchtern mit Spannung erwartet. Bei den Fohlen von Fjordponys und Haflingern ist es von vornherein klar, dass das Neugeborene ein Falbe oder ein Fuchs mit hellem Langhaar sein wird. Ein Friesenfohlen wird sicherlich schwarz sein. Wildpferde haben häufig eine dunkelfalbe, braune oder schwarze Färbung, die sie gut tarnt.

Braune, Füchse, Rappen, Schimmel, Isabellen, Falben und Schecken sind die wichtigsten Pferdefarben. Die Unterscheidung von Braunen und Füchsen fällt manchmal schwer, ist aber eigentlich ganz leicht. Füchse sind einfarbig rotbraun, Braune dagegen haben zwar ein braunes Fell, aber schwarzes Langhaar, also eine schwarze Mähne und einen schwarzen Schweif. Wirklich selten sind dagegen weiß geborene Pferde, weiße Tigerschecken oder Weißisabellen. Sie haben häufig blaue oder hellbraune Augen und rosa Mäuler.

Pferdefarben unterliegen genau wie unsere Kleidung auch der Mode. Einige Jahre lang lagen gescheckte Pferde hoch im Trend, Schimmel dagegen wollte niemand haben. Ein alter Reiterspruch besagt: Ein gutes Pferd hat keine Farbe. Damit ist gemeint, dass man sich nicht

Welche Farbe ist Fukaschi?

Es gibt Fohlen, die schwarz, braun oder fuchsfarben zur Welt kommen, im Laufe ihres Lebens aber nach und nach die Farbe wechseln. Sie werden jedes Jahr ein wenig heller, bis sie am Ende ganz weiß sind – Einhörnern oder Feenpferden ähnlich. Im Fohlenschein, das ist eine Art Ausweis der Ponys, steht dann zum Beispiel bei der Farbe: Fu ka Schi, das bedeutet: Fuchs, kann Schimmel werden.

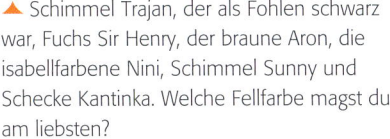

▲ Schimmel Trajan, der als Fohlen schwarz war, Fuchs Sir Henry, der braune Aron, die isabellfarbene Nini, Schimmel Sunny und Schecke Kantinka. Welche Fellfarbe magst du am liebsten?

▶ Das schön eingeflochtene Blondhaar eines Haflingers und die dicke, graue Mähne eines Schimmels.

▼ Von links nach rechts siehst du oben folgende Abzeichen: Flocke, Stern, Keilstern und unten sind Blesse, Schnippe und Laterne abgebildet.

von schicken Abzeichen oder einer begehrten Fellfarbe wie Schwarz oder Gescheckt blenden lassen, sondern auf den Charakter und die Rittigkeit eines Ponys oder Pferdes achten sollte.

Wenn du nicht gerade auf einem Araber-, Haflinger-, Friesen- oder Fjordpferdegestüt lebst oder reitest, sind die Braunen vermutlich in der Überzahl. Manche Völker verbinden mit Abzeichen gute oder schlechte Charaktereigenschaften. So versprachen bei den Beduinen nach links gehende Blessen gute Geschäfte, unterbrochene Blessen waren dagegen ein Zeichen für häufiges Stolpern.

Viele Pferdezüchter mögen „bunte" Pferde mit vielen oder großflächigen Abzeichen weniger gern. Andererseits sollten ihre Ponys wenigstens eine kleine Verzierung haben, eine zurückhaltende Flocke, einen kleinen Stern auf der Stirn oder eine Schnippe auf den Nüstern.

Pferde verstehen

Menschen verständigen sich hauptsächlich über Sprache. Tatsächlich ist es aber so, dass in einem Gespräch die Körpersprache genauso wichtig ist wie das, was du sagst. Pferde unterhalten sich ebenfalls ständig. Ihre Ohren zucken interessiert oder warnend vor und zurück. Ihr Schweif bewegt sich, ein Hinterbein wird angewinkelt, das Maul zum Spiel gekräuselt. Sie schauen unsicher zur Seite oder lecken sich entspannt oder beunruhigt das Maul. Ihr Kopf geht drohend oder alarmiert nach oben oder er wird auf der Suche nach Trost unter einen befreundeten Pferdebauch gesteckt.

Wie du herausfinden kannst, was dein Pferd sagt, wie sein Körper funktioniert und woran du erkennen kannst, ob es krank oder gesund ist, darum geht es auf den nächsten Seiten.

◀ Was wie Kaugummikauen aussieht, ist in Wirklichkeit ein lautloses Signal: „Tu mir nichts, ich bin noch klein, und du hast auf alle Fälle recht!"

▼ Von oben nach unten siehst du hier die Drohgebärde eines Hengstes mit eng gestellten Nüstern und angelegten Ohren und Putzgesichter mit entzückt verzogenem Maul.

Wie Pferde reden

Vielleicht kann man eine Pferdeherde mit einer Schulklasse vergleichen. Es gibt Kinder, neben die man sich gerne setzt, es gibt die, denen man zuhört, wenn sie etwas vorschlagen, die, die nichts sagen und die, denen man lieber aus dem Weg geht, weil sie manchmal nervig oder unberechenbar sein können. Die Lautesten oder Rücksichtslosesten sind auch in einer Pferdeherde nicht die Anführer.

Leithengste und -stuten haben das Wohl der ganzen Herde im Blick. Sie sind keine Schlappis, aber auch keine Brutalos. Ist das Futter knapp, tun sich zwei Leithengste und -stuten auch mal zusammen und führen ihre Herden gemeinsam. Genau wie in einer Schulklasse, so gibt es auch in einer Pferdeherde verschiedene kleinere Gruppen. Auch diese Gruppen haben in der gesamten Herde mehr oder weniger zu sagen. Die ranghöchste Gruppe darf zum Beispiel zuerst zur Wasserstelle, dann folgen die rangniedrigeren Gruppen.

▲ Diese Jungpferde zeigen ihr Spielgesicht. Auch hier werden die Ohren etwas zurückgenommen. Vergleiche sie aber mit der Drohgebärde des Hengstes links.

◀ Hochrangige Stuten oder Familiengruppen trinken und plantschen zuerst an der Wasserstelle!

▲ Das Schweifwedeln der Mutterstute hat nichts mit ärgerlichem Schweifschlagen zu tun. Sie vertreibt nur Insekten.

Die Mutterstuten haben ihre Fohlen im Blick, die Jungpferde rennen und spielen und alle fressen oder dösen, wie es gerade in ihren Rhythmus passt – aber die Leitpferde achten immer auf die gesamte Gruppe und gleichzeitig auch auf die Umgebung.

In Pferdeherden wird geschlagen, gekniffen, gebissen und gerempelt. Und es wird geknabbert, gekrault, geschnuppert, geprustet, genickt und mit dem Kopf geschüttelt. Pferde benutzen zum „Reden" den ganzen Körper, vor allem aber den Kopf. Die Kopfhaltung, verschiedene Kopfbewegungen, die Ohren, die Nüstern und das Maul geben wichtige Signale.

Auch an das Führen (die Leitstute geht meist vorneweg) und das Getriebenwerden (der Leithengst folgt meist der Herde) sind Pferde gewöhnt. Sie „lesen" unsere Körpersignale und reagieren darauf. Daher ist es gut, wenn wir wissen, was wir eigentlich mit unserem Körper sagen. Anders als manche Hunde, die bis zu 100 unterschied-

liche Wörter und Begriffe unterscheiden können, verstehen Pferde nur etwa fünfzig Wörter und merken sie sich verlässlich. Im Verstehen von Körpersignalen sind sie dagegen Meister!

▶ **Tipp:** Mehr über das Zusammenleben von Pferden kannst du auf Seite 14 und 26 lesen.

Ponys beobachten

Eine gute Möglichkeit, den ganzen Tag lang mit Ponys zusammen zu sein, ist ein Reiterurlaub. Greta fährt regelmäßig in den Ferien auf einen Ponyhof. Dort kann sie mit fremden Ponys und Kindern Freundschaften schließen. Außerdem macht es Greta Spaß, im Gelände herumzugaloppieren und zu springen.

◀ Ein geregelter Galopp bergauf macht Spaß und kräftigt Rücken und Hinterhand der Ponys. Auf ebener Strecke kommen schlecht gerittene Ponys dagegen gern ins Rennen oder gehen sogar durch.

▼ Clara und Rosa führen so am gruseligen Trecker vorbei, dass sie zwischen Trecker und Ponys gehen. So haben die Vierbeiner Platz, um zur Seite auszuweichen.

Fürchten und flüchten

Viele Pferde fürchten sich vor Dingen, die in gewohnter Umgebung neu auftauchen, vor lauten Geräuschen oder vor schnellen Bewegungen. All diese Kennzeichen passen aus Pferdesicht auch auf die Feinde des Wildpferdes. Wildkatzen oder Wölfe tauchen irgendwo auf, wo sie vorher nicht waren, sie brüllen herum und sie rennen auf das Pferd zu. Leider verhalten sich große Lkws oder Landmaschinen ein bisschen ähnlich, jedenfalls aus Pferdesicht.

Junge Ponys und Pferde fürchten sich vor vielen Dingen, die ältere Herdenmitglieder schon als ungefährlich eingestuft haben. Diese Furcht gehört zum angeborenen Verhalten eines Fluchttieres. Wenn man sie gern hat, wenn sie ein gutes und lockeres Reitpferd werden sollen, schimpft oder bestraft man sie nicht für ihre Furcht.

Man zeigt ihnen stattdessen in Ruhe den Gegenstand, vor dem sie sich fürchten und lobt sie, wenn sie auch nur einen Hauch von Mut zeigen. Pferden Verkehrssicherheit beizubringen, ist dagegen ein bisschen komplizierter. Freundliche Lkw-, Milchwagen- oder Mähdrescherfahrer halten zwar extra für Pferde an, wenn die Verkehrssituation dies zulässt. Verlassen kann man sich auf ihre Umsicht aber nicht.

So vertraut dir dein Pferd

Als Shoshoni vor einigen Jahren zu uns kam, hatte er wenig Erfahrung mit Menschen. Angebundensein oder Führen war ihm nicht vertraut und er war ein bisschen ängstlich. Wir haben überlegt, wie wir ihm die Dinge leichter machen können und ihn viel gelobt, gestreichelt oder auch gefüttert. Zum Spazierengehen kam immer unsere Eselin Resi mit. So hat er schnell Vertrauen bekommen und sein Mut ist gewachsen.

▲ Mit Geduld und zusammen mit mutigeren Tieren wie dem Schleswiger hier, lernen auch ängstliche Ponys schnell, dass der riesige Ball ungefährlich ist.

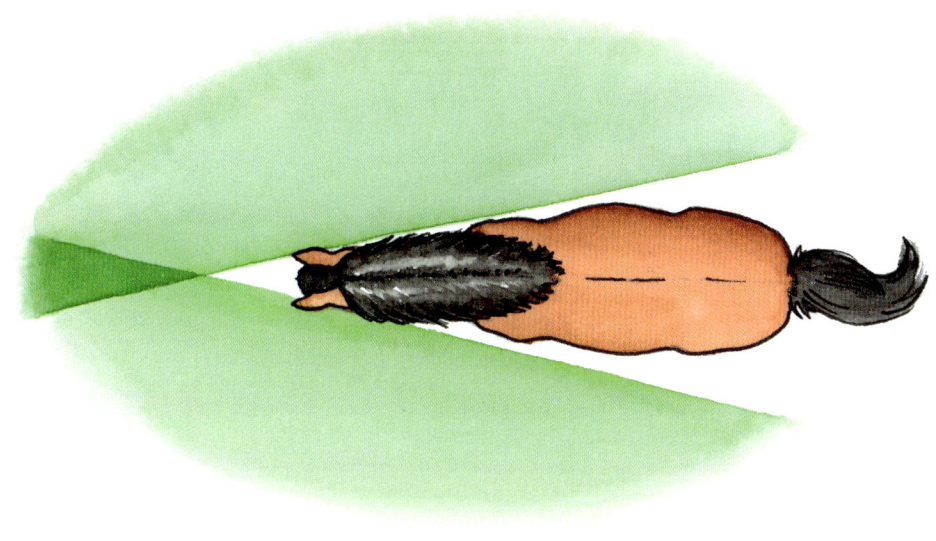

▲ Pferde haben mit ihren seitlich am Kopf liegenden Augen fast Rundumsicht, das zeigt der hellgrüne Bereich. Alles, was direkt vor und hinter ihnen ist, können sie nicht sehen, deshalb sollte man sie immer ansprechen, wenn man sich ihnen nähert. Im dunkelgrün markierten Bereich überschneiden sich die Sichtfelder der Augen, dort können sie dreidimensional sehen, so wie wir.

Junge oder ängstliche Ponys lernen den Straßenverkehr am besten an der Seite eines ruhigen und erfahrenen Stallkollegen kennen. Dabei geht das erfahrene Pony links, also auf der dem Verkehr zugewandten Seite. Beim Führen geht in solchen Fällen der Mensch zwischen dem beunruhigenden Gegenstand und dem Pony. Als Fluchttiere regen sich Pferde viel weniger auf, wenn ein gewisser Abstand zwischen ihnen und dem Tiger der Neuzeit liegt.

Fluchttiere wollen alles im Blick behalten und im Notfall wegrennen können. Daher lassen sie sich nicht gerne anbinden oder festhalten, vor allem, wenn sie noch jung sind oder sich unsicher fühlen. Es widerspricht ihren Instinkten, wenn ihr Bewegungsspielraum eingeschränkt ist. Geschlossene Räume, Angebundensein mit dem Kopf zur Wand – all dies erfordert Vertrauen und Sicherheit.

▶ **Tipp:** Mehr über Pferdegefühle auf Seite 86.

Von den anderen lernen

Die Gewöhnung an neue oder unheimliche Gegenstände und die Verkehrssicherheit klappt am besten, wenn das Pony von einem ruhigen, erfahrenen Stall- oder Weidegenossen begleitet wird und sich dessen Ruhe abgucken kann. So lernen auch Wildpferdefohlen, Bedrohliches von Ungefährlichem zu unterscheiden.

◀ Noch stärker als ältere Pferde drücken Fohlen und Jungpferde Freude durch Luftsprünge, Steigen und lustige Galoppaden aus. So wie die kleine Starlight hier.

▶ Der Gang zur Wasserstelle ist manchmal kilometerweit. Die Konikherde in der Geltinger Birk braucht nicht ganz so weit zu laufen!

Lauf, Pferdchen, lauf

Bewegung ist für alle Säugetiere wichtig und lebensnotwendig. Und doch gibt es Unterschiede in der Bewegungslust oder dem Bedürfnis, zu laufen. Igel bewegen sich zum Beispiel ein halbes Jahr lang gar nicht: sie halten Winterschlaf. Wölfe verschlafen ganze Nächte und halbe Tage, sind aber in der Lage, über Stunden hinweg in schnellem Tempo hinter einer „Beute" herzutraben. Wildpferde können über lange Zeit in schnellem Tempo flüchten. Normalerweise bewegen sich wilde Pferde aber in langsamem Tempo vorwärts und zupfen dabei Gräser und Kräuter, beknabbern Sträucher und suchen Schattenplätze, Wasserstellen oder Schubberbäume auf. So verbringen sie viele Stunden des Tages und laufen dabei viele Kilometer.

Ihr Körper ist für ständige, langsame Bewegung perfekt geeignet. Ihre Verdauung ist auf permanentes Fressen eingerichtet. Wenn ihr Leben anders verläuft, als von der Natur geplant, werden sie krank. Husten, häufige Koliken, Kreuzverschlag, Rückenschmerzen und Krankheiten der Bänder oder Knochen sind häufig die Folge eines unnatürlichen Pferdelebens.

Dass Pferde Bewegung brauchen, merken wir aber auch daran, wie sie reagieren, wenn sie sich einmal nicht genug bewegen konnten. Nach längeren Frostperioden, in

Nicht ständig in der Box

Früher wurden Arbeitspferde über Nacht angebunden, bevor sie sich am nächsten Tag wieder viele Stunden lang vor dem Pflug oder im Wald bei der Rückearbeit im Schritt bewegt haben. Diese Form der Haltung ist heute verboten. Boxenhaltung ist aus Pferdesicht allerdings auch nicht natürlich. Mehr als zehn Stunden am Stück sollte kein gesundes Pferd in einer Box stehen müssen. Reine Boxenhaltung macht krank.

▲ Sunny und Katinka sind Offenstallponys. Sie können sich frei bewegen, verbringen manche Regen- oder Schmuddelwettertage aber dösend in ihrem Unterstand – freiwillig. Als Offenstallponys sind sie …

▲ … sehr ausgeglichen. Windiges Wetter oder lange Frostperioden führen aber auch bei ihnen zu fröhlichem Gehüpfe. Trotzdem, von der Wiese unter den Sattel, das ist aus Pferdesicht eine gute Reihenfolge!

▶ Auch der kleine Konikjährling ist einem Galopp nicht abgeneigt. Aufmerksam lauscht er nach hinten. Ob da seine Freunde angeknattert kommen?

denen auch Offenstallponys überwiegend herumstehen, sind Buckler, Hüpfer und plötzliche Scheuattacken im Reitunterricht gang und gäbe. Stehen Pferde gar mehrere Tage in der Box, regen sie sich über Kleinigkeiten auf, preschen plötzlich in Schräglage los und hören ihrem Reiter nicht zu. Solche Boxenhaltung ist nicht pferdegerecht!

Keine Langeweile!

Unsere Pferde haben Außenboxen, sodass sie das Geschehen auf dem Hof beobachten können. Sie bekommen alle täglichen Weidegang und bewegen sich frei auf Paddocks. Außerdem gestalten wir unser Training abwechslungsreich. Dressur, Springen, Ausreiten, Longieren, Galopp am Berg, Cavaletti-Arbeit – mit dieser bunten Mischung kommt ganz bestimmt keine Langeweile auf.

◀ Während des Fototermins für dieses Buch war es heiß. Marcel bietet Nini Wasser aus dem Eimer an, damit sie fit bleibt.

Fütterungs-Regeln

- Heu sollte immer zur Verfügung stehen
- Wenn Heu rationiert wird, vor dem Kraftfutter geben
- Kleine Portionen Kraftfutter füttern (mindestens drei Mal täglich)
- Saftfutter wie Möhren werden zusätzlich gegeben
- Frisches, sauberes Wasser sollte immer zur Verfügung stehen
- Nach längeren Ritten Wasser in kleinen Portionen reichen – Kolikgefahr!

Fressen und trinken

Wilde Pferde fressen viele Stunden am Tag. Auf ihrem Speiseplan stehen unterschiedliche Gräser, Kräuter, Zweige und Früchte. Kraftfutter kennen sie nur am Ende eines Grashalms, und nur dann, wenn das Gras Gelegenheit hatte, zu blühen. Um sich vor Wurmbefall zu schützen, trennen Pferde ihre Fressplätze von den Stellen, auf die sie äppeln. Von diesen Kotplätzen fressen sie nicht, auch wenn das Gras dort grün und saftig aussieht.

Da Pferde über den Tag verteilt ständig kleine Mengen Futter verdauen müssen, haben sie einen vergleichsweise kleinen Magen, aber einen sehr langen Darm. Bei ganztägigem Weidegang können sie ihre Fress-, Spiel- und Döszeiten selbst einteilen. Bei jeder anderen Form von Haltung ist es wichtig, so häufig wie möglich zu füttern. Gutes Heu und Stroh, abwechslungsreiche Weidepflanzen und frisches, sauberes Wasser sind die wichtigsten Nahrungsmittel von Pferden – ihr Grundfutter. Futtermöhren, Mineralfutter, Hafer und Müsli sind eine gute Ergänzung.

Pferde lieben es, mit Wasser zu spielen. Mit dem Maul, aber auch mit den Hufen plantschen sie in Bottichen herum wie in echten Wasserstellen. Ärgerlich für uns Menschen, wenn wir das Wasser mühsam mit Eimern

▲ Diese Koniks fressen an einem Sommertag etwa 30 Kilogramm Gras, Blätter und Zweige. Im Winter decken sie ihren Futterbedarf notfalls auch mit Brombeerranken.

▶ Die Verdauungsorgane vom Maul über die Schlundröhre zum relativ kleinen Pferdemagen. Im verschlungenen Darm findet ein großer Teil der Verdauung statt.

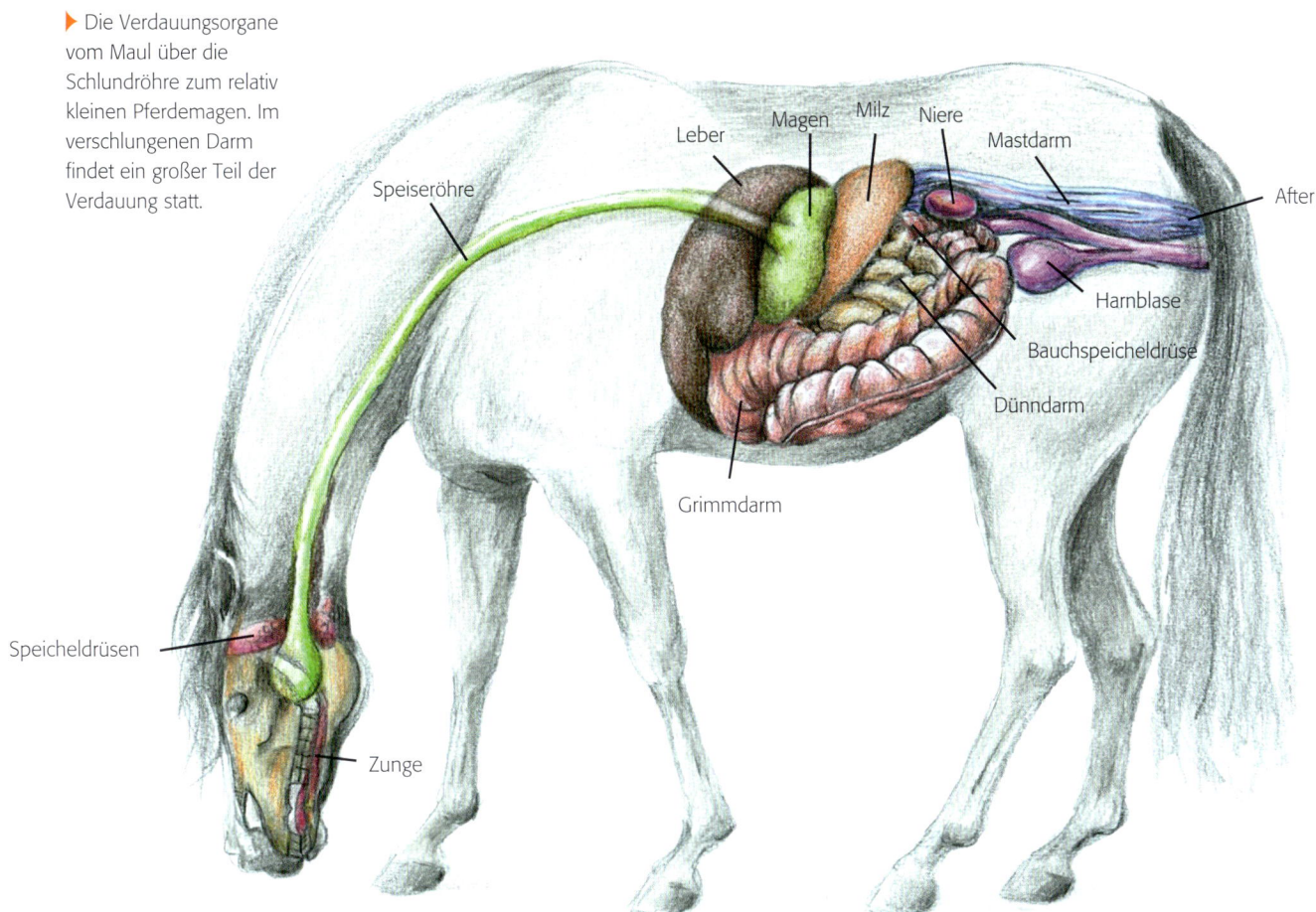

Leber • Magen • Milz • Niere • Mastdarm • After • Harnblase • Bauchspeicheldrüse • Dünndarm • Speiseröhre • Grimmdarm • Speicheldrüsen • Zunge

herbeitragen mussten. Aber ganz normales Pferdeverhalten! Pferde trinken durchschnittlich 30 Liter Wasser am Tag. Im Winter brauchen sie bei Heufütterung mehr Wasser als im Sommer.

▲ Wasser ist lebenswichtig für Pferde. Es spielt für sie keine Rolle, ob ihre Freunde saubere Hufe hatten, als sie zum Trinken in die Wasserstelle gingen.

Natürlich gehaltene Ponys und Pferde suchen auch beim Reiten Kotplätze am Rand der Reitbahn auf und äppeln im Stehen. Man kann Ponys und Pferden beibringen, im Gehen zu äppeln, aber in freier Wildbahn tun sie dies nur, wenn sie gerade gestresst sind. Pferde äppeln mindestens zehn Mal am Tag. Das sind ungefähr 30 Kilo!

Eine volle Blase kann Ponys und Pferden während des Reitens ganz schön Probleme machen. Nicht umsonst wird das Pinkeln auch „Sich- Lösen" genannt. Um sich lösen zu können, muss man gelöst, also locker sein. Junge oder angespannte Pferde mit voller Blase bleiben oft viele Male stehen und laufen dann doch weiter, ohne sich zu erleichtern. Auf mehrstündigen Ausritten sollte man spätestens nach zwei Stunden eine Pause einlegen und den Gurt lockern, um seinem Reittier Gelegenheit zum Pinkeln zu geben.

▶ **Tipp:** Wie sich Koniks im Winter ernähren, steht auf Seite 30.

◀ Die Verdauungsorgane von Pferden sind empfindlich. Daher solltest du wissen, wie ein gesundes Pferd aussieht und woran du Kolikzeichen erkennst.

▼ Wohlgeformte Pferdeäpfel sind ein Zeichen einer gesunden Verdauung. Diesem Fohlen geht es dank der guten Muttermilch prächtig.

Achtung Kolik!

Als Charlotte am Vormittag eines Sommerferientags auf die Weide kam, verhielt sich ihr Pony Mio anders als sonst. Er wälzte sich häufig und blieb nach dem Wälzen noch liegen, statt freudig aufzuspringen und sich zu schütteln. Er lief unruhig auf und ab, sah sich nach seinem Bauch um und schwitzte.

Eine Kolik ist ein dringender Notfall, der Tierarzt kam so schnell wie möglich und gab Mio eine krampflösende Spritze. Danach ging es Mio schnell besser. Charlotte blieb einige Stunden bei ihm, massierte ihn und beobachtete sein Verhalten. Auch in der nächsten Nacht standen wir zwei Mal auf, um sicherzugehen, dass er keinen Rückfall bekommen hatte.

Verwurmung, hastiges oder zu reichliches Trinken, Futterumstellungen im Frühjahr und Herbst, aber auch Wetterwechsel, schwülwarmes Wetter, Bewegungsmangel und Stress können zu Koliken führen. Fressen Pferde gammeliges Heu, verdorbene Silage, schimmeliges Brot oder zu viel Stroh auf einmal, können sie ebenfalls Verdauungsprobleme bekommen. Stuten haben manchmal rund um ihre Rosse herum leichte Koliken.

Eine Kolik muss immer so schnell wie möglich vom Tierarzt behandelt werden. Kolikkranke Pferde sollten eingedeckt werden. Wärme entspannt. Während man

Wälzen erlaubt

Manche Leute sind der Meinung, kolikkranke Pferde dürften sich nicht wälzen, weil sich dabei ihr Darm verdrehen oder verschlingen kann. Abgesehen davon, dass man die Tiere bei schweren Krampfkoliken nur mit Gewalt vom Wälzen abhalten kann, braucht man es auch nicht zu verhindern. Es kann die Schmerzen lindern und richtet keinen Schaden an.

▲ Offensichtlich ist hier alles in Ordnung. Durchfall oder kleinknollige, trockene Pferdeäpfel sind dagegen Zeichen einer gestörten Verdauung.

▶ Zeichen einer Kolik sind Wälzen, Umschauen nach dem Bauch im Liegen und im Stehen, Treten nach dem Bauch, Unruhe, Flehmen oder Schwitzen.

auf den Tierarzt wartet, kann das Pferd herumgeführt oder auch an Ohren und Bauch leicht massiert werden. Bei schweren Koliken ist es besser, auf Abstand zu bleiben, bis der Tierarzt kommt, da die Pferde im Schmerz nicht auf dich achten und dich verletzen könnten.

Hilfe, Wurmalarm!

Um Wurmbefall in Grenzen zu halten, fressen frei lebende Pferde nicht an Stellen, auf die sie geäppelt haben. In der Box ist das aber unmöglich und auch das Weideland von Hauspferden ist meist nicht so üppig, dass sich die Geilstellen (Kotplätze) ganz umgehen ließen. Daher ist es wichtig, regelmäßig mit unterschiedlichen Mitteln zu entwurmen. Wer viele Pferde auf wenig Fläche hält, entwurmt vier Mal im Jahr, wer wenig Pferde auf viel Fläche hält, drei Mal im Jahr.

▶ **Tipp:** Mehr über die Verdauung von Pferden erfährst du auf Seite 66, über Massage auf Seite 98.

Verdauungsstörungen vermeiden

Wir sammeln die Pferdeäpfel regelmäßig von der Weide ab und achten darauf, dass wir nur gutes Heu und Stroh verfüttern. Im Frühjahr lassen wir die Ponys zuerst nur stundenweise Gras fressen, damit sie sich langsam an das frische Grün gewöhnen können. Im Herbst bekommen die Pferde auf der Weide zusätzlich zum Gras auch Heu. Und wir entwurmen vier Mal im Jahr.

Im Pferdemuseum

Ab ins Museum!

Museen gibt es viele, Freilicht-, Kunst-, Völker-kunde- oder Naturkundemuseen. Natürlich gibt es auch ein Pferdemuseum. Es liegt in der nieder-sächsischen Reiterstadt Verden. Als begeisterte Museumsfans sind wir in den Ferien zusammen mit Finja, Levke, Ina, Rosa, Malte und Marcel dorthin gefahren.

Lebendige Geschichte

Viele Ausstellungsstücke im Pferdemuseum ha-ben eine interessante Geschichte. Das Pferdeske-lett im Erdgeschoss stammt von Radetzky, einem berühmten Hengst, der 1951 bis 1974 gelebt und in Warendorf gewirkt hat. Auch die Jagdaus-rüstung oder die Arbeitsgeräte des Wagners, der Holzräder für Kutschen herstellte, wurden ein-mal benutzt und waren Gebrauchsgegenstände. Besonders spannend fanden wir den Nachbau der Verdener Galopprennbahn mit ihren Tribü-nen, Trainingsplätzen und Stallungen.

Vor allem: Tempelhüter ...

Bevor wir ins Museum gehen, bleiben wir bei der großen Bronzestatue von Tempelhüter stehen. Tempelhüter war ein Trakehnerhengst, der vor über hundert Jahren geboren wurde. Viele der jetzt lebenden Trakehner sind mit diesem schönen und intelligenten Hengst verwandt. Aber auch andere berühmte Pferde haben Tempelhüter in ihrem Pedigree, wie zum Beispiel das teuerste Reitpferd der Welt, der Rappe Totilas.

... und seine Geschichte

Vor dem zweiten Weltkrieg stand die Statue Tempelhüters vor dem Schloss des Hauptgestüts Trakehnen. Im Krieg wurde sie nach Moskau gebracht. In Verden steht seit 1974 ein Abguss der Originalstatue, die Tempelhüter in Lebensgröße abbildet. Er ist also nicht nur ein Symbol für die gelungene Zucht schöner Leistungspferde. Seine Statue erinnert auch daran, wie viel Leid Kriege für unschuldige Menschen und Tiere bedeuten.

Reiterstadt Verden

In Verden gibt es auch viele weitere Attraktionen, die mit Pferden zusammenhängen. Es lohnt sich, spannende aktuelle Veranstaltungen zu besuchen. Im Sommer findet dort zum Beispiel das Breitensportfestival Verdiana statt, im Herbst werden Hengstkörungen in der Niedersachsenhalle ausgerichtet. Am besten hier nachschauen: www.verden.de

◀ Damit der kleine Hengst sich am Unterkiefer kratzen kann, beugt er viele Gelenke! Probiere das Gleiche mit ausgestrecktem Arm!

▶ Vergleiche die unterschiedlichen Knochen. Beim Pferd als Lauftier haben sie sich anders entwickelt als beim Menschen, der bewegliche Greif-werkzeuge brauchte.

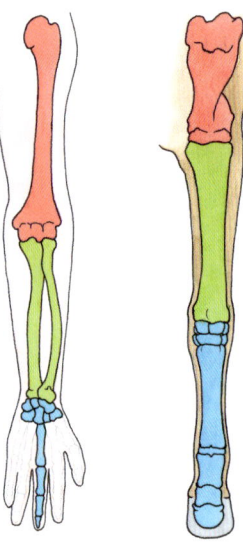

Was bewegt dein Pony?

Pferde haben 215 Knochen. Mithilfe von Muskeln, Sehnen und Bändern setzen sie sie in Bewegung. Damit sich ein Pferd über lange Zeit hinweg kraftsparend bewegen kann, zum Beispiel beim Grasen, übernehmen Bänder einen Teil der Haltearbeit. Bänder ermüden nicht so schnell wie Muskeln. Müde Muskeln schmerzen, auch Tage später noch.

Das Nackenrückenband von Pferden ist unglaublich stark. Es hebt und senkt den schweren Pferdekopf beim Grasen. Es trägt auch das Reitergewicht. Außerdem sorgt es dafür, dass sich Pferde beim Schlafen im Stehen perfekt erholen. Es hält den Pferdekopf und bewahrt das Pferd davor, umzukippen.

Das Nackenband setzt am Genick des Pferdes an. Das Genick von Pferden ist sehr empfindlich. Hier treten viele Nerven und Blutgefäße aus. Die meisten Pferde mögen es sehr, in diesem Bereich sanft massiert zu werden. Auch das Dehnen des Schopfes entspannt das Genick. Dazu stehst du seitlich vor dem Pferdekopf und ziehst den gesamten Schopf sanft nach vorne. Höre dann sehr, sehr langsam auf zu ziehen, mache eine kleine Pause und dehne erneut. So kommt der ganze Pferdekörper in eine leichte Schaukelbewegung. Überdehnen der oberen

Die Gelenke

Knochen werden durch Gelenke verbunden. Dadurch sind sie beweglicher und weniger stoßempfindlich. Würde dein Zeigefinger aus einem Knochen bestehen statt aus dreien, wäre es schwer für dich, die Seiten dieses Buches umzublättern.

Die Halswirbelgelenke des Pferdes ermöglichen ihm, seinen Hals zu heben und zu senken und zur Seite zu drehen. Stößt sich das Pferd den Kopf, federn die Gelenke den Stoß ab und dämpfen seine Kraft. Gelenke werden durch Knorpel, Bänder, Sehnen und Muskeln stabil.

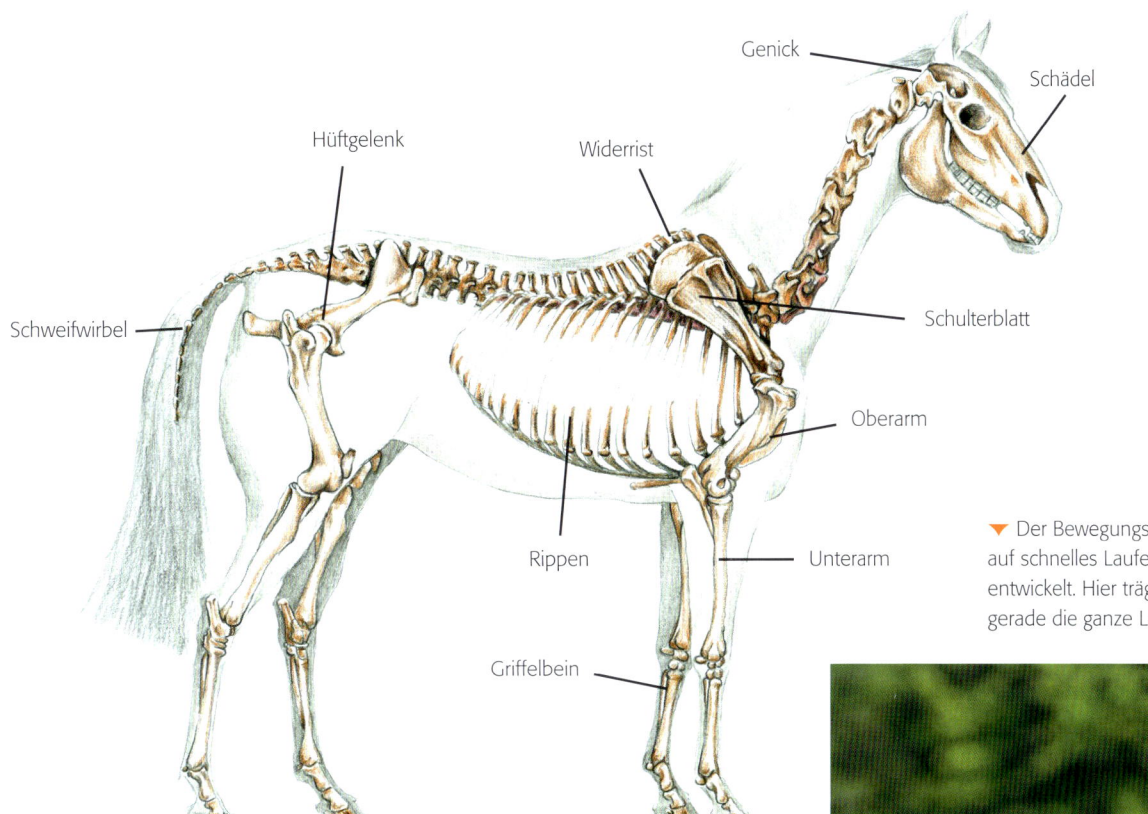

Genick
Schädel
Hüftgelenk
Widerrist
Schweifwirbel
Schulterblatt
Oberarm
Rippen
Unterarm
Griffelbein

◀ Hier kannst du die 215 Pferdeknochen schön und zweckmäßig angeordnet sehen. Findest du das Knie-, Schulter- und Ellbogengelenk – und auch beim lebendigen Pferd?

▼ Der Bewegungsapparat von Pferden hat sich auf schnelles Laufen und langsames Grasen hin entwickelt. Hier trägt ein Huf des windschnellen Ponys gerade die ganze Last.

Halswirbel durch Aufrollen oder zu kurze Zügelhaltung bringen dagegen Spannung ins Genick und sollte vermieden werden. Muskeln, Sehnen, Bänder, Knochen und Gelenke zusammen nennt man den Bewegungsapparat des Pferdes. Trotzdem dient der Bewegungsapparat nicht nur zum Laufen. In den Knochen wird Blut gebildet, die Rippen schützen Herz, Lunge und die anderen inneren Organe. Pferdekenner können an der Form des Bewegungsapparates, der Winkelung der Knochen und der Ausprägung der Muskeln erkennen, ob ein Pferd sich leichtfüßig bewegt, ob es begabt zum Springen ist oder ob es zu Lahmheiten neigen wird. „Der Motor des Pferdes sitzt hinten" ist ein Sprichwort unter Reitern und Pferdekennern. Damit ist gemeint, dass ein gut gerittenes Pferd seine kraftvolle Hinterhand benutzt, um sich vorwärts zu schieben.

▶ **Tipp:** Mehr über den Körperbau erfährst du auf Seite 76.

◀ Muskeln, Sehnen und Bänder sorgen dafür, dass dieses Fohlen seine Knochen so anmutig bewegen kann.

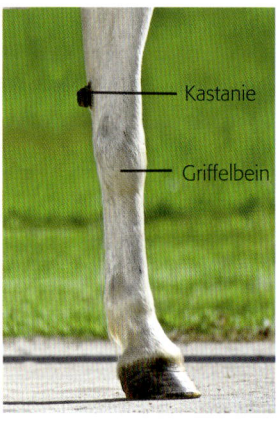

Kastanie

Griffelbein

▲ Die Griffelbeine an der hinteren Seite des Röhrbeins und die Kastanie sind zurückgebildete Finger oder Zehen. Der mittlere Zeh oder Finger wurde zum Huf.

Gesundheitstipps für Ponys

Genau wie wir Menschen, so bekommen auch Ponys und Pferde Muskelkater. Zur Vorbeuge sollten wir deshalb beim Reiten nach längeren Arbeitsphasen oder generell alle zehn bis fünfzehn Minuten die Zügel aus der Hand kauen lassen. Dann kann sich das Pony dehnen und tief durchatmen, und seine Rückenmuskeln erholen sich.

Nach längeren Ritten ist es für die Muskulatur unserer Ponys wichtig, nicht zu schnell abzukühlen. Im Winter wärmt eine Decke, die für einige Stunden übergelegt wird, im Sommer wärmt die Sonne. Gleichmäßige, leichte Bewegung auch unter dem Reiter hilft dem Pony am Tag nach anstrengenden Trainingseinheiten ebenfalls, sich zu erholen.

Gesunde Bewegung

Reine Stehtage in der Box dagegen sind das Schlimmste, was man dem Körper und der Seele eines Ponys antun kann. Koliken, Muskelschmerzen bis hin zum Kreuz-

Fühlt sich dein Pony wohl?

Vor und nach jedem Reiten solltest du dein Pony untersuchen, indem du mit den flachen Händen über seinen Körper fährst. Fühlen sich sein Rücken, sein Hals, seine Beine oder seine Hufe knubbelig, unregelmäßig warm oder geschwollen an? Schnappt oder tritt es, wenn du bestimmte Körperbereiche berühren willst? Dies ist ein Zeichen für Schmerzen. Versuche herauszufinden, woher sie kommen könnten.

verschlag und chronische Erkrankungen wie Bronchitis oder Gelenkverschleiß werden durch falsches Training mit intensiven Reiteinheiten einerseits und reine Boxenhaltung andererseits begünstigt. Hier dauert es eine Weile, bis das Pferd offensichtlich krank wird.

Ob ein Pony oder Pferd gut oder schlecht geritten wird, kann man mit etwas Übung an seiner Muskulatur er-

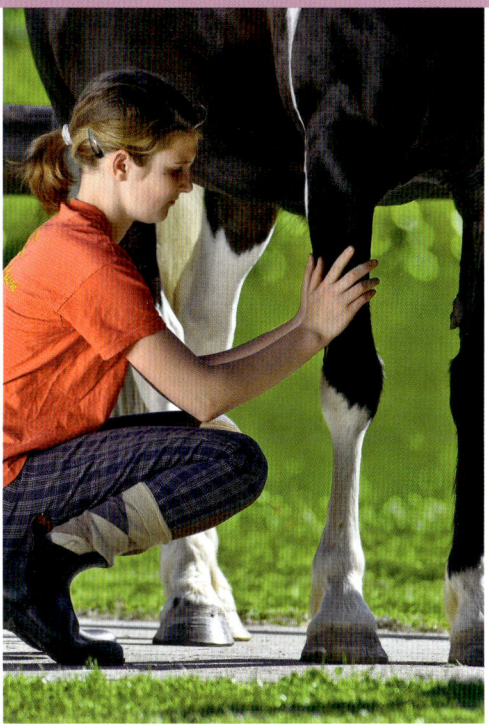

▲ Aufmerksam tastet Rosa Katinkas Vorderbein ab und prüft, ob es sich irgendwo warm oder gar geschwollen anfühlt. Nein, alles in Ordnung!

▲ Trajan schlurft ein wenig, wie man an der Staubbildung sehen kann. Er hatte Hufrehe und bewegt sich seitdem anders. Für ihn ist eine Beinmassage vor und nach dem Reiten toll!

kennen. An der Muskulatur im Schulterbereich können Fachleute beim ungesattelten Pferde sehen, ob sein Sattel passt.

Reiten auf tiefem oder matschigem Boden kann ganz schnell dazu führen, dass Ponys Muskel- oder Sehnenprobleme bekommen. Daher ziehen viele Reiter ihre Nennung auf einem Turnier zurück, wenn die Bodenverhältnisse zum Beispiel durch anhaltenden Regen schlecht sind. Auch das Traben auf hartem oder gefrorenem Untergrund oder auf der Straße belastet Sehnen und Gelenke unnötig stark.

Reiten und Longieren solltest du nur auf einem elastischen, trockenen Untergrund. Die Beugesehnen, die beim Reiten auf schlechtem Untergrund stark belastet werden, brauchen, wenn sie erst angegriffen sind, Monate, um sich wieder zu erholen. Daher ist verantwortungsvolles Reiten in jedem Fall die bessere Wahl, wenn man sein Pony gern hat! Und wer hat das nicht?

◀ Der junge Trakehner Don Carlo, genannt Charly, galoppiert und springt gut und gerne. Der trockene, federnde Grasboden ist ein pferdefreundlicher Untergrund fürs Training.

◀ Bevor ein ideal gebauter Hengst Vater werden darf, muss er einige Prüfungen bestehen. Der vierjährige Hengst First Flights Spirit wirkt harmonisch und erfüllt die gängigen Regeln der Pferdebeurteilung.

▼ Kraft und Leistungsbereitschaft sind für Reitponys ebenso wichtig wie für Kutschponys. Aron und seine Mutter Sally lassen sich auch von Malte fahren!

Spieglein, Spieglein an der Wand ...

Ponys sind ursprünglich darauf eingestellt, in kargen und unwegsamen Gebieten energiesparend zu überleben. Ihre harten Hufe, ihre knappen Bewegungen und ihre Trittsicherheit sind für diese Umgebung sehr sinnvoll. Sie bleiben eher stehen als sofort loszurennen und können sich bei Bedarf rückwärts aus Sumpfböden oder unsicheren Felsgebieten in Sicherheit bringen.

Ein guter Freund

Ich fahre gerne zu Hengstkörungen und sehe mir die Pferde dort an. Die glänzen alle so toll und sind wunderschön. Am liebsten mag ich dunkelbraune oder schwarze Pferde. Sir Henry ist ja nicht gerade der Schönste mit seinem geraden Rücken. Aber für mich muss ein Pferd zuallererst mal ein Freund sein und das ist Henry hundertprozentig. Schönheit wäre zwar cool, ist aber für mich nicht das Allerwichtigste.

Beim Reiten haben die gleichen Merkmale aber den Nachteil, dass solch ein Pony für seinen Reiter weniger bequem ist als ein Warmblut oder ein Vollblüter mit raumgreifenderen Bewegungen. Der elastische, runde und anmutige Galopp ist die Lieblingsgangart von Vollblütern, vielen Haflingern oder Fjordponys fällt er wegen ihres Körperbaus aber schwer.

Ideale Reitponys haben einen genügend langen Hals, eine schräge Schulter, mittellange Fesseln, eine ausgeprägte Sattellage, einen mittellangen Rücken mit schöner Rückenlinie, eine gut gerundete Kruppe und eine schön gewinkelte Hinterhand.

Dies sind aber auf der anderen Seite nur Äußerlichkeiten. Sicher kennst du auch Menschen, die zwar richtig hübsch aussehen, mit denen du aber trotzdem nicht befreundet sein möchtest. Ein gutes Pony kann körperliche Nachteile, wie zum Beispiel einen etwas kurzen Hals, haben. Wenn es ausgeglichen und verlässlich ist,

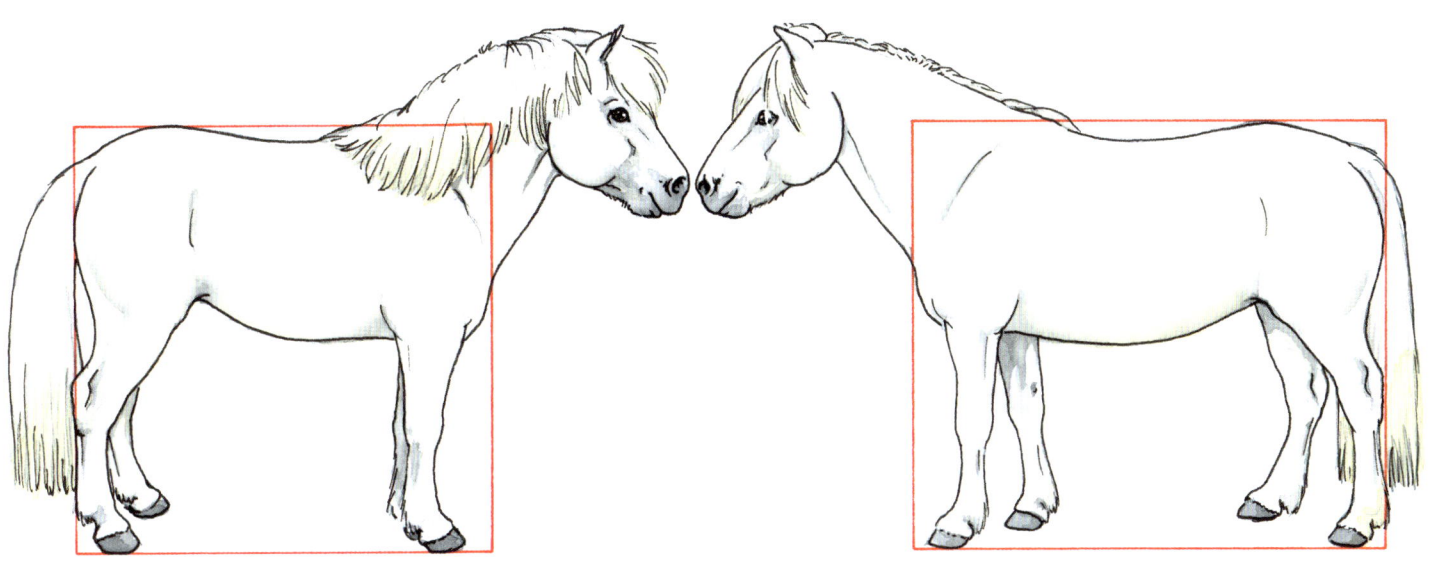

▲ Rechteckponys (rechts) haben nicht unbedingt mehr Wirbel als Quadratponys (links) – obwohl dies keine Seltenheit wäre. Die Länge der Oberlinie vom Buggelenk bis zum Sitzbeinhöcker übersteigt beim Rechteckpony die Höhe von Widerrist oder Kruppe bis zum Boden. Das kannst du auch nachmessen!

könnte es ein besserer Partner beim Reiten sein als sein hochdekorierter Weidekumpel, der dich vielleicht mit angelegten Ohren begrüßt oder im Galopp zu unschönen Haken und Bucklern neigt.

Verlass dich also nur zu einer Hälfte auf die Meinung von Pferdebeurteilungs-Fachleuten, wenn es darum geht, dir ein Pony für einen Ritt oder fürs ganze Leben auszusuchen. Spüre, wie es sich anfühlt, mit diesem Pony zusammen zu sein, es aufzuhalftern, zu führen, zu putzen und natürlich auch zu reiten.

Um einschätzen zu können, ob du ein Pony rundum magst, solltest du mindestens drei oder vier verschiedene Ponys gut kennen. Eines hat vielleicht einen harten und holperigen Trab, aber eine Seele aus Gold. Was ist dir wichtig?

▶ **Tipp:** Wie du dein Pony verwöhnen kannst, steht auf Seite 98.

Exterieur und Interieur

Den Körperbau des Pferdes nennt man in der Fachsprache Exterieur. Um gesund zu bleiben und langfristigen Verschleiß zu vermeiden, sollten Sportpferde korrekt gebaut sein. Ein überbautes Pferd, also eines, bei dem die Hinterhand höher ist als die Vorhand, lässt sich nur schwer versammeln. Stellungsfehler der Beine belasten die Gelenke. Für mich zählen aber die inneren Werte – genannt Interieur – eines Ponys mehr als seine äußere Korrektheit. Ein Pony soll ein braver, ehrlicher, vertrauensvoller Kumpel sein.

◄ Pferdeaugen und -ohren passen bestens zu den Bedürfnissen eines Fluchttieres. Sie zeigen dir aber auch, wie sich dein Pferd fühlt.

▶ Vorsichtig beriecht Amadeus das unbekannte Postament. Bevor er aufsteigt, möchte er erst wissen, ob es ungefährlich ist. Und ob Futter darauf liegt.

Sehen und hören

Pferde haben sogar mit dem Maul im Gras beinah eine Rundumsicht von 360 Grad. So können sie ihre Feinde auch erkennen, während sie fressen. Sie sehen mit dem linken und dem rechten Auge zwei völlig unterschiedliche Bilder, die sie auch nicht im Gehirn verknüpfen. Das erklärt, warum sie sich vor demselben Plastiksack,

Rosa mag Ponyohren

Ich mag Ponyohren. Vor allem im Winter sehen sie wie kleine pelzige Würste aus, die sich im wuscheligen Ponyschopf lustig hin- und herdrehen. Wenn es sehr windig ist, reite ich nicht so gerne aus, weil mein Pony dann sehr schreckhaft ist. Und was unser Hören angeht: Ich finde, dass wir Menschen den Ponys nicht oft genug zuhören.

der am Rand eines Weges steht, zwei Mal erschrecken. Zuerst auf dem Hinweg, wenn er links steht, beim zweiten Mal auf dem Rückweg, wenn er rechts steht.

Im Dunkeln können Pferde sich viel besser zurechtfinden als wir Menschen. Wechseln die Lichtverhältnisse aber schnell, wie das zum Beispiel im Wald oft der Fall ist, brauchen sie ein wenig Zeit, um wieder klar zu sehen. Schaltet man nachts im Stall taghelles Licht an, scheint das für Pferde unangenehm oder sogar schmerzhaft zu sein.

In zwei Bereichen sehen sie nichts. Der eine liegt direkt hinter ihnen, der andere direkt vor und unter ihnen. Sprich dein Pferd also immer an, bevor du von hinten an es herantrittst, und füttere es so, dass es den Unterschied zwischen deinen Fingern und dem Leckerli gut fühlen kann. Ihre Welt ist vor allem gelb und blau. Rottöne können sie gar nicht unterscheiden. Ob das Gras für sie gelb oder grün aussieht, ist noch nicht ganz geklärt.

▲ Beim Kutschefahren tragen Ponys und Pferde meist Scheuklappen. So ist die Gefahr, dass sie sich vor überholenden Autos oder vor Peitschensignalen des Fahrers erschrecken, geringer.

▲ Mit der Nase im Gras kann Sunny mit Augen und Ohren prüfen, ob Gefahr von hinten droht. Allerdings weiß sie, dass die größte „Gefahr" darin besteht, dass Clara das Grasen für beendet erklärt!

▶ Hier kann man schön sehen, wie unterschiedlich die Augen bei Mensch und Pferd „angebaut" sind. Rosas Augen blicken nach vorne, die von Little Boy zur Seite.

Beim Hören sind Pferde uns Menschen haushoch überlegen. Ihre Ohren sind überaus beweglich und können Geräusche von überallher gezielt aufnehmen. Und nicht nur das: Sie können Laute unabhängig voneinander wahrnehmen und deuten. Das linke Ohr kann also das Rascheln einer Leckerlitüte in deiner Tasche erkennen, während das rechte Ohr nach hinten gerichtet ist und das Näherkommen von Shetlandponyhufen genau analysiert.

Pferde hören Laute oder Schallwellen, die das menschliche Ohr nicht wahrnimmt. Krach, Geschrei, laute Motorengeräusche oder laute Musik kommen bei ihnen viel lauter an als bei uns und tun ihnen regelrecht weh. Auch starker Wind ist ihnen unangenehm, weil sie bei Wind zwar mehr hören, das Gehörte aber nicht richtig einordnen können.

▶ **Tipp:** Wie das Sichtfeld des Pferdes aussieht und was es scharf sehen kann, steht auf Seite 73.

◀ Mit wachen Sinnen nimmt dieses Fohlen seine Umwelt wahr. Sein Geschmack unterscheidet sich von deinem. Es mag salzige und bittere Kräuter, Buchenzweige und Wasser aus Pfützen.

▼ Glückliche und unglückliche Pferdemäuler und -nasen: Mit gebissloser Zäumung und mit Gras im Maul oder stumm leidend mit eng verschnalltem Sperrriemen und kurzen Ausbindern. Schade, dass das stress- und schmerzgeplagte Pferd nicht jaulen kann.

Riechen & schmecken

Pferde haben hochintelligente Nasen. Als Steppentiere können sie Wasserstellen über kilometerweite Entfernungen riechen, Giftpflanzen von essbaren Pflanzen an ihrem Geruch unterscheiden und auch Gefühle oder Stimmungen aus einer Mischung von Körpersprache und Geruch erkennen. Was sie erfahren, wenn sie unsere Jackenärmel und Haare gründlich beschnuppern, können wir wohl nur erahnen.

Das Flehmen kommt bei Ponys und Pferden vor, wenn sie plötzlich einen besonders interessanten Geruch wahrnehmen. Sie stülpen dabei die Oberlippe hoch, so kann der Duftstoff zum sogenannten Jacobson-Organ gelangen, das im Maul liegt. Hengste flehmen, wenn sie bemerken, dass eine Stute paarungsbereit ist.

Pferde können nur durch die Nase atmen und nicht wie wir Menschen, auch durch den Mund. Deswegen ist es wichtig, ihre Nüstern nicht durch zu enge oder tief sitzende Sperrriemen zu verschnüren.

▲ Mutterstute und Fohlen erkennen einander am Geruch. Kurz nach der Geburt, in den ersten Minuten ihres gemeinsamen Lebens, prägen sie sich den Geruch des anderen genau ein.

◀ Nini schnuppert am Postament und benutzt auch ihre Tasthaare am Maul, um sich einen Eindruck von diesem Hindernis zu machen.

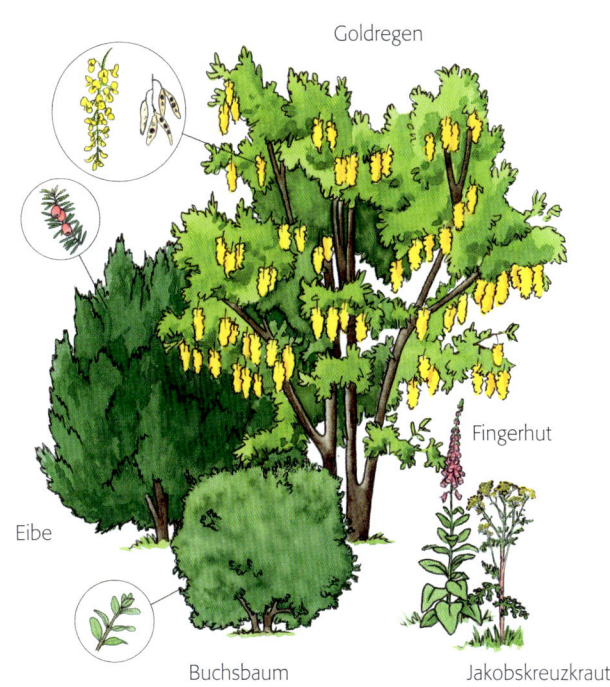

Goldregen

Fingerhut

Eibe

Buchsbaum

Jakobskreuzkraut

▲ Alle hier abgebildeten Giftpflanzen sind auch in getrocknetem Zustand gefährlich. Während Pferde frische Giftpflanzen am Geruch erkennen, können sie sie im Heu nicht bemerken. Jakobskreuzkraut zum Beispiel schädigt die Leber von Säugetieren und führt in größeren Mengen gefressen zum Tod.

Zur Begrüßung halten Ponys und Pferde ihre Nasen eng zusammen. Auch die australischen Ureinwohner, die Maoris und manche arabischen Völker begrüßen sich, indem sie ihre Nasen zusammenstecken und einen Atemzug teilen. Sofern es nicht beißt oder schnappt, spricht nichts dagegen, wenn du dein Pony auch so begrüßt. Ersatzweise kannst du ihm aber auch deine Hand zum Beschnuppern unter die Nüstern halten. Es wird daran erkennen, wie du dich fühlst. Ponys besitzen einfach sehr viel mehr Nasenintelligenz als wir!

Viele Tiere nehmen gezielt bestimmte Kräuter, Rinden und Erden zu sich, wenn sie krank sind oder aus anderen Gründen besondere Inhaltsstoffe brauchen. Auch Pferde wissen, welche Pflanzen ihnen guttun. Wenn sie artgerecht gehalten werden, knabbern sie an Hecken, suchen bestimmte Kräuter und halten sich von heimischen Giftpflanzen fern. Ihr Pflanzenwissen haben sie teils ererbt, teils als Fohlen den erwachsenen Pferden abgeschaut. Giftpflanzen, die aus anderen

Ländern hierher eingewandert sind, erkennen sie leider oft nicht.

▶ **Tipp:** Welche Heilkräuter für Pferde gesund sind, steht auf Seite 85.

Vorsicht Zahnwechsel!

Junge Pferde haben oft Zahnschmerzen. In der Zeit, in der wir sie einreiten, sind sie meist mitten im Zahnwechsel. Reagieren sie sehr empfindlich auf Berührungen im Gesicht, lassen wir sie einige Tage in Ruhe. Grundsätzlich reiten wir sie auch nicht mit Trense, sondern mit einer gebisslosen Zäumung ein, um ihr Maul zu schonen. Auch Shoshoni haben wir nicht mit Trense, sondern mit einem Sidepull, einer gebisslosen Zäumung, eingeritten, um sein Maul zu schonen.

◀ Pferde haben sehr bewegliche Halswirbelsäulen – so kann sich das Fohlen selbst am Bauch kratzen.

▼ Pferde benutzen ihr Maul, um sich gegenseitig zu massieren. Wenn es oben auf dem Rücken juckt, wird das Kratzen von einem Freund übernommen! Ihr Tastsinn ist so empfindlich, dass sie eine Fliege auf dem Fell krabbeln fühlen.

Tasten & fühlen

Neben dem Sehen, Hören und Riechen ist auch das Tasten ein Sinn, mit dem Pferde ihre Umwelt einschätzen. Zum Tasten oder Fühlen benutzen sie vor allem ihre Haut. Je jünger sie sind, desto ausgiebiger fühlen sie aber auch mit dem Maul. Wie alle kleinen Säugetierkinder benutzen sie ihr Maul als Tor zur Welt.

Auch wenn sie schon erwachsen sind, also mit etwa sechs Jahren, übernimmt ihr Maul noch viele Funktionen, die wir als Menschen mit den Händen erledigen. Wenn dir langweilig ist, spielst du vielleicht mit einem Stift herum und wenn du aufgeregt bist, knibbelst du mit den Fingern. Dein Pony nimmt in der gleichen Situation seinen Führstrick ins Maul oder kaut auf dem Zügel.

Der Huf von Ponys und Pferden ist zwar völlig anders aufgebaut als unsere Fingerspitzen. Zum Erfühlen von Bodenbeschaffenheit und Unebenheiten ist er aber trotzdem sehr gut geeignet: Ponys und Pferde haben auch im Huf Gefühl. Sie sind am ganzen Körper sehr feinfühlig

▲ Was ist denn das? Die zweijährige Juni vertraut Ute und beriecht die Holzbrücke. Was sie erfährt, können wir nur ahnen. Ist es der Hufgeruch anderer Pferde, der ihr Informationen liefert?

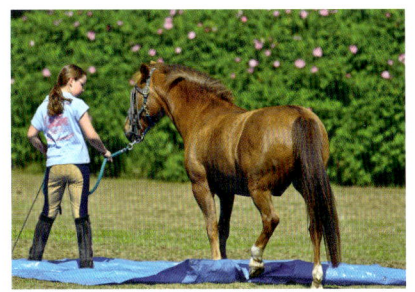

◀ Artig marschiert Sir Henry mit Levke über die Plastikplane. Er hat schon erfolgreich an Gelassenheitsprüfungen teilgenommen und weiß, dass die Plane völlig ungefährlich ist.

▲ Die Bodenbeschaffenheit fühlen Pferde mit dem Huf. Juni haut einige Male kraftvoll auf die Holzbrücke, um herauszufinden, ob dieses merkwürdige Ding sie auch wirklich trägt.

und spüren mühelos eine Fliege neben ihrem Schweif oder eine winzige Tablette in ihrem Futter.

Genau wie Katzen, Kaninchen oder Mäuse besitzen Pferde einen „Schnurrbart" aus Tasthaaren rund um das Maul und um die Augen. Mit diesen wichtigen Fühlern können Pferde sogar „sehen". Sie helfen Pferden nämlich, sich in der Dunkelheit zurechtzufinden und

sich zum Beispiel nicht an der Stalltür zu stoßen. Auch das blinde Dreieck vor und unter der Nase des Pferdes decken die Tasthaare ab. Außerdem fühlt das Pferd mithilfe der Tasthaare, wie sein Futter beschaffen ist. Ungenießbares oder giftiges Futter wird mit den beweglichen Lippen aussortiert.

▶ **Tipp:** Mehr zum Sehen auf Seite 63 und 78.

Wenn mein Pony	Sunny	Katinka	Henry	Aron	Nini	Shoshoni
beim Putzen stillstehen soll …	schlabbert mit der Zunge alles ab, was ihr in den Weg kommt	kuckt unruhig in der Gegend herum oder will sich umdrehen	steht beim Putzen auch ohne Anbinden still, braucht aber abwechslungsreiches Reiten	steht beim Putzen ganz artig still	geht am Anbinder hin und her, riecht an allem und guckt mit hohem Kopf	schwenkt manchmal sein kräftiges Hinterteil zur Seite oder nimmt den Strick ins Maul
erzählt:	Clara	Finja	Levke	Malte	Marcel	Rosa

◀ Obwohl Sir Henry ein leichtes Sommerekzem hat, glänzen sein Fell und seine Augen und er macht einen kerngesunden, wachen Eindruck.

Levkes Rezept

Sir Henry hat ein Sommerekzem und wir verwenden ein Hausmittel, um den schlimmen Juckreiz zu lindern. Wir nehmen einen Becher gut abgekühlten, leicht gesalzenen grünen Tee und fügen ein paar Tropfen Lavendel- und einen Teelöffel Olivenöl dazu. Diese Lotion pflegt die trockene, rissige Ekzemhaut.

Von Kopf bis Huf gesund

Augen, Zähne, Haut und Hufe werden vom Tierarzt genau untersucht. Schmerzen oder lang andauernde Krankheiten können dazu führen, dass Ponys nicht unbeschwert lostraben oder galoppieren.

Akute Verletzungen am Auge und Augenkrankheiten wie die periodische Augenentzündung müssen vom Tierarzt behandelt werden. Tränende Augen sind an heißen Sommertagen keine Seltenheit. Vorbeugend sind Schattenplätze und Fliegenschutz, zum Beispiel eine Fliegenhaube, zu empfehlen.

Bei leichter Schwellung, Rötung und Tränenfluss kannst du leicht gesalzenen Schafgarbentee handwarm auf einem sauberen Geschirrtuch über das betroffene Auge tupfen oder auf einer Kompresse übers Auge pflastern. Creme nach der etwa 15-minütigen Behandlung den inneren Augenwinkel mit etwas Vaseline oder Wundcreme ein, sodass er nicht wund wird.

Bei leichter Erkältung kann Tee hilfreich sein: zwei Teebeutel Erkältungstee aufbrühen, Honig dazu, diesen Tee dann lauwarm über das Futter geben.

▶ Mundgeruch, langsames oder unwilliges Fressen, ausgespuckte Körner und Heuröllchen sind Hinweise auf Zahnprobleme, und dann heißt es: Maul auf!

▶ Tränende Augen entzünden sich im Sommer leicht, wenn Fliegen sie als Landeplatz benutzen. Dieses Auge sieht gesund aus.

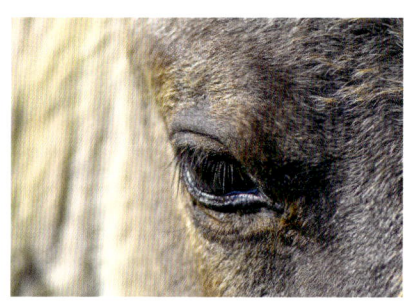

▲ Allerweltsmedizin: Löwenzahnwurzel und -kraut als Tee überbrüht helfen bei Hufrehe.

▶ Aus selbstgesammelten oder gekauften Kräutern lassen sich Heiltees zubereiten, die du lauwarm mit den überbrühten Kräutern übers Futter geben kannst.

Gesunde Kräuter
Beinwell: Sehnenprobleme, Hufrolle, Spat
Brennnessel: Fellwechsel
Löwenzahn mit Wurzel: Hufrehe
Schachtelhalm: Hautprobleme
Schafgarbe: Augenentzündung
Spitzwegerich: Husten

Kopfschlagen, Beißen, Durchgehen oder Buckeln kann durch Zahnschmerzen bedingt sein. Das wundert dich sicher nicht, wenn du dir Sunnys Bild auf Seite 87 ansiehst. Das Gebiss liegt ja im Maul und wenn das Maul sowieso schon wehtut, verstärken Reithalfter und Gebiss den Schmerz sicher weiter.

Einmal im Jahr sollte ein Tierarzt, der sich gut mit Pferdezähnen auskennt, mit Taschenlampe und Maulgatter ins Pferdemaul schauen. Mit verschiedenen Raspeln glättet er schmerzhafte Unebenheiten im Pferdegebiss,

manchmal zieht er störende Wolfszähne oder Milchzähne, die nicht von selbst ausgefallen sind.

Die am meisten gefürchtete Hautkrankheit ist das Sommerekzem. Abgescheuertes Mähnen- und Schweifhaar sind die Folge des ständigen Juckreizes. Oft werden die Ponys ab April vorbeugend mit Ekzemerdecken eingedeckt, damit sie vor Insektenstichen geschützt sind.

▶ **Tipp:** Mehr über Massagen erfährst du auf Seite 96.

▶ Die meisten Ponys freuen sich über ein wenig Kratzservice an Stellen, die sie nicht selbst benagen können. Sich da unten am Bauch zu kratzen, ist schon recht schwierig.

▶ Fohlenhufe wie dieser werden weniger oft bearbeitet, als die Hufe erwachsener Pferde. Doch die Kleinen sollten sich schon an den Schmied gewöhnen.

◀ Fohlen knüpfen oft Sandkastenfreundschaften, die ein Pferdeleben lang halten, wenn die Fohlen nicht getrennt werden. Ziehen sie auseinander, trauern sie oft heftig um ihre Freunde.

▼ Mütterlicher Schutz und fohlenhafte Unternehmungslust, ausgelassene Spielfreude und junghengstiges Halbstarkengehabe – die Gefühle und Stimmungen von Pferden sind vielfältig. Achte jeden Tag neu auf die Stimmung deines Ponys, wenn du es begrüßt!

Ponyherzen

Die Gefühle von Tieren werden seit einigen Jahren intensiv erforscht. Lange Zeit waren sich Wissenschaftler nämlich nicht einig, ob Tiere überhaupt Gefühle haben. Wer sein Pony traurig oder fröhlich fand, musste sich anhören, er vermenschliche das Tier. Inzwischen bestätigen Forscher, was die meisten Kinder längst wissen: Natürlich haben Tiere Gefühle. Kinder hüpfen oft, wenn sie sich freuen. Ponys auch.

Als Naturkinder lassen sich Ponys und Pferde stark vom Wetter beeinflussen. Bestimmte Wetterlagen, zum Beispiel kühles Wetter nach längerer Hitze, machen sie fröhlich. Und dann hüpfen, springen und jagen sie übers Gras ihrer Wiese. Auch in der Kühle des Morgens oder Abends zeigen vor allem Wallache ihr Spielgesicht und sind albern aufgelegt.

Pferdemütter und ihre Fohlen hängen aneinander und sorgen sich, wenn man sie trennt. Aber auch gleichaltrige Ponys oder Pferde sind oft eng befreundet. Sie krau-

▲ Ein Bild, das Freude, Vertrauen und Zuneigung ausdrückt! Katinka zur Mitarbeit zu bewegen, war monatelang nicht einfach für Finja, aber mit Geduld und Beharrlichkeit hat es geklappt!

◀ Als Madita zu groß für Sir Henry wurde, war er eifersüchtig auf ihr neues Pony. Er begann sogar, Levke zu beißen, die ihn nun reiten sollte.

▲ Wer weiß, welche Geschichte dieses strahlende Paar hat? Kennen sie sich schon lang oder erst seit Kurzem, hatten sie es immer so gut miteinander?

len sich gegenseitig, passen aufeinander auf, vermissen sich, wenn einer von ihnen verreist oder wegzieht. Alte oder kranke Tiere werden von ihren befreundeten Herdengenossen oft richtig umsorgt.

Auch an ihre Menschen schließen sich Ponys und Pferde an. Da sie sehr gut darin sind, die Körpersignale anderer Pferde zu lesen, verstehen sie auch unsere Körperhaltung, wenn wir uns freuen, wenn wir Angst haben oder traurig sind.

Je mehr freie Zeit du mit deinem Pony oder Pferd verbringst, desto besser gelingt es dir, zu verstehen, wie es sich gerade fühlt, wer sein Freund ist, welches Wetter es mag oder in welcher Ecke der Weide es am liebsten döst. Pferde oder Ponys, die sich insgesamt wohlfühlen, sind lebhaft, zutraulich, neugierig, ausgeglichen und leistungsbereit.

▶ **Tipp:** Wie du Kummer vermeidest, steht auf Seite 92.

Pferde haben Gefühle!

Mein Olympiapferd Sleep Late wollte nicht als Rentner zu Hause bleiben, sondern mit dem Lkw mitfahren. Er wurde unruhig in der Box und wollte dabei sein, wenn wir zum Turnier aufbrachen! Gretas Shetty Barny trauerte um unseren Rentner Patriot, als dieser eingeschläfert werden musste. Er suchte alles nach ihm ab und wieherte.

◀ Zurückgelegte Ohren, verengte Augen und verkniffene Mäuler und Nüstern sprechen eine deutliche Sprache. Hier ärgern sich zwei!

▶ Olko senkt den Kopf und treibt seine Herde energisch und mit zurückgelegten Ohren, verengten Augen und zusammengekniffenem Maul und Nüstern weiter.

Auch Ponys können garstig sein

Pferde, die sich vor etwas fürchten, reißen den Kopf hoch, springen mit großen Sätzen zur Seite, trippeln auf der Stelle oder steigen sogar. All das kann auf uns beängstigend wirken. Als Fluchttiere möchten Pferde in Angstsituationen wegrennen. Wenn dein Pferd dir vertraut, hast du die Chance, es durch Abstreichen mit der Gerte, sanfte Berührungen wie den Tellington-TTouch oder gutes Zureden zu beruhigen.

Beim Führen kannst du zwischen gruseligen Mülltonnen und deinem Pferd gehen. So kann es notfalls auch zur sicheren Seite hin ausweichen, ohne dich zu überrennen. Achte bei einem aggressiven oder ängstlichen Pferd immer darauf, dass dir selbst nichts passiert.

Ponys, die beim Putzen oder Satteln drohen, schnappen, beißen oder schlagen, könnten Schmerzen haben. Ihr hässliches Verhalten könnte dann einfach ein Versuch sein, dir zu sagen, dass der Sattel kneift oder der Gurt immer zu fest angezogen wurde. Versetze dich mal

in dein Pony: Wie würdest du an seiner Stelle zeigen, dass dein Sattel drückt?

Hast du schon einmal gesehen, dass jemand mit einem Eimer voller Futter zwischen mehreren Pferden stand?

Achte auf deine Sicherheit

• Trage feste Schuhe im Umgang und beim Reiten
• Ziehe Handschuhe beim Führen an
• Lass dem Pferd Platz
• Halte Abstand von streitenden Pferden
• Gehe niemals mit Futter in eine Pferdegruppe
• Wickle dir keinen Strick um die Hand
• Lass den Strick los, wenn dein Pony richtig in Panik gerät

▲ Sunnys und Arons Unsicherheit drücken sich in ihrer Kopf- und Ohrenhaltung aus. Und Sir Henrys Unwille ist deutlich an seinem zusammengekniffenen Gesicht abzulesen! Bei der Begegnung mit Plastikplanen zeigen die Ponys unterschiedliche Reaktionen: Sie nehmen den Kopf hoch, die Ohren nach hinten, trippeln oder gehen entspannt weiter.

Normalerweise beginnen die Pferde dann, sich zu schubsen und zu beißen, denn jeder will an den Eimer heran. Eine gefährliche Situation für Menschen.

Hauspferde sind manchmal aggressiver als Wildpferde. Auch wenn sich viele Pferdebesitzer Mühe geben, ihre Pferde so artgerecht wie möglich zu halten, haben Hauspferde weniger Bewegung, weniger Platz, um auszuweichen und insgesamt weniger Kontrolle über ihre Lebensbedingungen als Wildpferde. Aber auch in Wildpferdeherden werden die Höflichkeitsregeln manchmal mit Hufen und Zähnen erklärt. Obwohl Treten und Schlagen für Pferde untereinander absolut normal ist, darf es in keiner Pferdeherde unter beengten Bedingungen Prügelknaben geben, die von allen gejagt werden und nirgendwo Ruhe finden.

▶ **Tipp:** Wie du dein Pferd gut führen kannst, steht auf Seite 100, mehr über Pferdesprache auf Seite 60.

Ach du Schreck!

Pferde kennen drei instinktive Reaktionen, wenn sie sich fürchten: Flucht, Kampf oder Schreckensstarre. Hochblütige Ponys neigen eher zum Wegrennen. Nini zum Beispiel hat sich auf einem Ausritt in einem langen Stacheldraht verheddert. Als Marcel abstieg, um sie zu befreien, geriet sie in Panik, drehte sich um sich selbst und rannte dann los. Den Stacheldraht und Marcel, der nun auch im Draht verheddert war, nahm sie dabei mit. Am Ende hatte sich der Draht tief in ihre Beine geschnitten und es dauerte Monate, bis sie wieder gesund war. Instinkte sind also nicht immer sinnvoll! Viele Ponys werden aber auch schreckensstarr, wenn sie sich fürchten. Sie bewegen sich dann einfach gar nicht mehr. Manchmal gelten sie als stur, wenn sie zum Beispiel stocksteif vor dem Pferdehänger stehen. Aber in Wirklichkeit klopft ihr Herz laut und schnell vor Angst.

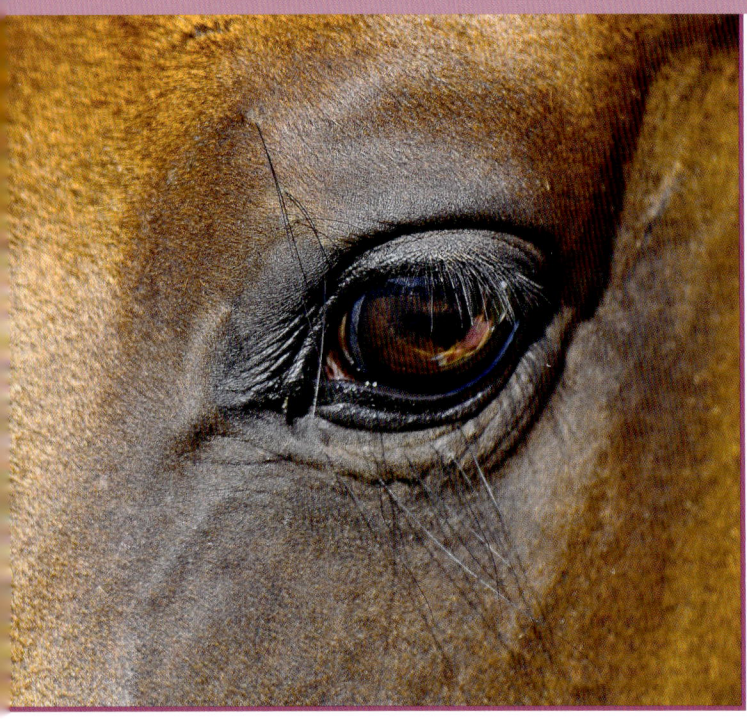

◀ Die Augen von Pferden sind die Spiegel ihrer Seele.

▲ So kurz eingestellte Zügel sind Stress für Körper und Seele! Dieses Pferdegesicht drückt Leid aus.

Wenn Ponys leiden

Schmerzen an den Beinen oder Hufen zeigen Pferde meist, indem sie unregelmäßig laufen. Mit ein bisschen Übung kannst du lernen zu erkennen, auf welchem Bein sie lahmen. Es kann sein, dass es vor allem beim Auftreten wehtut, dann versucht das Pferd das kranke Bein so kurz wie möglich zu belasten. Wenn die gesamte Bewegung schmerzt, werden die Schritte insgesamt kürzer.

Pferde können aber auch Rücken-, Augen-, Zahn- oder Bauchschmerzen haben. Sie können nicht wimmern oder jaulen und zeigen lang anhaltende Schmerzen daher anders als Hunde, Katzen oder Menschen. Pferde werden teilnahmslos, fressen nicht und wirken matt. Vielleicht wehren sie sich auch gegen Halfter, Sättel oder das Reiten. Bei plötzlichem Schmerz beißen oder treten sie manchmal oder sie wälzen sich.

Um sich entspannen zu können, brauchen Pferde Sicherheit. Allein und in fremder Umgebung sind sie oft angespannt. Auch am Anbinder, vor dem Hänger, beim

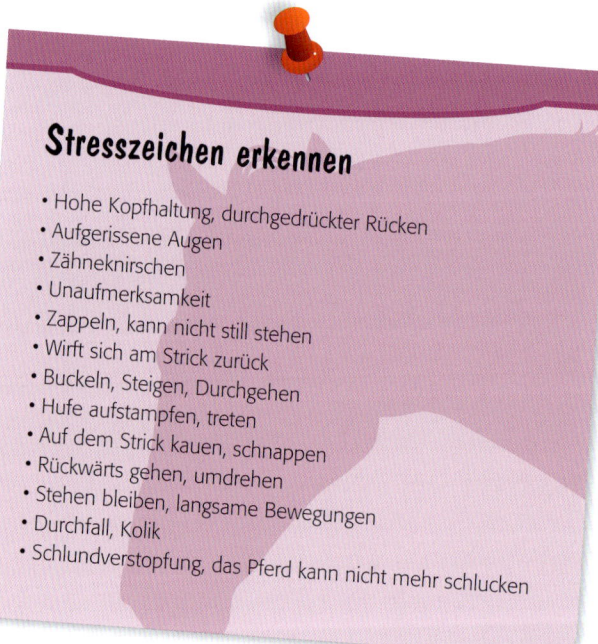

Stresszeichen erkennen

- Hohe Kopfhaltung, durchgedrückter Rücken
- Aufgerissene Augen
- Zähneknirschen
- Unaufmerksamkeit
- Zappeln, kann nicht still stehen
- Wirft sich am Strick zurück
- Buckeln, Steigen, Durchgehen
- Hufe aufstampfen, treten
- Auf dem Strick kauen, schnappen
- Rückwärts gehen, umdrehen
- Stehen bleiben, langsame Bewegungen
- Durchfall, Kolik
- Schlundverstopfung, das Pferd kann nicht mehr schlucken

Tierarzt oder Schmied haben sie manchmal Stress. Sie sind dann nicht stur und müssen ausgeschimpft werden, sondern sie sind ängstlich und müssen beruhigt

▲ Sunny flehmt, weil sie Rückenschmerzen hat. Flehmen ist manchmal eine Schmerzäußerung. Die gesamte Körpersprache des Ponys zeigt sein Unbehagen.

▲ Hier haben beide Stress, Trajan kneift die Augen zusammen, nimmt die Ohren zurück und schlägt mit dem Schweif. Rosa wird in Hand und Oberkörper fest und kann nicht mehr mitschwingen.

▲ Nicht mit den anderen mitziehen zu können, bedeutet mit Sicherheit Stress für Aron. Das drückt auch sein Körper aus. Vorsorglich hält Malte die Zügel kurz.

werden. Temperamentvolle Pferde versuchen im Stress eher wegzulaufen, springen herum und achten nicht auf ihre Menschen. Ruhige Pferde und viele Ponys sind im Stress eher starr und gehen kaum vorwärts.

Gegen Stress helfen freundliche Worte, ruhige Bewegung an der Hand, Abstreichen mit der Gerte, ein bekanntes, ruhiges Pferd in der Nähe, Tellington-TTouches, Führen zwischen Stangen.

Wenn du das Gefühl hast, dass dein Pony leidet, sprich dich erst mit den Erwachsenen ab, die später auch die Tierarztrechnung bezahlen. Wer sein Pony gut kennt, hat meist auch ein gutes Gespür dafür, wann es Hilfe braucht. Vertraue also auf dein Gefühl. Im Fall von misshandelten, vernachlässigten Pferden aus tierquälerischer Haltung, sprich mit vertrauenswürdigen Erwachsenen, deinem Reitlehrer oder einem Tierarzt über deine Sorgen, oder wende dich an das nächste Kreisveterinäramt.

▲ Die altertümlichen kleinen Pferde mit ihren schmerzvoll aufgerissenen Augen und Mäulern sehen unglücklich aus. Wie würdest du den Sitz der Reiter beschreiben?

Wie du Kummer vermeidest

Clara, Finja, Rosa

Clara hatte Kummer mit Sunny, die beim Reiten so lange buckelte, bis Clara im Sand lag. Warum? Weil Sunnys Sattel drückte.

Finja hatte Kummer mit Katinka, die beim Satteln nicht nur schnappte, sondern richtig biss. Warum? Weil Finja und ihre Schwester Lisa den Sattelgurt zu schnell festgezogen hatten.

Rosa hatte beim Putzen Kummer mit Shoshoni, der herumzappelte und in den Strick biss. Warum? Weil Shoshoni noch jung war und es noch nicht kannte, allein irgendwo angebunden zu sein.

Die Pferde flüstern

Für die meisten Probleme, die Ponys machen, gibt es einen Grund. Es ist oft richtige Detektivarbeit, diesen Grund herauszufinden. Denn unsere Ponys können nun mal nur zeigen, was sie stört. Erst zeigen sie es auf eine leise Art, die man nur bemerkt, wenn man ihnen genau zuhört. Nach und nach werden sie deutlicher. Wenn sie Pech haben, gelten sie als schwierig, ohne dass sich an der Ursache ihrer Probleme etwas ändert.

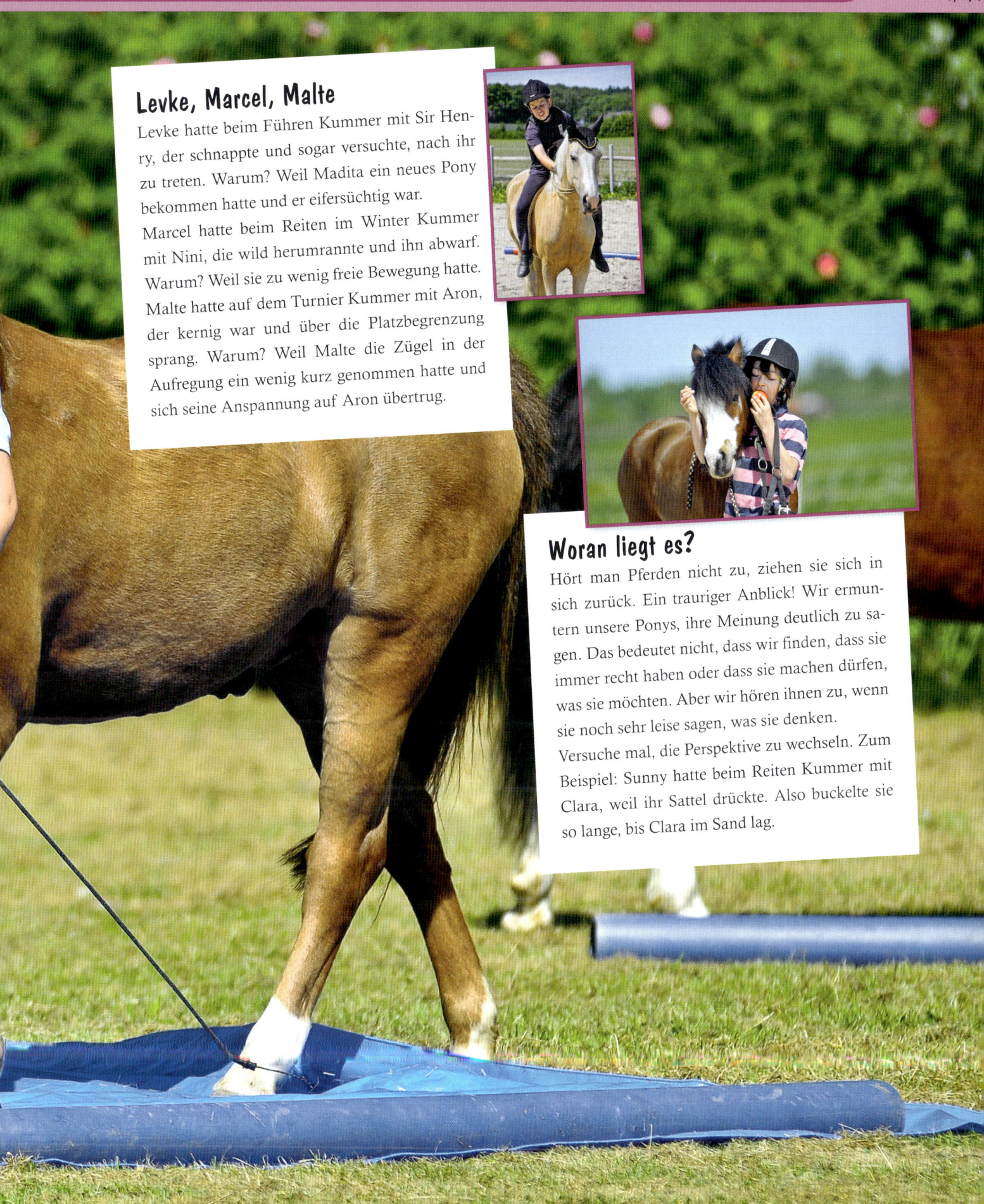

Levke, Marcel, Malte

Levke hatte beim Führen Kummer mit Sir Henry, der schnappte und sogar versuchte, nach ihr zu treten. Warum? Weil Madita ein neues Pony bekommen hatte und er eifersüchtig war.

Marcel hatte beim Reiten im Winter Kummer mit Nini, die wild herumrannte und ihn abwarf. Warum? Weil sie zu wenig freie Bewegung hatte.

Malte hatte auf dem Turnier Kummer mit Aron, der kernig war und über die Platzbegrenzung sprang. Warum? Weil Malte die Zügel in der Aufregung ein wenig kurz genommen hatte und sich seine Anspannung auf Aron übertrug.

Woran liegt es?

Hört man Pferden nicht zu, ziehen sie sich in sich zurück. Ein trauriger Anblick! Wir ermuntern unsere Ponys, ihre Meinung deutlich zu sagen. Das bedeutet nicht, dass wir finden, dass sie immer recht haben oder dass sie machen dürfen, was sie möchten. Aber wir hören ihnen zu, wenn sie noch sehr leise sagen, was sie denken.

Versuche mal, die Perspektive zu wechseln. Zum Beispiel: Sunny hatte beim Reiten Kummer mit Clara, weil ihr Sattel drückte. Also buckelte sie so lange, bis Clara im Sand lag.

Mein Pony und ich

Mit seinem Pony zusammen zu sein, kann so verschieden aussehen. „Wenn ich bei Sir Henry bin, liege ich manchmal nur auf der Wiese und lese", sagt Levke. Clara geht gern mit Sunny spazieren, macht Freiarbeit und reitet aus. Rosa und Finja gehen mit ihren Ponys gern auf Wanderritte, machen aber auch oft Zirkuskunststücke oder Bodenarbeit mit ihnen. Marcel und Malte spielen mit ihren Ponys Fußball und reiten mit Halsring, springen aber auch gern. Greta ist schon auf einer Jagd mitgeritten, macht Kunststücke und springt.

Alle Reiter lieben es, zu reiten. Auch Levke liest nicht nur, wenn sie mit ihrem Pferd zusammen ist! Aber die meisten Reiter genießen es, mit ihrem Pferd oder Pony vor und nach dem Reiten einfach so zusammen zu sein. Was du mit deinem Pony unternehmen kannst und was „Reiten" alles bedeuten kann, liest du auf den folgenden Seiten.

◀ In der wilden oder halbwilden Freiheit pflegen Pferde wie dieser Konik sich selbst. Bäder in Wasser und Staub, Putz-Massagen an Bäumen oder untereinander, Sonne, Wind, Regen und der Fellwechsel sorgen für die Pferdegesundheit.

▼ Das gewissenhafte Putzen von Sunnys Fell ergänzt Clara durch kühlende Wassergüsse und Massagen. Sunny steht gelassen und genießt, nur den Schlauch mag sie nicht so.

Ponys pflegen

Putzen dient dazu, Pferde zu säubern. Es regt aber auch ihren Kreislauf an und schafft Vertrauen. Wild lebende Pferde putzen sich gegenseitig, reiben sich an Bäumen und nehmen abwechselnd Bäder im Wasser und im Staub. Hauspferde können sich oft nicht genau dann wälzen, wenn sie es möchten. Manchmal haben sie nicht einmal die Gelegenheit, mit einem Freund Fellpflege zu betreiben.

Auch deswegen ist es wichtig, dass du dir fürs Putzen Zeit nimmst.

Alle Putzutensilien vom Striegel über die harten hin zu den weichen Bürsten, Kämmen und Schwämmen werden in einer Putzkiste oder einem Putzbeutel aufbewahrt. In einem gut geführten Stall hat jedes Pony sein eigenes Putzzeug. So wird verhindert, dass sich Hautpilze oder Haarlinge schnell verbreiten.

Manche Ponys sind sehr empfindlich und mögen keine harten Bürsten. Sie lassen sich am liebsten mit Lamm-

◀ Manchmal legt Clara einen extra Putztag ein und nimmt sich einen Nachmittag lang Zeit, um Sunny von vorn bis hinten zu verwöhnen.

◀ Wenn Sunny mit dem Tuch abgewischt oder mit den Händen überall abgestrichen wird, glänzt sie vor Sauberkeit und Zufriedenheit.

▲ Clara steht sicher auf ihren gebeugten Beinen. So kann sie Sunnys Bein schön mit ihrem eigenen Bein abstützen, auch Sunny hat ein sicheres Gefühl und zappelt nicht herum.

Claras Putzkiste

Clara hat Putzzeug, das sie nur für Sunny verwendet: verschiedene Wurzelbürsten und Striegel, zwei kleine Kardätschen, eine weiche Bürste fürs Gesicht, einen Putzhandschuh, eine Waschbürste, einen Mähnenkamm, einen Hufkratzer, eine Haarbürste für Mähne und Schweif, ein Schweißmesser, zwei Schwämme, ein Tuch und Huffett mit Pinsel.

fellhandschuhen oder Frotteesocken säubern. Auch im Winter verhindern Baumwollsocken über den Bürsten, dass das Putzzeug sich auflädt und kleine elektrische Schläge verteilt.

Nach dem Putzen des Ponys wird alles Putzzeug erst sorgfältig gesäubert, bevor es wieder in der Kiste verstaut wird. Haarige Bürsten und schlammige Striegel eignen sich nun mal schlecht zum Säubern des Fells. Ab und zu ist es ratsam, die ganze Kiste auszuleeren und sie ordentlich zu schrubben.

Manche Kisten haben einen klebrigen Bodensatz aus Pferdehaaren, Mähnengummis und Huffett. Nach dem Schrubben lässt man die Kiste in der Sonne trocknen und sortiert die Mähnengummis und den Rest Huffett in kleine Plastikdosen, bevor das Putzzeug wieder eingeräumt wird. Nun weiß man auch wieder, welche Schätze in der Putzkiste lagern und alles strahlt in neuem Glanz … bis zum nächsten Fellwechsel …

Beim Friseur

Schopf und Mähne werden bei uns regelmäßig frisiert. Der Schweif wird unten gerade geschnitten, die Schweifrübe bleibt wie sie ist. Im Winter scheren wir alle Pferde und Ponys, lassen das Winterfell aber in der Nierenpartie stehen.

◀ Weil Katinka sich im Gesicht nicht so gerne anfassen lässt, macht Rosa federleichte, beruhigende Kreise mit dem Handrücken.

▲ Wie entspannend die Tellington-Massage wirkt, sieht man an Katinkas weichem Gesichtsausdruck und ihrer vertrauensvollen Körperhaltung mit tiefem Kopf.

Fühl dich gut!

Schon vor vielen Hundert Jahren wurden Pferde massiert, wenn sie angestrengt oder krank waren oder besonders viel leisten sollten. Schon damals wusste man, dass Massagen Pferden einfach guttun. Wenn du deinem Pony oder Pferd also etwas Gutes tun möchtest, kannst du es regelmäßig massieren.

Dazu bindest du dein Pferd an einem ruhigen Ort an. Es soll sich wohl und sicher fühlen. Zuerst streichst du dein Pferd mit der Gerte ab. Das wirkt beruhigend. Es zeigt dir aber auch, an welchen Stellen dein Pferd vielleicht kitzlig ist. Nun fährst du das Fell erst mit der Hand ab, knetest seine Muskeln danach etwas kräftiger und am Ende streichst du das Pferd wieder ab.

Beginne bei allen einzelnen Massageschritten immer etwa eine Handbreit hinter den Ohren und arbeite zuerst in Richtung Schweif und an der Hinterhand hinunter zu den Hinterhufen. Dann beginnst du an den Ganaschen zwischen Pferdebacke und Hals und arbeitest über die Brust nach unten zu den Vorderhufen. Und im dritten Teil beginnst du hinter den Vorderbeinen am Ellbogen und arbeitest so weit nach hinten, wie dein Pferd es am Rumpf gern hat.

Warme Hände, cooles Pferd

Katinka mag es gern, massiert zu werden, aber in der Gurtlage passe ich auf. Manchmal genießt sie es, dort berührt zu werden, manchmal ist es ihr unangenehm und sie legt die Ohren an. Ute hat mir Tellington-TTouches gezeigt. An schwierigen Stellen massiere ich mit dem Handrücken statt mit den Fingern oder der gewölbten Hand. Die Massagen helfen Katinka, sich zu entspannen. Im Winter werden beim Massieren meine Hände warm.

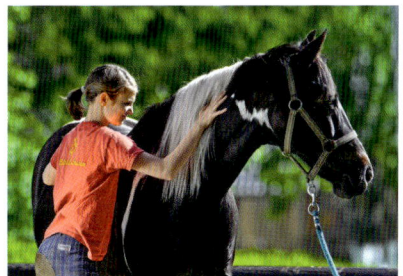

▲ Nachdem Rosa Katinka zuerst lange im Gesicht massiert hat, macht sie an allen Stellen, die Katinka gefallen, kreisende Tellington-TTouches mit den Fingerkuppen oder der ganzen Hand. Mähnen- und Schweifhaare streicht sie aus. Am Ende fährt sie in einer langen, streichenden Bewegung den ganzen Pferdekörper mit der Hand nach.

Behalte dein Pferd auf alle Fälle gut im Auge. Nicht alle Pferde mögen an allen Tagen überall angefasst werden. Manche drücken ihr Unbehagen durch Schweifschlagen aus, andere zappeln ein bisschen, andere beißen oder treten sofort. Vergiss bei kitzligen Pferden die Schritt-für-Schritt-Anleitung oben und mache dich auf die Suche. Wo sind seine Lieblingsmassagestellen? Fast alle Pferde mögen am Hals massiert werden.

Auch die Dauer der Massage richtet sich nach deinem Pferd. So lange es deine Verwöhnbehandlung genießt, kannst du es weiter massieren. Eine gute Richtzeit ist: Fünf Minuten abstreichen, fünf Minuten Kneten, fünf Minuten abstreichen.
Eine Massage vor dem Reiten verkürzt die Aufwärmphase im Winter. In der kühlen Jahreszeit kannst du dein Pferd nach einer Massage eine Zeitung eindecken. Achtung: Knete nur dort, wo dein Pferd auch bemuskelt ist, also zum Beispiel links und rechts vom Schweif an der Hinterhand, am Hals oder an der Brust.

▶ **Tipp:** Das Ausstreichen mit der Gerte siehst du auf Seite 100.

Tellington-Training

Linda Tellington Jones hat als erste Pferdetrainerin den Wert von Berührung und Bodenarbeit wiedererkannt. Ihre Tellington-Methode besteht aus vielen unterschiedlichen Berührungen und Führübungen und wird überall auf der Welt angewandt. Die Tellington-Massagegriffe werden auch TTouches, sprich TiTatsches, genannt. Auf Englisch heißt Berührung ja Touch. Die Tellington-Übungen haben Tiernamen und die meisten sind leicht zu erlernen. Sie helfen Ponys und Pferden, genau hinzuhören und locker zu werden. Selbst schwierige Ponys lernen nach und nach, gelassen zu bleiben. Die kreisenden TTouches werden mit den Fingerspitzen, der gewölbten Hand oder auch dem Handrücken gemacht. Es sind sehr sanfte, langsame, federleichte Berührungen. Dein Pony soll sie genießen. Probiere aus, was es mag!

◀ Rosa übt die Statue zuerst an der Hand. Durch Abstreichen …

▲ … der Beine mit der Gerte fällt Trajan die Statue und auch die spätere Bodenarbeit leicht. Rosa wechselt zwischen beidem hin und her, damit Trajan …

Erstmal an der Hand

In der Spanischen Hofreitschule, aber auch in der Westernreiterei war Bodenarbeit schon immer ein wichtiger Bestandteil der Ausbildung von Pferden und Reitern. Zur Bodenarbeit gehören einfache Übungen aus der Grunderziehung wie das ruhige Stehenbleiben, Übungen aus der Grundausbildung wie das Rückwärtsgehen oder das Longieren an einer oder zwei Longen und das Verladetraining. Beim Führen durch Bodenhindernisse wie Plastikplanen, Hütchen oder Stangen kannst du dir mit mehreren Kindern ein Pony teilen und abwechselnd führen und reiten.

Bodenarbeit ist so wichtig und so spannend, dass sie zusammen mit dem Putzen mindestens die Hälfte des Reitunterrichts ausmachen sollte. Es gibt dabei so viel zu lernen! Wir benutzen in der Bodenarbeit ein gut sitzendes Halfter und eine weiche, sogenannte Lamaleine, die am Halfter verschnallt wird. Es kann auch eine einfache Leine aus dem Seglerbedarf sein, die mit einem Sicherheitsknoten am Halfter befestigt wird. Außerdem ist eine lange Gerte als verlängerter Arm wichtig. Feste Schuhe sind selbstverständlich, Handschuhe schützen außerdem deine Hände, falls dein Pony seinen Kopf hochreißt oder mal zur Seite springt.

Über die Nase

In der Bodenarbeit verschnalle ich die Führleine über Katinkas Nase. So kann ich ihren Kopf leichter senken, wenn ich ihn hochnimmt. Ich zupfe dann nur ein bisschen an der Leine oder streiche sie mit der Gerte ab. Die Führleine wird von oben nach unten in den unteren seitlichen Halfterring gefädelt, kreuzt über die Nase, läuft von oben nach unten im anderen seitlichen Ring hinaus, dann am Backenstück hoch und wird im oberen seitlichen Ring eingehakt.

▼ Im Gegensatz zu Trajan passt Katinka gerade gar nicht auf. Nun könnte Finja sie mit der Gerte abstreichen, damit sie wieder mitarbeitet. Oder ist Katinkas Bodenarbeitszeit um?

▲ … schön aufmerksam bleibt. Auch beim schrittweisen Führen von links und rechts durch das Stangen-L bleibt er konzentriert. Seine Ohren sind auf Finja und Rosa gerichtet.

▶ Ponys und Kinder können sich höchstens 15 Minuten auf Bodenarbeit konzentrieren. Also: Vorher aufhören und Pony loben!

Die Statue ist die wichtigste Übung in der Bodenarbeit. Dabei soll dein Pony so lange still stehen, wie möglich. Und so übst du die Statue an der Hand: Halte dein Pony an und sag ihm das Kommando: „Steh still". Lobe es, wenn es stehen bleibt. Kann es schon ein bisschen länger still stehen, legst du ihm nach dem Kommando die Hand auf den Hals, sodass es dich fühlt. Dann gehst du, deine Hand gleitet dabei über das Fell, einmal um dein Pony herum. Wenn du wieder am Kopf angekommen bist, lobst du es.

Diese Übung kannst du drei bis fünf Mal wiederholen. Nach ein paar Tagen hat dein Pony sie bestimmt verstanden. Überlege dir allerdings genau, wann du von deinem Pony verlangst, dass es still steht. In der Zeit, in der es still stehen soll, musst du mit deiner Aufmerksamkeit ganz bei ihm sein. Und vergiss nicht, deinem Pony zu erlauben, sich nach der Übung wieder zu bewegen.

▶ **Tipp:** Mehr über Zirkuslektionen findest du auf Seite 104.

▲ Die weiche Führleine über der Nase wird Lamaleine genannt. Sie hilft dir, dich fein mit deinem Pony zu verständigen. Pferde lernen, höflich zu sein, wenn du auch höflich bist.

◀ Diese Konikmutter macht einen kleinen Trabspaziergang mit ihrem Fohlen.

▶ Halfter, Führleine und Gerte sind die „Anziehsachen" deines Ponys. So kann es beim Picknicken auch fressen.

Spazieren gehen

Ein Spaziergang an der Hand mit anschließendem Picknick ist eine Wohltat für Mensch und Pferd. Jedenfalls, wenn das Pferd gelassen und gut erzogen ist. Es sollte also anhalten und losgehen, wenn du möchtest, und dir nicht den Strick aus der Hand ziehen. Für den Anfang ist es ratsam, nicht allein spazieren zu gehen, sondern noch ein zweites Pferd samt Mensch mit auf die Tour zu nehmen.

Im Straßenverkehr

Verkehrssicherheit muss trainiert werden. Auch hier ist ein sicheres Begleitpferd ein wertvoller Ruhepol. Größeren Fahrzeugen weichst du möglichst so weit aus, dass dein Pony sie mit genügend Sicherheitsabstand betrachten kann. Äppelt es dabei vor Schreck in eine Einfahrt, sagst du am besten Bescheid, dass du die Bescherung später entfernst. In langsamem Tempo umherschlendern und ab und zu ein Kraut oder einen Grashalm zupfen ist für Pferde die natürlichste Beschäftigung der Welt. Dein Pferd findet sein Picknickessen am Wegrand. Nimm dir also Zeit und lass es in Ruhe grasen. Stell aber auch klar, dass nur gefressen wird, wenn du damit einverstanden bist. Deinen eigenen Proviant packst du am besten in einen Rucksack. Wir picknicken mit unseren Ponys oft

Tipps für Spaziergänge

• Halte auch beim Führen immer Abstand von anderen Pferden und Ponys. Zu leicht gerät man sonst in ein Gerangel oder „Gespräch" zwischen den Tieren!
• Macht dein Pony in der Bodenarbeit auf dem Platz gut mit, lässt es sich auch mit Halfter, Führleine und Gerte spazieren führen. Gehe nicht mit Trense spazieren, Ponys, die sich nicht mit der Leine führen lassen, brauchen mehr Bodenarbeit, bevor es nach draußen geht!
• Pferde an der Hand gelten im Straßenverkehr als Verkehrsteilnehmer. Manchmal ist es aber ratsam, auf den Bürgersteig oder in eine Hofeinfahrt auszuweichen!

▲ Sicherheitshalber geht Rosa zwischen Katinka und dem Traktor und weicht ein bisschen auf den Bürgersteig aus. Aber Katinka bleibt gelassen. Übrigens, im Dorf gilt: Pferdeäppel einsammeln!

▲ Clara und Sunny gehen am liebsten zusammen spazieren, wenn es in der Mitte des Spaziergangs ein kleines Picknick gibt.

▶ Rosa und Clara haben sich einen schönen Picknickplatz ausgesucht. Bevor sie selbst picknicken, durften erst einmal die Ponys fressen. Zum Glück kennen sich alle vier mit Giftpflanzen (Seite 81) aus.

am Waldrand. Das hat den Vorteil, dass es eine Menge Bäume zur Auswahl gibt, an denen wir die Pferde anbinden können. Am gemütlichsten isst es sich immer noch, wenn man beide Hände frei hat. Manchmal picknicken wir auch am Wasser. Wenn es warm ist, schwimmen wir eine Runde.

Unterwegs mit Gina und Henry

Mit meinem jungen Pony Gina sind wir häufig spazieren gegangen. Das war ein halber Familienausflug. Papa ging neben Levke her, die Sir Henry ritt. Gina lief zwischen Mama und mir. Wir wollten erst einmal wissen, wovor sie sich fürchtet und wie sie so ist, bevor ich allein mit ihr losreite. Einmal hatte sie vor einem Rüttler Angst, aber als Mama vorging, kam sie sofort hinterher.

◀ Nini hat mutig einen Huf auf das erhöhte Postament gestellt. Nun bekommt sie eine Möhre, denn Futterlob gehört zur Zirkusarbeit!

▶ Ein wenig Futter liegt auf dem Postament, damit Ninis Interesse an dem komischen Kasten geweckt wird. Erst frisst sie und beriecht dann alles genau.

So ein Zirkus!

Viele Ponys und Pferde lieben es, Neues zu lernen. Vor allem, wenn sie dabei mit einem entspannten Menschen zusammenarbeiten können, der ihnen das Lernen mit Begeisterung und Futterlob leicht macht. Damit dein Pony gar nicht erst anfängt zu betteln, hältst du ihm ein Leckerli vors Maul, das du in deiner Faust versteckt hast. Erst wenn dein Pony den Kopf von dir weg zur Seite wendet, gibst du ihm das Leckerli. Wiederhole diese Übung mehrere Male. Nach einigen Tagen hat auch das aufdringlichste Pony verstanden, dass es wegschauen muss, um ein Leckerli zu bekommen.

▲ Für richtige Zirkusvorstellungen kannst du dich und dein Pony auch verkleiden. Utensilien wie dieser reizende Schirm haben eine tolle Wirkung!

Die klassischen Zirkuslektionen sind Statue und Appell, Verbeugen, Kompliment und spanischer Gruß (Seite 19). Auch das Klettern aufs Postament und Tricks wie das Ja- und Nein-Sagen gehören zur Zirkusarbeit. Schritt für Schritt und mit Futterlob kann man einem Pony viel beibringen! Das Überkreuzen der Beine, das Apportieren von Gerten, Hüten oder Plastikringen, das Anreichen des Eimers – deiner Fantasie sind keine Grenzen gesetzt!

Das Verbeugen ist eine sehr gute Übung, die die Rückenmuskulatur nach dem Reiten dehnt und Ponys mit Rückenproblemen guttut. Der spanische Gruß ist ein typisches Imponierverhalten von Hengsten. Vor allem Wallache betteln manchmal mit einer ähnlichen Geste. Überlege dir gut, ob du deinem Pony diese Übung wirklich beibringen möchtest, denn wenn es sie erst einmal kann, wird es sie auch ungefragt ab und zu zeigen.

▲ Amadeus genießt den Ausblick! Vorsicht: Diese Höhe übst du am besten mit einem Helfer, der seinen Fuß so auf die Kisten stellt, dass sie nicht kippen.

▲ Artig schaut der schicke Lewitzer Amadeus zur Seite, um sein Leckerli zu bekommen. Ein tolles Zirkuspony! Ute sichert den Kasten mit dem Fuß. Wichtig: Immer nach hinten absteigen lassen!

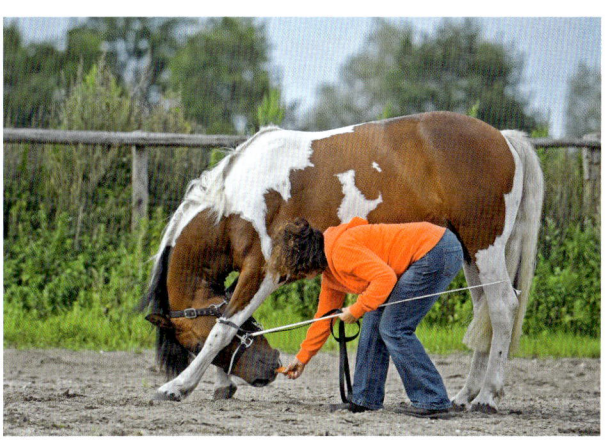

▲ Du schaust in die gleiche Richtung wie dein Pony. Dann berührst du es in der Gurtlage, sagst ein Kommando und lockst es mit Futter nach unten zwischen seine Vorderbeine. Das Zirkus-Kommando heißt „Plie".

Damit es sein Bein auf Kommando hebt, tickst du es mit der Gerte an oder kitzelst es ein wenig in der Fesselbeuge und sagst ein Kommando, zum Beispiel „Gruß" oder „Winke". Sobald dein Pony sein Bein auch nur ein bisschen hebt, belohnst du es. Mit der Zeit wird es immer ausdrucksvoller „winken". Denk daran, beide Beine zu üben.

Manege frei!

Vor ein paar Jahren habe ich mit Katinka bei Ute einen Zirkuskurs gemacht. Einige Übungen kann sie besonders gut. Sie verbeugt sich ganz toll und das Verbeugen ist ja auch gut für ihren Rücken. Stehenbleiben und Appell können wir fast über die ganze Wiese, ohne dass sie losläuft, bevor ich sie rufe! Nun möchte ich ihr beibringen, „Ja" zu sagen und mit dem Kopf zu schütteln.

▲ Zunächst bleibt Amadeus ruhig stehen – die Statue. Dann gehst du gerade so weit weg, dass dein Pony dir nicht hinterherkommt und rufst es zu dir – der Appell.

◀ Greta ist zwar schon eine geübte Reiterin, aber die Übungen an der Longe machen ihr Spaß und verbessern Sitz und Gleichgewicht!

▲ Finja longiert Katinka regelmäßig und benutzt dazu einen Kappzaum.

Spaß beim Longieren

An der Longe können Reiter eine Menge Tricks und Kunststücke auf dem Pferderücken üben. Mit und ohne Sattel, mit und ohne Voltigiergurt, in allen Gangarten. Voraussetzung ist ein erwachsener Longenführer, ein ruhiges Pferd und pferderückenfreundliche Übungen.

Die meisten Reitanfänger haben an der Longe Leichttraben gelernt. Hast du schon einmal versucht, im Schritt leichtzutraben? Gar nicht so einfach! Hier sind weitere Ideen zum Leichttraben: Leichttraben mit den Händen senkrecht in der Luft, hinter dem Rücken oder abwechselnd auf dem Kopf und auf dem Rücken, beim Leichttraben mit dem Longenführer Ball spielen oder leichttraben in einem anderen Takt, zum Beispiel ein Mal aufstehen, zwei Takte sitzenbleiben oder zwei Schritte in der Luft bleiben, einen Schritt sitzenbleiben. Auch den leichten Sitz kannst du an der Longe üben. Dazu muss dein Pferd nicht galoppieren. Auch im Schritt und im Trab kannst du gut in den leichten Sitz gehen. Manche Pferde mögen es nicht, wenn du ihre

Tipps fürs Longieren

Denke daran, Handschuhe zu tragen. Zunächst longierst du nur im Schritt und übst das Anhalten und Antreten. Achte darauf, nicht zu weit vorne zu stehen, wenn du dein Pony vorwärtstreiben möchtest. Dein Bauchnabel soll zum Treiben immer auf die Hinterhand des Ponys gerichtet sein. Nur beim Anhalten zeigt er auf die Ponynase.

Nierenpartie berührst. Geduldige und unempfindliche Pferde lassen dich auf ihrem Rücken liegen oder sogar stehen.

Ohne Sattel kannst du an der Longe üben, im Trab auszusitzen. Vielleicht traust du dich aber auch, im Schritt eine Mühle im Sattel zu drehen? Rückwärts reiten ist in jedem Fall eine hochinteressante Angelegenheit, die du auf einem ruhigen Pony einmal ausprobieren solltest.

▲ Greta hat die Longe sehr schön aufgewickelt und überprüft, ob alles richtig sitzt und vergisst auch das Wichtigste nicht: ein aufmunterndes Lob.

▲ Auch wenn Kimberly sich gelassen longieren lässt, longiert Greta immer zusammen mit ihrer Mutter. Kimberly ist nicht ausgebunden und Greta achtet darauf, die Longe weich und gleichmäßig zu führen.

Longieren lernen

Natürlich kannst du dir auch von einem erfahrenen Erwachsenen zeigen lassen, wie man longiert. Als Neuling benutzt du dann am besten einen Kappzaum, um die Longe einzuhängen. Notfalls geht auch ein Halfter. So wird das empfindliche Maul deines Ponys geschont.

Finja hängt die Longe am mittleren Ring des Kappzaums ein und lässt den Dreieckszügel vom Sattelgurt durch die äußeren Ringe zu den Gurtstrupfen laufen. So hat Katinka genau wie Kimberly auf dem Foto oben links eine bewegliche Begrenzung. Sie nimmt ihren schönen Kopf also nicht hoch, kann ihn aber nach unten dehnen. Mit Ausbindern ist das nicht möglich. Longe, Longenpeitsche und die richtige Körperhaltung gleichzeitig zu beherrschen, erfordert Übung.

▶ **Tipp:** Welche Übungen es beim Voltigieren gibt, steht auf Seite 128.

◀ Sitzübungen an der Longe, mit und ohne Steigbügel, über Cavaletti, sind eine tolle Gelegenheit, deinen Sitz auszubalancieren. Na, Greta, fühl mal, welches Hinterbein gerade vorgeht?

◄ Sally und Aron sind tolle Kutschponys. Sie wurden …

▲ … von Maltes Vater sorgfältig ausgebildet und werden auch auf Turnieren gefahren. Das Einfahren eines Kutschponys dauert etwa drei Monate.

Kutsche fahren

Eine gemütliche Kutsch- oder sogar Schlittenfahrt macht riesigen Spaß. Ponysulkys für Shettys sind inzwischen überall zu sehen und helfen, den starken Kleinen neue Aufgabengebiete zu erschließen.

Voraussetzung fürs Fahren ist ein gut ausgebildetes Pony, das in vielen kleinen Schritten gelernt hat, eine Kutsche zu ziehen. Auch der Fahrer der Kutsche braucht Unterricht, bevor er auf den Kutschbock steigt. Er muss lernen, das Geschirr richtig anzulegen und die Leinen ordentlich zu halten, sodass das Fahrpferd seine Hilfen befolgen kann.

Vom Reitpony zum Fahrpony

Bevor du dein Pony vor einen Schlitten oder eine Kutsche spannen kannst, muss es sich an viele neue Eindrücke gewöhnen. Berührungen an Rumpf, Flanken und Hinterhand dürfen ihm ebenso wenig Angst machen wie die Peitsche oder dass etwas hinter ihm herrattert. Es muss lernen, dass deine Stimme von weit hinten kommt und nicht von oben wie beim Reiten. Und schließlich muss es auch lernen, etwas hinter sich herzuziehen.

Du dagegen lernst in Fahrkursen, wie ein Fahrgeschirr aufgebaut ist und wie man es anpasst, wer Achenbach

Einfahren im Team

In diesem Jahr haben wir schon vier Welsh Ponys eingefahren. Aron und ich haben dabei geholfen. Zuerst werden die Ponys mit der Doppellonge longiert. Da lernen sie zum Beispiel auch die Peitschenhilfen. Dann hänge ich mich schon mal ein bisschen hinten ins Geschirr, damit sie verstehen, dass sie ziehen dürfen. Dann werden sie vor einen Schlitten gespannt und am Ende vor die Kutsche, neben Aron.

▲ Dass die beiden Welsh-Ponys Mutter und Sohn sind, wundert keinen. Sie sehen sich wirklich ähnlich und sind inzwischen so zuverlässig, dass auch Malte die Fahrleinen halten darf.

▶ Ina macht das Kutschefahren Riesenspaß! Hinten auf der Bank kann sie sich in die Kurven lehnen und so den Ponys beim Slalom helfen.

und was ein Selett* ist. Benno von Achenbach hat vor rund hundert Jahren ein pferdefreundliches Fahrsystem entwickelt, das noch heute weitergegeben wird. Wichtige Regeln seiner Fahrlehre sind zum Beispiel, dass der Fahrer immer rechts sitzt, dass seine Hände senkrecht stehen. Wendungen werden nur durch Drehen der Handgelenke und durch Nachgeben der äußeren Leine eingeleitet. Die rechte Hand soll jederzeit freigemacht werden können. Viele Vereine oder Fahrställe bieten Schnuppertage für Reiter an, die am Fahren interessiert sind. An diese Schnuppertage schließt oft ein Fahrkurs an, den du mit dem Erwerb des Fahrabzeichens beenden kannst.

Und dann hast du genug Wissen erworben, um dein Pony zusammen mit einem pferdefreundlichen und fahrerfahrenen Erwachsenen einzufahren und vom Kutschbock aus die Welt zu erobern. Eine tolle Sache auch für Ponys, aus denen man „herausgewachsen" ist! (*Das Selett gehört zum Fahrgeschirr, es liegt über dem Widerrist.)

▲ Auf dem Turnier ist Malte ein toller Beifahrer und hilft während des rasend schnellen Slaloms in den Kurven. So landen sie auf dem dritten Platz! Super!!

◀ Vorbereitende Bodenarbeit ist beim Hängertraining auf jeden Fall eine gute Idee! Hier lernt Amadeus, Statue und Appell zu unterscheiden. Kein Problem für ein Genie!

▲ Futter aus der Seitentür macht den Hänger attraktiv und überzeugt Ponys von seiner Ungefährlichkeit.

Ponys sicher verladen

Eine Zeitlang wollte Katinka nicht in den Pferdehänger hinein. Sie näherte sich ihm schnaubend und ging zwei Meter vor dem Hänger keinen Schritt weiter. Als Erstes musste Finja sich abgewöhnen, Katinka anzuschauen, wenn sie zum Hänger gingen. Außerdem hielt sie Katinka immer in Bewegung. Rammte ihr Pony vor der Hängerklappe die Hufe in den Boden und sah ein wenig abwesend aus, führte Finja sie rund um den Hänger und ließ sie immer mal anhalten und wieder antreten oder sie machte Bodenarbeit mit ihr. Stand sie schließlich auf dem Hänger, gab es eine kleine Portion von Katinkas Lieblingsfutter: Karotten und Müsli. Jetzt geht das Verladen gut.

Manche Ponys stiefeln zwar mutig in den Hänger hinein, schwitzen aber während der Fahrt und trampeln hin und her. Sir Henry zum Beispiel. Weil er zwar artig in den Hänger geht, während der Fahrt aber sehr aufgeregt ist, überlegen sich seine Menschen genau, ob und wohin sie mit ihm fahren.

So verladen Profis

Greta rät, mit einer Möhre voran in den Hänger zu gehen. Dann folgt das Pony schon! Ingrid rät, mit Ruhe, Leckerli und einem braven Pferd vorwegzugehen – dann geht jedes Pferd auf den Hänger.

So geht's

Wenn du einige Dinge beachtest, steht dem sicheren Hängerfahren eigentlich nichts im Wege.
- Du solltest dein Pferd oder Pony nicht ohne Hilfe vorbereiten und verladen, im Team mit einer erfahrenen Person macht es auch mehr Spaß.
- Übt das Verladen mindestens zwei Wochen, bevor ihr tatsächlich mit dem Hänger fahrt. Euer Ziel ist es, dass euer Pferd ruhig unangebunden im Hänger steht, ohne

▲ Amadeus möchte heute nicht so gerne Hängerfahren. Er macht sich richtig lang. Dadurch gerät er aus dem Gleichgewicht. Komm, Amadeus, nimm mal einen Hinterhuf auf die Rampe!

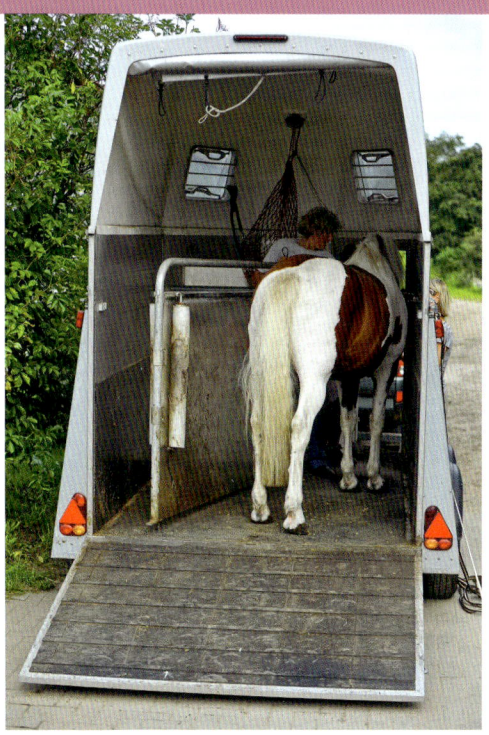

▲ Na bitte, ging doch. Für heute reicht uns dieses Ergebnis. Wenn Amadeus morgen locker in den Hänger marschiert, kann die Klappe geschlossen werden.

dass ihr losfahrt. Dazu braucht es ein bisschen Geduld.
- Übt am besten, bevor es Futter gibt. Oder füttert eine Mahlzeit im Hänger. So verbindet euer Pferd etwas Angenehmes mit dem Pferdehänger. Stellt den Eimer dabei so weit an oder in den Hänger, wie euer Pferd sich gerade traut.
- Wenn du gerade keinen Hänger hast, übe das Rückwärtsgehen, das Laufen auf Holz und das ruhige Stehen in einem Engpass, den ihr euch aus Sprungständern und Plastikplanen bauen könnt. Auch unter etwas hindurchzulaufen, sollte für dein Pony kein Problem sein.
- Mit Kraft, Schlägen oder Druck von hinten lässt sich kein Pferd dauerhaft davon überzeugen, dass Hängerfahren eine tolle Sache ist. Ratgeber, die mit solchen Mitteln verladen, schickst du am besten weg.
- Geht mit eurem Pferd an der Longe zum Hänger. Erlaubt ihm, in die Seitentür zu schauen, sodass es das Futter im Hänger sehen kann. Erlaubt ihm, auf die Rampe und rückwärts von der Rampe zu gehen. Schaut das Ziel an, nicht das Pferd.

- Belohnt es mit Futter oder Kraulmassagen, wenn es einen Schritt vorwärts macht. Führt es vom Hänger weg, wenn es zu lange auf einem Fleck steht, ohne sich zu bewegen. Pferde, die sich nicht bewegen, sind meist ängstlich. Einige Schritte, eine Zirkuslektion, ein paar Massagen machen sie wieder locker.
- Steht das Pferd im Hänger, bittet zuerst jemanden, die Stange vorzulegen und die Hängerklappe zu schließen, bevor ihr es anbindet. Beim Anbinden im Hänger immer Stricke mit Panikhaken verwenden! Füttert euer Pferd einige Male im geschlossenen Hänger, ohne zu fahren. Dann fahrt eine kurze Strecke, ladet aber nicht aus. Eure erste richtige Fahrt könnte zu einer schönen Wiese gehen. Dann lohnt sich das Hängerfahren aus Pferdesicht wirklich!
- Verladet ein unsicheres Pferd neben solchen, die absolut gelassen Hänger fahren. Lasst es zuschauen, wie ihr Begleiter entspannt auf den Hänger marschiert, damit es weiß, dass es nicht allein auf Tour geht.
Und nun: Gute und sichere Fahrt!

◀ Der vierjährige, gekörte Hengst First Flight Spirit unter Fleur Schnee. Um so ein temperamentvolles Pferd einzureiten, braucht es viel Erfahrung.

Gute Voraussetzungen

Um ein Pony selbst einreiten zu können, sollte man das reiterliche Rüstzeug von einem erfahrenen Pferd gelernt haben. Ein erfahrener Erwachsener muss das junge Pony mit reiten und regelmäßiger Unterricht ist Pflicht.

Junge Pferde vorbereiten

Manche Reiter, auch erwachsene, hatten noch nie mit jungen Ponys oder Pferden zu tun. Sie wundern sich über die typischen Verhaltensweisen der jungen Tiere. Wir reiten Ponys und Pferde nicht ein, bevor sie vier Jahre alt sind. Bis dahin machen wir Bodenarbeit mit ihnen, gehen spazieren und nehmen sie auch mal an der Hand auf eine Wandertour mit Übernachtung mit.

So haben sie vor dem Einreiten bereits viel Vertrauen zu uns und kennen unsere Signale zum Anhalten, Antreten oder Rückwärtsgehen. Das Einparken vor der Aufstiegshilfe haben sie ebenso gelernt wie das Fahren vom Boden. Auch wir können ihre Eigenarten bereits gut einschätzen. Zunächst steht also viel Bodenarbeit auf dem Programm. Schon als Jungpferde lernen sie, auf uns zu achten und auf unsere Körpersprache und die Signale am Nasenrücken zu reagieren. Mehr als fünf oder höchstens zehn Minuten arbeiten wir aber nicht mit den Ein- bis Zweijährigen. Auch an den Sattel und den Reiter im Sattel gewöhnen wir sie nach und nach.

An den Sattel und den Reiter im Sattel gewöhnen sich die meisten jungen Pferde nach dieser gründlichen Vor-

▶ Tellington-Maularbeit tut der einjährigen Juni gut. Interessiert hält sie still, während Ute ihr Zahnfleisch und die Innenseiten ihrer Lippen massiert.

▶ Beate hebt die Hufe des Fohlens kurz an und lobt sie dann. Die kleine Fohlenfreundin lernt vom Zuschauen. Viele junge Pferde geben ihre Hufe ungern.

▶ Ponys und Pferde wechseln ihre Zähne zwischen dem zweiten und dem fünften Lebensjahr. Zuerst werden die Schneidezähne gewechselt. Dicke Knubbel am Unterkiefer deuten bei manchen Ponys darauf hin, dass sie gerade mitten im Zahnwechsel sind. Manchmal fällt beim Füttern oder Auftrensen ein Milchzahn aus.

4,5 Jahre

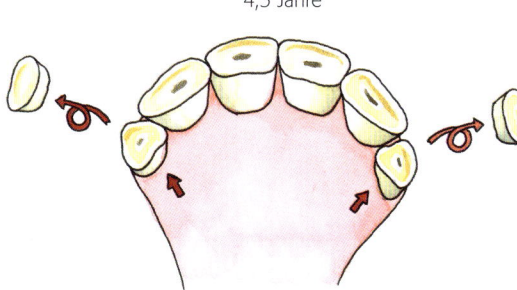

2,5 Jahre

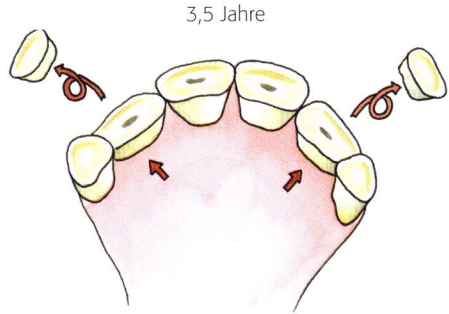

3,5 Jahre

bereitung ganz schnell. Trotzdem dauert es einige Monate, bis ihre Muskeln stark genug sind, um einen Reiter länger als zwanzig Minuten zu tragen oder unter dem Reiter zu galoppieren. Und genauso lange brauchen sie, um unsere Signale wirklich zu verstehen.

Nachdem wir einige Male mit ihnen auf dem Reitplatz geübt haben, im Schritt und Trab vorwärtszugehen und anzuhalten, reiten wir sie hinter einem ruhigen Pony ins Gelände. Durch unsere Spaziergänge kennen sie unsere Reitwege ja schon gut und sind auch an Autos, Kühe oder Radfahrer gewöhnt. Auch wenn sie auf dem Platz

etwas verhalten waren; so gehen sie im Gelände hinter dem erfahrenen Pony meist frisch vorwärts. Reiter von jungen Pferden müssen gut ausbalanciert sitzen, denn kleine Hüpfer und Buckler macht auch das bravste Jungpferd ab und an. Junge Pferde sind mitten im Zahnwechsel, wenn wir sie einreiten. Daher benutzen wir Kopfstücke ohne Gebiss. Reagieren sie sehr empfindlich auf Berührungen im Gesicht, lassen wir sie einige Tage in Ruhe.

Die Grundausbildung eines Jungpferdes dauert etwa drei Jahre.

▶ Das Führen von beiden Seiten ist eine gute Übung für die 1-jährige Princess. Noch orientiert sie sich deutlich mehr an Beate als an Ute.

▶ Die zweijährige Gala kann schon etwa zehn Minuten Bodenarbeit machen. Hier lernt sie als Vorbereitung zum Reiten, unter zwei Gerten durchzulaufen.

◀ Bei einer Dressurprüfung für Springreiter, in der es um den korrekten leichten Sitz geht, ist selbst der springbegeisterte Malte mit Feuereifer dabei.

▶ Auch wenn Katinka überwiegend im Gelände geritten wird, tut ihr das regelmäßige Dressurtraining gut. Sie wird geschmeidiger und hört besser zu.

Dressurreiten

Dressur ist Gymnastik für Pferde. Sie ist dazu gedacht, Pferde geschmeidig, locker und gesund zu erhalten. Vom Geländepony übers Voltigierpferd zum Springprofi, vom Shetty bis zum Shire gibt es kein Pferd, das diese sinnvolle Gymnastik nicht brauchen könnte. Ein gut gerittenes Pony oder Pferd ist nicht nur bequemer und angenehmer zu reiten, es bleibt auch länger gesund.

Zur Dressur gehört das Reiten von Bahnfiguren. Diese Muster, die möglichst korrekt in den Reitbahnsand geritten werden, helfen beim Biegen der Pferde und sorgen für Abwechslung. Dressur soll sich tänzerisch und leicht anfühlen und Pferd und Reiter Spaß machen. Ein gut und zwanglos ausgebildetes Pferd läuft seine Lektionen auch ohne Sattel und ohne Trense! Vierbeinige Dressurprofis freuen sich in jedem Fall über Abwechslung. Cavaletti-Stunden, Geländeritte oder Bodenarbeit dürfen ruhig auch auf ihrem Programm stehen. Und in ihrer Freizeit möchten sie natürlich mit ihren Freunden auf die Weide und ein Staubbad nehmen!

▲ Schritt für Schritt tritt Sir Henry rückwärts. Dabei bewegt er seine Beine diagonal wie im Trab, nur eben in die andere Richtung.

Von E bis S

Genau wie im Schulunterricht, so gibt es auch in der Dressur eine Art Lehrplan. Alle Lektionen bauen aufeinander auf und begleiten ein Pony oder Pferd bei seiner Fähigkeit, immer anspruchsvoller unter dem Reiter „zu tanzen". Junge Pferde und Reiter werden auf Turnieren in den Grundgangarten Schritt, Trab und Galopp geprüft und sollen anhalten und ruhig stehen bleiben kön-

▲ Dressurunterricht kann auch die Hindernisse aus der Bodenarbeit mit einbeziehen. Um Pylonen herum kann man wunderbar Schlangenlinien oder auch Volten reiten und durch das Stangen-L kann man …

▲ … sein Pony vorwärts oder rückwärts biegen. Schritt für Schritt um die Kurve, vor und nach der Kurve anhalten, das wird bestimmt eine sehr gute Wendung. Vielen Ponys, auch Aron …

▲ … fällt es leichter, sich nach links zu biegen. Trotzdem lässt er sich auch in der Rechtskurve des Stangen-L sehr schön stellen. Gut gemacht, Malte und Aron!

Mein bester Reiter

Als Reiter haben wir alle Vorbilder, die entweder besonders gut reiten oder besonders gut mit ihren Pferden umgehen – oder beides. Gretas Vorbild ist ihre Mutter Ingrid. Ingrids Vorbild war immer ihr Vater Rainer Klimke, auch weil die Pferde als Familienmitglieder mit dazugehörten. Rainer Klimke lebt nicht mehr, ist aber immer noch der erfolgreichste Dressurreiter aller Zeiten.

nen. Reiterwettbewerbe sind genau wie einfache Quadrillen ein guter Einstieg ins Turniergeschehen.

Schwierige Bahnfiguren wie Mittelzirkel oder unterschiedliche Tempi innerhalb einer Gangart werden erst ab Klasse A geprüft. Zum Mitteltrab und Mittelgalopp kommen ab Klasse L noch der versammelte Trab und Galopp dazu. Manche Dressurprüfungen in der Klasse L werden schon auf Kandare geritten. In Klasse M werden fliegende Galoppwechsel, Schrittpirouetten und Galopptraversalen verlangt. Grundlage für eine gute Dressur ist immer die Losgelassenheit des Ponys oder Pferdes.

Viele Reiter sind der Meinung, dass Dressurpferde in einer Prüfung auch zeigen sollten, ob sie sich ruhig auf einen Sprung zureiten lassen und diesen gelassen bewältigen. Bisher wird dies aber leider nicht geprüft.

▶ **Tipp:** Was Losgelassenheit ist, steht auf Seite 116.

◀ Losgelassen und in schöner Anlehnung trabt Kimberly vorwärts. Ihre Ohren sind aufmerksam auf Greta gerichtet, ihr Schweif pendelt anmutig und sie sieht genauso zufrieden und engagiert …

▼ … aus wie Greta. Übungen wie das Traben über Stangen kräftigen Kimberlys Bauch- und Rückenmuskulatur. Greta reitet sie mit einem gleitenden Dreieckszügel.

Kleines Dressurlexikon

Die Dressurausbildung von Ponys und Pferden entspricht unserer Schulausbildung. Junge Pferde lernen erste Kommandos wie „Scheeriitt" oder „Haaalt" und sie lernen, ihre Hufe zu geben oder still zu stehen. Den Lehrplan nennt man Ausbildungsskala. Darin steht, wie sich der Körper, die Bewegungen und die Rittigkeit von Pferden entwickeln sollen.

Die Ausbildungsskala ist in sechs Stufen unterteilt. Viele erfahrene Reiter haben die Reihenfolge der Ausbildungsskala ein wenig geändert und einige neue Stichworte zugefügt – sich also Gedanken über den Weg und das Ziel gemacht.

Die Basis: Losgelassenheit

Zuallererst muss ein junges Pferd sich entspannen lernen. Die ersten Wochen des Unterrichts bestehen darin, seine Losgelassenheit zu fördern, sein Vertrauen zu vertiefen, ihm Spaß an der Zusammenarbeit zu vermitteln. Auch für alle älteren Pferde gilt, dass ohne Losgelassen-

heit die restliche Dressurarbeit keinen Sinn ergibt. Zur Losgelassenheit gehört das richtige Warmreiten: Erst zehn Minuten Schritt am langen Zügel, dann zehn Minuten Leichttraben am eben anstehenden Zügel mit vielen Handwechseln. Eine Viertelstunde Bodenarbeit vor dem Reiten ist eine gute Alternative zum Schrittreiten. Der richtige Takt in allen Gangarten ergibt sich aus der Losgelassenheit. Verspannte Ponys verlieren ihren Takt am leichtesten im Schritt und im Galopp.

Anlehnung, Geraderichten und Schwung

Anlehnung heißt das nächste Stichwort der Ausbildungsskala. Es bedeutet nicht, dass sich dein Pony beim Hufeauskratzen gegen dich lehnen soll, sondern dass es sich nach der Lösungsphase von selbst an den Zügel herandehnt. Lässt man das Pony die Zügel aus der Hand kauen, dehnt es sich nach vorwärts-abwärts und bleibt im Takt. Zur Anlehnung gehört, dass das Pferd an den Hilfen steht, also auch auf Schenkel- und Gewichts-

▲ Die Zügelfäuste sollen aufrecht links und rechts vom Widerrist stehen, die Ellbogen sind angewinkelt, die Schultern entspannt. So wird die Hand weich.

hilfen reagiert. Ein Pferd, das losgelassen, im Takt, im Gleichgewicht und in Anlehnung an den Hilfen steht, ist auch durchlässig. Es kann jederzeit von einer Gangart in eine andere wechseln und bleibt dabei immer im Fluss der Bewegung.

▲ Mit geschlossenen Augen an der Longe kannst du dein Pony besser fühlen. Bewegt es sich gleichmäßig? Was passiert, wenn das innere Hinterbein vorschwingt?

Die meisten Ponys haben eine mehr oder weniger ausgeprägte Schiefe. Volten nach links fallen ihnen zum Beispiel leichter als Volten nach rechts. Probiere es aus. Meist laufen sie auch auf schnurgerader Strecke ein wenig C-förmig gebogen, mit Hinterbeinen und Hals zu einer Richtung geneigt. Um nicht eine Körperseite zu überlasten, sollen sie geradegerichtet werden. Das Führen und Reiten von Zirkeln, Volten, Achten, aber auch Schulterherein oder Schenkelweichen helfen beim Geraderichten. Beim Geradeausreiten oder Führen ist auf eine gute Stellung des Pferdes nach innen zu achten – das innere Auge des Pferdes soll vom Sattel aus zu sehen sein. Im Zirkel oder in der Volte soll das Pferd wirklich gebogen sein, also nicht nach außen schauen. Ein gera-

degerichtetes Pony tritt auf schnurgerader Strecke mit den Hinterbeinen genau in die Spur der Vorderbeine. Schwung ist das nächste Stichwort der Ausbildungsskala. Mit Schwung ist nicht das spektakuläre Strampeln im Trab gemeint, Schwung hat mit Leichtigkeit und Freude zu tun: Wie ein gut aufgepumpter Ball, der sich mühelos dribbeln lässt. Ein schwungvolles Pferd ist gut geritten und vermittelt ein tolles Reitgefühl.

Versammlung ist erst nach der Grundschule möglich, dafür ist viel Trainingszeit und ein hervorragender Reiter und Reitlehrer nötig. Beim Reiten ist es wie in der Schule: Mit guter Unterstützung lernt es sich am besten!

◀ Ob Springen Malte Spaß macht, braucht man ihn gar nicht erst zu fragen! Man sieht es ihm an! Aber besser „Hände vor" über dem Sprung, so könnte Aron sich leichter ausbalancieren.

▼ Konzentriert reiten Malte und Aron den nächsten Sprung an. Sie sind total bei der Sache und ein richtig gutes Team!

Springen macht Spaß!

Die meisten Reiter lieben es zu galoppieren und deswegen springen sie meist auch gern, denn so ein gelungener Hüpfer fühlt sich im Grunde an wie ein schöner, runder Galoppsprung. Es macht Spaß, Reihen zu springen, sich einen Parcours zu merken oder Geländehindernisse zu überwinden. Springen schafft Vertrauen zwischen deinem Pony und dir.

Zum Springen schnallst du deine Bügel mindestens zwei Loch kürzer. Anders als in der Dressur pendelst du beim Springen zwischen einem entlastenden leichten Sitz und dem Springsitz hin und her. Im Entlastungssitz hebst du den Po etwas aus dem Sattel und schiebst deine Hände nach vorn unten in Richtung Pferdehals. Du kannst auch in die Mähne fassen.

Auch junge Pferde, deren weiche Rücken noch nicht das gesamte Reitergewicht tragen können, werden im Entlastungssitz geritten, ebenso alle Pferde mit Rückenproblemen.

Gangart, Tempo und Richtung wechseln

In der Springstunde werden die Ponys zunächst einmal aufgewärmt und gelöst. Über einzelne Stangen oder eine Reihe von mehreren Stangen wird flott leichtgetrabt. Galoppzirkel stehen auf dem Programm und manchmal wird auch der einfache Galoppwechsel geübt, denn im Parcours muss dein Pony öfter mal umspringen.

Wie im Flug ...

Springen macht mir riesigen Spaß. Ich trainiere inzwischen auf der jungen Holsteiner Stute Comina. Sie ist erst fünf. Zurzeit springt sie immer noch viel zu hoch über niedrige Hindernisse. Manchmal macht sie gewaltige Sätze, so hoch wie der Sprungständer! Auch an die Schenkelhilfen muss sie sich noch gewöhnen. Aber es ist toll, sie zu reiten!

▶ Hier stimmt alles. Malte reitet das Cavaletti prima an und geht schön mit Arons Bewegung mit. Vergleiche Arons Maul auf diesen Bildern und oben links.

◀ Mit gespitzten Ohren landet Sir Henry auf einem Vorderhuf, der in diesem Moment das ganze Gewicht von Pony und Levke auffängt. Auch deswegen ist es wichtig, Ponys vor dem Springen gut aufzuwärmen.

Übergänge vom Trab in den Galopp und wieder zurück werden ebenso häufig geritten wie gebogene Linien und Wendungen. Es wird zugelegt und das Tempo wieder zurückgenommen. Das alles, damit dein Pony nicht auf die Hindernisse zuschießt wie ein Rennpferd, sondern dir zuhört und sich leicht lenken lässt.

Anfangs haben die meisten Reiter den Reflex, sich über dem Sprung eher etwas nach hinten zu lehnen und mit den Händen rückwärts zu wirken. Für das Pferd ist dies sehr unangenehm. Daher ist es sinnvoll, im Entlastungssitz über Stangen zu traben und so zu tun, als wäre die Stange einen Meter hoch. Also, vor der Stange den Po ein bisschen aus dem Sattel heben, die Bügel fest austreten, den Oberkörper etwas nach vorne neigen, mit den Händen in die Mähnen fassen und ausatmen. Wiederholt man das häufig genug, hat man sich den Rückwärtsreflex über dem Sprung bald abgewöhnt.

▶ **Tipp:** Gesundheitstipps auf Seite 74.

◀ Greta hat immer das nächste Ziel im Blick. Kimberly weiß, dass sie sich auf Greta verlassen kann. Hier leitet sie eine Rechtswendung ein.

▶ Hui, das macht Spaß! Überm Sprung kannst du die Bügel ruhig gleichmäßig austreten, Levke, und erst nach dem Sprung eine Galopphilfe geben!

Fit fürs Springen

Viele unterschiedliche Übungen helfen, geschmeidig und gut ausbalanciert zu springen. Für Pferde ist es sicher prima, wenn sie ab und zu ohne Reiter frei oder an der Longe springen können. Auch für Reiter sind freie Sprünge ohne Pferd immer eine gute Idee, denn Fitness und frei bewegliche Muskeln und Gelenke sind für Sportler nun einmal wichtig.

Eine gute erste Übung sind zwei Stangen oder Cavaletti, die in beliebigem Abstand an der langen Seite ausgelegt werden. Schätze, wie viele Trabtritte oder wie viele Galoppsprünge dein Pony zwischen den Stangen braucht. Zähle dann mit, wie viele es tatsächlich sind. Reite die Strecke noch einmal und zähle wieder mit. Nun variiere die Anzahl der Trabtritte oder Galoppsprünge und nimm das Tempo ein bisschen zurück oder lege etwas zu. Was ist schwieriger? Wie hat sich die Anzahl der Tritte oder Sprünge verändert? Verändere dann den Abstand zwischen den Stangen oder Cavaletti und wiederhole die Übung. Hat es das Pony vor dem Hindernis

▲ Perfekte Flugkurve! Fleur hat als erfahrene Vielseitigkeitsreiterin großen Spaß am dynamischen Reiten junger „Buschpferde".

eilig oder stürmt es nach dem Sprung los, helfen Bodenstangen, die etwa drei Meter vor und hinter einem Sprung gelegt werden, damit es sein Tempo drosselt.

Hindernisse kombinieren

Es gibt auch Gymnastikreihen, die aus mehreren hintereinander gebauten Hindernissen bestehen, zum Beispiel aus drei Cavaletti auf der Mittellinie, die aus dem Trab

Hindernisse

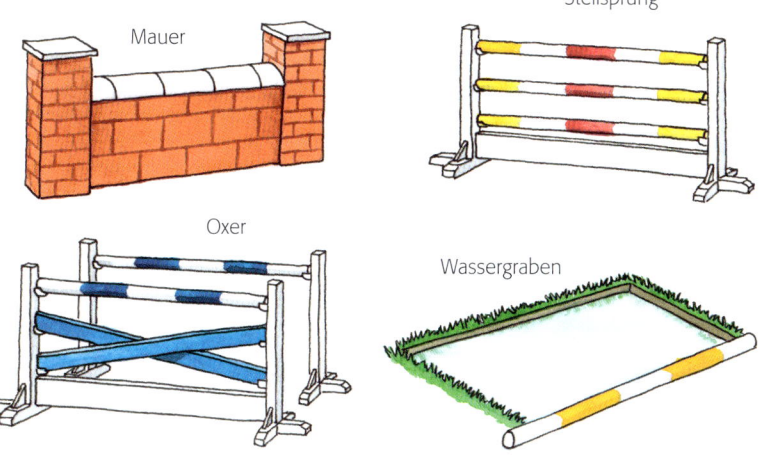

Mauer

Steilsprung

Oxer

Wassergraben

▲ So fit wie Mirko sollte jeder Reiter sein! Also, trainiere nicht nur dein Pony, sondern auch dich selbst! Bei der Prüfung „Jump and Run" waren Aron, Malte und Mirko nacheinander am Start.

▲ Mauer, Steilsprung, Oxer und Wassergraben sind typische Hindernisse in schwereren Springprüfungen. Einfache Parcours haben sechs bis acht Hindernisse, die nicht höher als 80 Zentimeter sind.

heraus gesprungen werden. Vier Cavaletti auf den vier Zirkelpunkten eines Zirkels aufgestellt oder das Springen von zwei Cavaletti, im rechten Winkel zueinander stehend und in Form einer Acht angeritten, stellen dich vor neue Aufgaben.

▲ Und weil alle drei richtig gut und motiviert waren, sind sie immerhin Fünfte geworden! Für Aron hätte die Stange sogar noch höher sein können.

Praktische Cavaletti

Ich springe mit Sunny gerne Cavaletti. Wir haben einige auf unserem Platz und ich kann mir einen richtigen Parcours aufbauen oder vier als Kreuz hinstellen und sie in Achten springen. Sunny springt gerne, aber der Boden darf nicht hart sein, sie ist ja schon eine alte Dame. An Cavaletti finde ich praktisch, dass sie nicht so hoch sind und ich die Höhe leicht verändern kann, wenn ich sie drehe.

▲ Hier haben sich Levke und Sir Henry ein bisschen verschätzt und der Absprung kam zu früh. Macht nichts.

◀ Ein tolles Paar: Ingrid Klimke und „Braxxi" bei einer schweren Internationalen Vielseitigkeitsprüfung in Luhmühlen! Dort gewannen sie 2011 mit der Mannschaft die Europameisterschaft.

▲ Alle Vielseitigkeitspferde bekommen ein anspruchsvolles Dressurtraining, das häufig draußen stattfindet und mit einer Runde im Gelände abschließt.

Vielseitigkeit macht mutig!

Für viele Reiter ist die Vielseitigkeit die Königsdisziplin der reiterlichen Prüfungen. Vielseitigkeitspferde werden nämlich in Dressur, im Springen und im Gelände geprüft. Sie müssen also überall gut sein. Im Gelände stellen sie neben viel Galoppiervermögen und Kondition auch ihren Mut und ihr Vertrauen zum Reiter unter Beweis. In den schweren Vielseitigkeitsprüfungen finden sich viele Vollblüter. Für sie stellen die langen Galoppstrecken kein Problem dar, denn Galopp ist ihre Lieblingsgangart …

Vielseitigkeitsprüfungen dauern oft mehrere Tage. Das Pferd beweist am ersten Tag im Trab an der Hand auf hartem Boden, dass es gesund ist. Dann startet es in einer Dressurprüfung, um seine Rittigkeit zu beweisen. Am folgenden Tag bringt es in rasantem Tempo und mit einem Löwenherz die schwierige Geländestrecke hinter sich. Am letzten Tag zeigt es im Springparcours, dass es nicht nur draufgängerisch ins Wasser springt, sondern auch Oxer und Kombinationen schafft, ohne dass die

Stangen fallen. Kaum ein Pferd ist in jeder der drei Disziplinen gleich gut. Beim Zusehen macht es Spaß, herauszufinden, wo wohl die Stärken der einzelnen Starter liegen. So ist Hinrich Romeikes Holsteiner Wallach Marius, der 2008 in Hongkong olympisches Gold gewann, kein Dressurfan. Ingrid Klimkes Erfolgspferd Braxxi

Lampenfieber gehört dazu

„Zu einem Turnier gehört für mich Vorfreude, Aufregung und ein bisschen Adrenalin mit dazu, auch bei den Pferden. Manchmal läuft nicht alles glatt, aber Enttäuschungen gehören mit zum Leben und zum Sport. Höhen und Tiefen zu durchleben, stärkt! Bei Gretas erstem Turnierstart habe ich ihr gesagt, dass bestimmt alles klappt und sie das schon schaffen wird! Und das hat sie dann auch."

▼ Neben Dressur und Springen werden Ausdauer und Muskulatur der Pferde beim Geländetraining in abwechslungsreichem Gelände trainiert. Es geht bergauf und durch Wasser und häufig wird galoppiert.

▲ Wie jeder Schüler, so hat auch ein Vielseitigkeitspferd Lieblingsfächer. Doch der Unterricht macht sichtlich Spaß! Hier unterrichtet Ingrid ihre Schülerin Marie-Louisa mit Jarome.

▶ Greta hat richtig Lust, zu reiten. Sie mag Sitzübungen an der Longe, Halsringreiten oder gemeinsames Reiten mit ihren Freundinnen.

dagegen ist in der Dressur traumhaft tänzerisch und sicher, dafür kassiert er beim Springen gern Fehlerpunkte. Beide Pferde springen im Gelände tadellos mutig und vertrauensvoll und haben eine sehr gute Kondition.

Die Grundausbildung von Vielseitigkeitspferden ist abwechslungsreich und anspruchsvoll. Sie ist aber auch ein gutes Beispiel dafür, wie bunt die sportliche Ausbildung von Ponys und Pferden aussehen kann. Dressurübungen auf dem Platz oder in der Halle stehen genauso auf dem Programm wie Cavalettitraining und Geländeritte bergauf und bergab und durch Wasser. Die Kondition der Pferde muss aufgebaut werden, aber auch ihr Mut, ihr Selbstvertrauen und ihr Spaß an der Arbeit sind wichtige Voraussetzungen dafür, dass sie sich die schwierigen Geländehindernisse zutrauen.

Übungsgelände für Vielseitigkeitstraining sind für alle Reiter, auch für Freizeitreiter, ein spannendes und lohnenswertes Ausflugsziel!

▲ Greta liebt es, zu springen. Das sieht man auch! Ihre Mutter ist eine erfahrene Lehrerin, für die Pferdeliebe und Freude am Reiten im Vordergrund stehen – eine tolle Voraussetzung!

Auf dem Trakehner-Gestüt

Familie Schmidtlein

Dr. Hubertus Schmidtlein und seine Frau Beate haben schon früh begonnen, Trakehner zu züchten. Zunächst einmal mit nur einem Pferd. Als ihr Sohn Martin mit der selbst gezüchteten Stute Radschendra so erfolgreich war, dass er bei den Europameisterschaften der jungen Vielseitigkeitsreiter teilnehmen durfte, weiteten sie ihre Zucht nach und nach aus.

Zuerst züchteten sie mit drei Stuten. Schließlich bauten sie ein Gestüt nach ihren Vorstellungen auf und widmen sich seither ganz der Zucht von Vielseitigkeitspferden. Sieben Zuchtstuten sorgen regelmäßig für Fohlennachwuchs.

Ein Preis für Pferdefreundlichkeit

Ihr Gestüt wurde für seine Pferdefreundlichkeit ausgezeichnet. Liebevolle Betreuung, Laufboxen und täglicher Weidegang sind für die jungen Pferde Pflicht. Die Ausbildung der Pferde übernimmt Gestütsleiterin Beate Schmidtlein zusammen mit ihren Pferdefachleuten. Bodenarbeit bildet die Grundlage des Einreitens und lässt die sensiblen, temperamentvollen und leistungsbereiten jungen Pferde Vertrauen aufbauen. Die Stuten leben mit ihren Fohlen in einer großen Stutenherde.

Fohlenbrennen und Hengstkörung

Feste Termine wie die Beurteilung der Fohlen im Sommer und die Hengstkörung im Herbst bestimmen den Alltag im Gestüt ebenso wie die Zeit der Geburten im Frühjahr und das Anreiten und die Ausbildung der jungen Pferde. Derzeit gehen die Heidekatener Pferde altersgemäße Vielseitigkeits- und Springprüfungen, darunter Raumalpha, Prancer und die Geschwister First Flight, Fantastico, First Flights Beauty und ihr Bruder First Flights Alliance. Auch auf den jüngsten Bruder, den gekörten und leistungsgeprüften Halbbluthengst First Flights Spirit, sind die Heidekatener stolz!

◀ Junge, engagierte Züchter können mit ihren besten Stuten und Fohlen an speziellen Zuchtwettbewerben teilnehmen.

▲ Der gesunde Ponyverstand lässt manchen Haflinger vor hohen Hindernissen „parken". Cavalettihöhe ist für diesen Wallach aber kein Problem.

Auf zum Wettbewerb!

Je nach Talent des Ponys gibt es unterschiedliche Möglichkeiten, an Wettkämpfen teilzunehmen. Am häufigsten werden Turniere mit den üblichen Reiterwettbewerben in Springen und Dressur angeboten. Die teilnehmenden Reiter tragen weiße Reithosen und Shirts, schwarze Jacken. Stiefel und Sattel sind frisch geputzt und eingefettet. Die Ponys sind eingeflochten. Manchmal wird hier auch Ausgefallenes wie „Jump and Run" oder Mannschaftsprüfungen angeboten.

Auf Westernturnieren bietet sich ein ganz anderes Bild. Die Reiter tragen karierte Hemden und Fransenchaps, ihre Pferde sind flauschig frisiert, aber nicht eingeflochten. Fahrprüfungen werden für Fahrponys und -pferde im Ein-, Zwei- oder Mehrspänner organisiert. Manchmal sind sie Bestandteil eines Reitturniers, aber es gibt auch reine Fahrturniere. Auch hier ist stilvolle Kleidung Pflicht. Voltigieren kann ganz zwanglos als Einstieg ins Reiten dienen, es kann aber auch nach allen Regeln geübt und in Wettkämpfen gezeigt werden.

Auf Wettkämpfen tragen die Voltigierer eng anliegende farbenfrohe Mannschaftstrikots und weiche Ballettschuhe.

Jagdreiten ist sehr dynamisch und so aufregend wie die aufregendste Prüfung. Es gibt eine strenge Kleiderordnung und viele Regeln, die man besser einhält, wenn man nicht beim Jagdgericht am Ende des Rittes aufgerufen werden möchte.

Auf Distanzritten werden längere Strecken über 20 Kilometer in schnellem Tempo geritten. Hier gibt es keine Kleiderordnung. Wer sein Pony oder Pferd in guter Verfassung durch die Ziellinie bringt, kann schon stolz sein!

Breitensportliche Turniere, auf denen Gelassenheitsprüfungen, Kostümreiterwettbewerbe, Quadrillen oder Brezelbeißen angeboten werden, haben meist keine Kleiderordnung. Faires, pferdegerechtes Verhalten und passendes Sattelzeug sind aber auch hier gefragt.

▲ Als Mannschaft aufzutreten, zum Beispiel in einer Quadrille oder beim Mannschaftsspringen, ist besonders spannend und stärkt die Gemeinschaft.

▼ Dressurreiten im Kostüm macht noch mehr Spaß.

▲ Ringreiten oder Ringstechen ist vor allem im Norden beliebt.

Ringreiten und andere Reiterspiele werden häufig regional unterschiedlich organisiert. Manchmal haben sie geradezu Volksfestcharakter! Mounted Games dagegen haben in ganz Europa Begeisterung ausgelöst. Je nach Leistungsstand gibt es Wettkämpfe mit hohem Spaßfaktor! Die einzelnen Mannschaften tragen ihre eigenen fantasievoll gestalteten Shirts und Accessoires.

▲ Wettbewerbe im Breitensport, in der Dressur oder im Westernreiten lassen sich mit Haflingern und Fjordponys und jedem anderen gut gerittenen Pferd reiten.

▶ **Tipp:** Was Kostümreiten ist, steht auf Seite 136.

So elegant und sportlich kann Voltigieren aussehen – muss es aber nicht. Stütz im Galopp auf der Kruppe ist auf alle Fälle eine fortgeschrittene Übung!

Kostümvoltigieren bei einem Wettbewerb. Hier wird es richtig bunt – bestimmt hat die Vorbereitung viel Spaß und Arbeit gemacht!

Akrobatik auf dem Pferd

Zum Voltigieren gehören zwei Tiere, die gleich wichtig sind. Das eine ist ein richtiges Pony oder Pferd, das an einer Longe um den Longenführer herum geht, trabt oder galoppiert. Das zweite ist ein Holzpferd.

Auf dem Holzpferd können alle wichtigen Übungen zunächst einmal in aller Ruhe geübt werden. Genau wie das lebendige Voltigierpony oder -pferd, so hat auch das Holzpferd einen Voltigiergurt mit Griffen und Schlaufen um. So kannst du aufspringen und Mühle, Fahne, Knien, Stehen und verschiedene Absprünge üben. Auch Paarübungen können am Holzpferd geübt werden.

Dann geht es ans richtige Pony oder Pferd. Es ist meist ausgebunden und läuft auf einem großen Kreis linksherum um den Longenführer herum. Die Voltigierkinder bewegen sich im Kreismittelpunkt so mit dem Pferd mit, dass sie immer zum Pferd schauen. Jeder kommt mal dran und kann nacheinander den Aufsprung, den Grundsitz und andere Figuren üben, die der Longenführer ansagt.

Viele Kinder voltigieren, bevor sie mit dem Reiten beginnen. Sie lernen dabei nicht nur eine Menge über das Putzen und Führen des Voltigierpferdes, sie fühlen sich auch in seine Gangarten ein, sitzen im Gleichgewicht und haben später beim Reiten meist eine ruhige, weiche Hand.

Hier kannst du den Voltigiergurt mit den Fußschlaufen, das Pad und die Zäumung mit Trense und Ausbindezügeln erkennen.

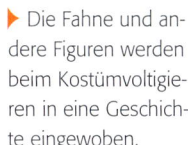

Die Fahne und andere Figuren werden beim Kostümvoltigieren in eine Geschichte eingewoben.

◄ Knien und Stehen stehen auf dem Programm dieser beiden, die perfekt im Galopp aufgesprungen sind.

▶ Das Stehen auf einem Pferd ist schwierig. Malte hat es für seine Version der ungarischen Post auf zwei Pferden geübt. Am schwierigsten war es anfangs für ihn, locker mit gebeugten Knien mitzufedern. Super, Malte!

▲ Auch das Pferd wird beim Wettbewerb benotet. Läuft es entspannt, im Takt, ist es gut trainiert? Wie in der Dressur werden auch Schwung, Anlehnung und Losgelassenheit des Pferdes bewertet.

Das Voltigierpferd hat in der Regel ein besonders ausgeglichenes Wesen, einen gut gepolsterten Rücken und gleichmäßige Grundgangarten, vor allem einen schönen runden Galopp. Wenn es nicht nur eine, sondern gleich mehrere Voltigiergruppen pro Woche gibt, ist seine Arbeit allerdings recht einseitig.

Daher ist es wichtig, dass es genügend Abwechslung zu den Linksrunden hat, die es beim Longieren dreht. Neben freier Bewegung auf der Wiese mit Freunden braucht es entspannende Geländeritte im Schritt, rückenstärkendes Cavalettitraining und andere Ausgleichsbeschäftigung. Auch Zirkuslektionen, Bodenarbeit an der Führleine über Stangen und Spaziergänge an der Hand sind schöne Ergänzungen zum Voltigieren.

▶ **Tipp:** Mehr übers Longieren und Übungen an der Longe erfährst du auf Seite 106.

Danke, liebe Prinzi!

Als ich drei war, durften wir auf Prinzi, einer ziemlich fetzigen, aber lieben Schimmelstute im Schritt, Trab und manchmal auch im Galopp voltigieren. Wir lernten die Mühle und die Fahne, das Knien und verschiedene Möglichkeiten, abzusitzen, und dass wir uns nach jedem Ritt bei Prinzi bedanken sollten. Ich finde es wichtig, dass Voltigierpferde am Kappzaum und mit Dreieckszügeln arbeiten und nicht direkt an der Trense longiert werden.

◀ Vertrauen und Zuneigung tun gut. Marcel und Nini haben sich gern, das kann man sehen. Die sensible Nini genießt Schmuseeinheiten genauso wie ihr Reiter.

▼ Madita und Sir Henry sind schon lange ein gutes Team und haben eine besondere Beziehung zueinander. Madita reitet Henry, seit sie drei Jahre alt ist.

Reiten ist gesund!

Egal, ob groß oder klein: Menschen brauchen Tiere. Während einige Menschen kleine Tiere wie Kaninchen mögen, die man auf den Arm nehmen kann, lieben andere Federvieh. Oder eben große Tiere wie Esel, Ponys oder Pferde, die einen sogar tragen können.

Ponys und Pferde, die im therapeutischen Reiten „arbeiten", sind oft besonders ruhige und ausgeglichene Tiere, die eine besondere Ausbildung bekommen. Sie haben ein vielseitiges Gelassenheitstraining hinter sich und reagieren besonnen auf Unruhe um sie herum und im Sattel. Sie lassen sich von beiden Seiten führen und jederzeit anhalten. Die Statue können sie wirklich perfekt (Seite 104).

„Martin hat nie gesprochen. Erst, als er auf dem Rücken des Ponys Fridolin saß, begann er zu reden", erzählt eine Betreuerin im heilpädagogischen Reiten über den 11-jährigen Martin, der nach einem schrecklichen und schweren Autounfall gehbehindert ist und sich

Therapeutisches Reiten

Kindern mit körperlichen oder seelischen Problemen tut der Umgang mit Ponys und das anschließende Reiten oft besonders gut. Leichter behinderte Kinder lernen schnell, allein zu reiten. Schwerer behinderte Kinder müssen geführt werden, teilweise laufen drei Personen am Pferd mit, die Pferd und Kind sichern. Die schaukelnde Bewegung im Schritt zusammen mit den Gefühlen, die das Pferd im Menschen auslöst, sind in ihrer positiven Wirkung durch keine Maschine zu ersetzen.

Häufig „arbeiten" gutartige Fjordponys, Haflinger, Shettys oder auch Knabstrupper als Therapieponys und -pferde. Kinder mit seelischen Problemen fühlen sich aber auch oft zu sehr sensiblen Ponys und Pferden hingezogen und werden von den Tieren oft regelrecht beschützt.

völlig in sich zurückgezogen hatte. Auch Martins Gehbehinderung hat sich durch das regelmäßige Reiten ge-

▲ Lange Zeit konnte Finja nicht reiten. Sie war allergisch gegen Pferde. Aber sie hat nicht aufgegeben und es geschafft, ihre Allergie loszuwerden.

bessert. Weil Martin inzwischen schon seit zwei Jahren auf Fridolin reitet, darf er das Pony allein durch den Hütchenslalom lenken, über eine Stange traben und an ruhigen Ausritten teilnehmen.

▲ Mut, Beweglichkeit, Mitgefühl, Verantwortungsbewusstsein, Ausdauer … Reiten lässt viele unserer besten Eigenschaften weiter wachsen.

Medizin für Madita

Doch auch für Madita, der man gar nicht anmerkt, dass sie ein Gesundheitsproblem hat, war Reiten Medizin. Madita kam schon als Dreijährige wegen eines Sehfehlers zum Reiten. Sie kann nicht mit beiden Augen gleichzeitig schauen, sondern benutzt ihre Augen abwechselnd.

Weil sie schon als kleines Mädchen ihren Kopf schief hielt, um besser sehen zu können, bekam sie Probleme mit der Halswirbelsäule. Auch ihre Bewegungen wurden ungleichmäßig. Als ihre Eltern begannen, sie täglich für kurze Zeit Schritt reiten zu lassen, verbesserte sich ihre Haltung sofort. Inzwischen reitet sie erfolgreich Turniere!

Allergisch gegen Pferdehaare

Finja dagegen reitet, obwohl sie ein Gesundheitsproblem hat. Sie ist nämlich Asthmatikerin. Obwohl sie sich nichts sehnlicher wünschte, als reiten zu dürfen, war sie ausgerechnet auf Pferde hochgradig allergisch. Auch Heustaub und viele Reithallenböden lösten bei ihr schwere Asthmaanfälle aus. Sie probierte jede nur erdenkliche Methode, um diese Allergien loszuwerden, und am Ende hatte sie Erfolg. Inzwischen kann sie sogar in Reithallen reiten – keine Selbstverständlichkeit.

▶ **Tipp:** Mehr über die oft eingesetzten Therapiepferderassen Fjordponys und Haflinger erfährst du auf Seite 38.

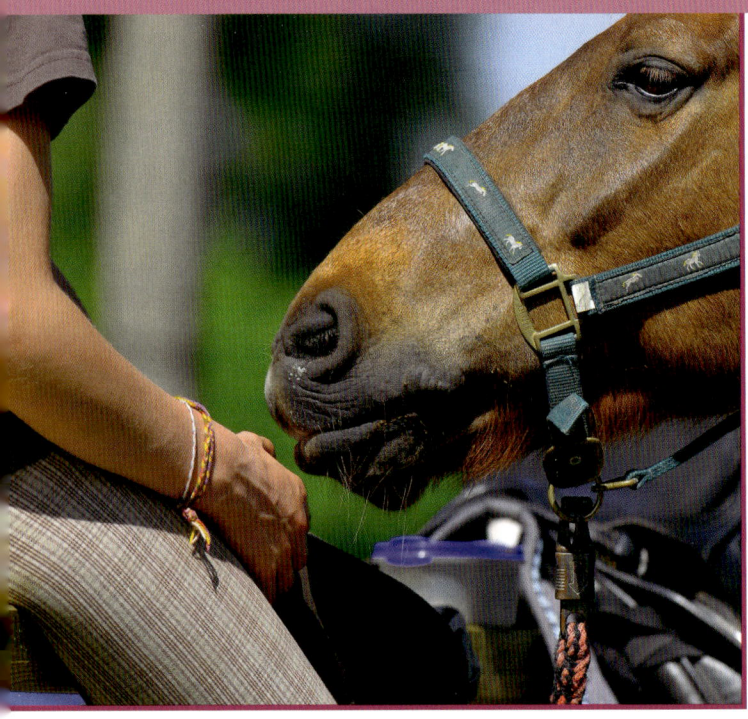

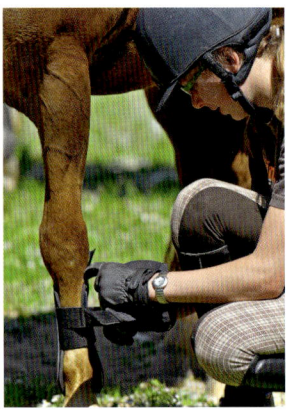

◀ Nach einem langen Ritt fordert Henry zu Recht ein, noch ein bisschen verwöhnt zu werden. Soll es eine Extra-Karotte sein oder doch lieber eine Massage?

▲ Das Versorgen der Ponys nach dem Ritt geht immer vor, egal wie durstig oder müde man selbst ist.

Auf Wanderschaft mit Pferden

Ein Wanderritt muss gut geplant werden. Wanderreiterponys und -pferde werden schon Wochen vor dem Ritt täglich geritten. Die Anforderungen werden von Woche zu Woche gesteigert, sodass am Ende Reiter und Pony oder Pferd wirklich fit sind.

Außer der Kondition wird auch die Gelände- und Verkehrssicherheit trainiert. Kühe oder Pferde, die am Zaun entlang mitgaloppieren, Traktoren, Baustellen, Lastwagen – im Gelände kann einem so ziemlich alles begegnen und ein sicheres Wanderreiterpony braucht eine gewisse Portion Unerschrockenheit.

Bei stundenlangen Ritten muss das Sattelzeug wirklich gut passen, damit es nicht zu Druckstellen kommt. Sinnvoll sind Zügel, die mit Schnapphaken an der Trense befestigt sind, sodass man sie auch als Führstrick nutzen kann. Auch eine kombinierte Wanderreitertrense, bei der sich das Gebiss in den Pausen ausschnallen lässt, sodass das Pony in Ruhe grasen kann, ist praktisch.

Was muss mit auf den Wanderritt?

Fürs Pony haben wir Hufkratzer und Fliegenspray dabei. Am Sattel haben wir Erste-Hilfe-Taschen und die Karten befestigt. Handys hat man ja sowieso dabei. Wir fahren die Strecke vorher ab und verstecken an guten Rastplätzen Eimer mit Möhren, Äpfeln und Wasserkanister für die Ponys und Picknick für uns Reiter.
Wir reiten mit gebissloser Zäumung, sodass die Ponys in den Pausen fressen und trinken können. Wer mit Trense reitet, muss Halfter und Stricke mitnehmen.

Die Kleidung des Reiters sollte robust sein und nicht drücken. Ein Wanderreiter führt sein Pferd häufig und über längere Strecken und braucht zwar feste, aber auch bequeme Schuhe oder Stiefeletten. Ein Helm ist natürlich auch hier Pflicht! Manche Reitvereine bieten an

▲ In der Gruppe macht ein Wanderritt viel Spaß. Wenn man die Ponys zusammen für den Ritt trainiert, lernen sie sich kennen, bevor es losgeht.

▲ Eigentlich wird auf der rechten Straßenseite geritten. Hier ist rechts aber eine Baustelle, sodass wir ausweichen mussten. Die Kommandos werden immer nach hinten weitergegeben.

Wochenenden Wanderreiterschnupperkurse an. Auch auf kürzeren Strecken von ungefähr 20 Kilometern lassen sich schon tolle Wege entdecken. Das gemeinsame Vorbereiten der Ponys, das Packen, die Picknickpausen an schönen Plätzen und die Übernachtung im Heu oder in einfachen Unterkünften sind wirklich ein tolles Abenteuer. Das Gepäck wird bei solchen Ritten meist im Auto zum Ziel transportiert und nicht auf dem Pferd mitgenommen.

▲ Alle zwei Stunden müssen Ponys Wasser aus Eimern oder fließenden Gewässern angeboten bekommen. Das Tränken der Ponys auf dem Ritt ist sehr wichtig!

Tipp: Fliegenspray selbstgemacht

Eine leere oder besser noch fast leere Sprühflasche Fliegenspray mit dem Saft einer halben Zitrone, 200 ml Obstessig und 200 ml grünem Tee auffüllen. Dazu zehn Tropfen Nelken- oder Pfefferminzöl oder je zehn Tropfen Geranien- und Eukalyptusöl aus der Apotheke.

◀ Besonders gelungen ist das schicke Outfit dieser Ponyreiterinnen. Ihre Ponys passen größenmäßig prima zueinander und reiterlich sind alle ungefähr gleich weit.

▼ Oben siehst du die Mühle im Trab, die genau wie das spiegelverkehrte Reiten der geteilten Gruppe eine beliebte Quadrillenfigur ist. Das paarweise Reiten mit Küchenrolle oder Gerte bereitet gut auf die Quadrille vor!

Schnecke & Mühle

In einer Quadrille reiten mehr als vier Reiter als Team. Verschiedene Grundfiguren werden zusammen eingeübt, oft auch mit taktmäßig passender Musik. Reiter und Pferde müssen die einzelnen Figuren aufeinander abstimmen und sich aneinander orientieren. Langsame Ponys oder Pferde gehen möglichst innen, eiligere außen. Oft sind die Ponys oder Pferde zusätzlich farblich und nach Größe geordnet.

Bevor ihr Quadrille reitet, könnt ihr euch überlegen, welche Bahnfiguren sich gut zum Paarreiten eignen. Durch die Länge der Bahn geritten ist eine beliebte Quadrillenfigur, die sich wunderbar mit Volten verzieren lässt, wenn sie erst einmal überhaupt klappt. Begegnen sich die Reiter, nachdem sie sich am Ende der Mittellinie getrennt haben, beim Wechsel durch die ganze Bahn, kreuzen sie. Hier muss der Abstand stimmen!

Auch Zirkelfiguren wie das Wechseln aus oder durch den Zirkel oder das Verkleinern des Zirkels kann man

Quadrille-Figuren

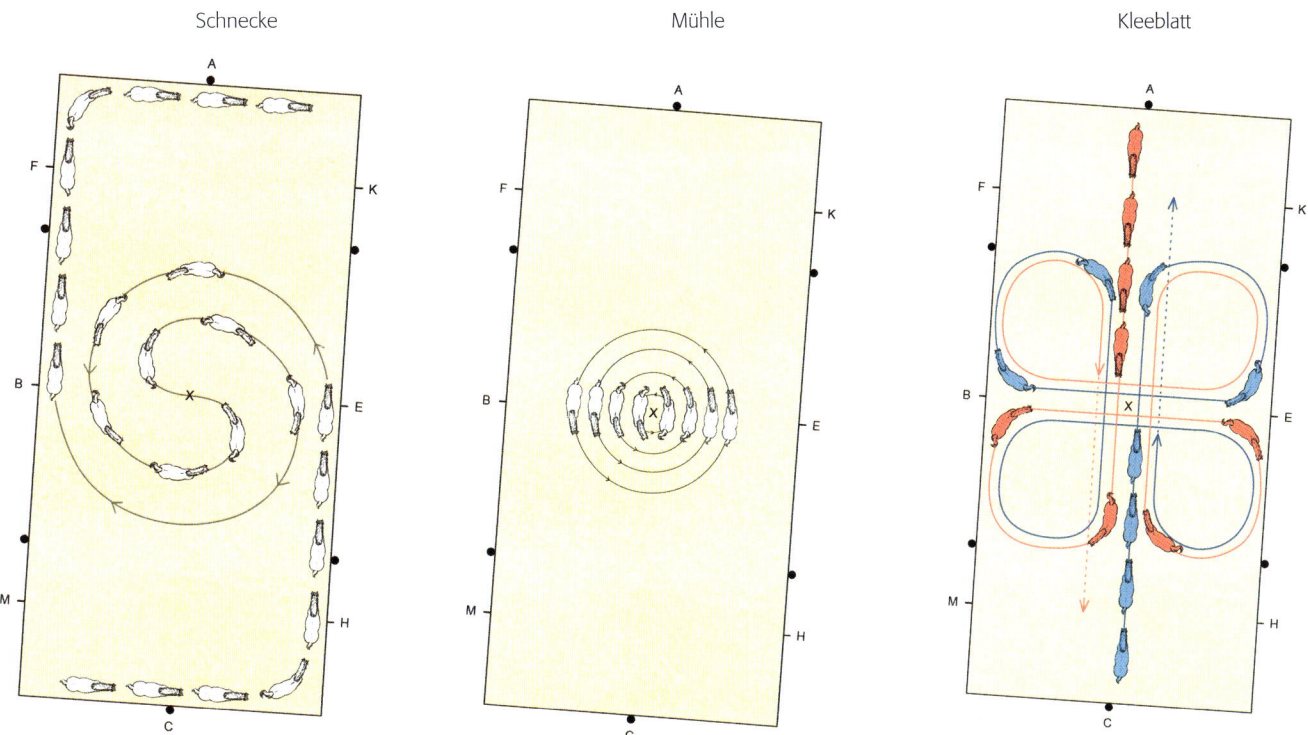

Schnecke   Mühle   Kleeblatt

prima in eine Quadrille einbauen. Handwechsel und unterschiedliche Gangarten sorgen für zusätzliche Abwechslung. Ab und zu teilt sich die Abteilung in zwei Gruppen und reitet spiegelverkehrt, nur um sich wieder zu treffen. Schnecke, Mühle und Kleeblatt sind typische Figuren, für die man üben muss.

Auch über passende Musik lohnt es sich, nachzudenken. Jeder Reiter kann Lieblingsstücke mitbringen, von denen er meint, dass sie zu einer bestimmten Gangart passen. Wenn der Wechsel der Musik mit dem Wechsel der Bahnfiguren oder Gangarten zusammenfällt, kann man sich viel besser merken, welche Figur gerade dran ist. Natürlich gibt es auch schon fertige Kürmusik-CDs mit passenden Stücken aus den unterschiedlichsten Musikrichtungen. Das Zusammenstellen eigener Lieblingsstücke macht aber mehr Spaß!

Wer möchte, kann mit seinem Team an einer Quadrillenprüfung teilnehmen oder das Weihnachtsreiten oder

ein Hausturnier mit einer Kostümquadrille schmücken. Man kann mit Quadrillen den Teamgeist einer Reitergruppe stärken und für Abwechslung sorgen. Ganz nebenbei lernt man, sein Pferd auf andere Reiter und Pferde einzustimmen und sich mit einem guten Rundumblick in der ganzen Halle zu orientieren – auch im Galopp.

Als Paar reiten

Auch wenn ihr nur zwei Reiter seid, könnt ihr ein „Pax de deux" einüben. Ihr könnt Hufschlagfiguren zusammenstellen, die als Paar nebeneinander, dann getrennt, dann wieder zusammen oder spiegelverkehrt geritten werden. Und warum nicht mal eine kleine ganze Quadrille mit Elementen aus der Bodenarbeit, mit Hütchen, Plastikfolien oder Tonnen einstudieren? Auch Springquadrillen sind möglich.

◀ Wenn man sein Pony im fantasievollen Kostüm auch so perfekt führt wie diese Prinzessin, haben beide schon gewonnen, oder?

▶ Der Helm ist Pflicht. Umso interessanter sind die vielen Möglichkeiten, ihn farbenfroh und wirkungsvoll in ein Kostüm einzubeziehen!

Prinzessin oder Harry Potter?

Hast du dir beim Reiten auch schon einmal vorgestellt, ein Indianer, ein Ritter oder eine Zauberin zu sein? Man kann in seiner Vorstellung wunderbar in verschiedene Rollen schlüpfen, oft auch zur passenden feierlichen oder fetzigen Musik, und allein oder zusammen mit anderen Rollenspiele erfinden. Aus Stangen wird dann ein Wald, aus Plastikfolien Wasser, aus anderen Reitern Helfer oder Verfolger.

Beim Kostümreiten reitet man verkleidet allein oder in einer Quadrille. Auch bei Wettbewerben, zum Beispiel beim Führzügelwettbewerb oder bei Voltigierprüfungen sind manchmal Kostümierungen erwünscht. Zusammen mit dem Pferd wird dann oft eine richtige kleine Geschichte erzählt, die von Zauberern, Piraten, Zwergen, Feen oder Schurken handelt und mit Musik untermalt wird. Der Reithelm wird dabei diskret unter Kopfschmuck versteckt, denn natürlich ist auch er mit von der Partie. Ponys und Pferde müssen zunächst vom Boden aus an das andere Aussehen ihres Reiters und an

lange, vielleicht flatternde Kleidung gewöhnt werden. Vor dem ersten Ritt solltest du deine Kleidung einem Härtetest unterziehen, denn wenn sie sich während des Reitens löst, kann sich dein Pferd erschrecken.

Verkleidung und reiterliche Darbietung sollten natürlich gut aufeinander abgestimmt sein. Wer schnelle Galopps plant, wird sich vielleicht als Pirat verkleiden, wer ein tolles Haremskostüm hat, wird zu fernöstlicher Musik tänzerisch reiten und vielleicht den spanischen Schritt in

Abwechslung gefragt

Greta reitet gern ohne Sattel, macht Kunststücke auf oder mit dem Pony und reitet mit Halsring. Ingrid mochte früher gern Ponyspiele, Kostümreiten und ungarische Post.

▲ An wallende Gewänder müssen Ponys und Pferde sorgfältig gewöhnt werden, sodass sie den Stoff auf ihrem Rücken auch …

▼ Gute Ausstrahlung hat mit Strahlen zu tun …

▲ … beim Aufsitzen oder im Galopp in Ordnung finden.

seine Nummer einbauen. Clowns können sich vor dem Aufsitzen ein bisschen von ihrem Pferd herumschubsen lassen oder am Ende ihres Rittes einen Purzelbaum vom Pferd schlagen.

Der Spaß sollte beim pferdefreundlichen Training im Vordergrund stehen. Er kommt auf alle Fälle auch beim Publikum an. Und schließlich kannst du auch ganz ohne Zuschauer Spaß haben und als Weihnachtsmann ausreiten oder als Harry Potter Seitengänge üben.

▲ … und hier sieht man einen wundervoll gerittenen Isländer, der sozusagen als Barock-pony verkleidet ist und eine tolle Trabtraver-sale zeigt.

Mounted Games

... und Action!

Stell dir vor, im vollen Galopp auf ein Pferd aufzusitzen, aus vollem Galopp abzusitzen oder in
rasendem Tempo einen Slalom zu reiten. Wenn
du deine Aufgabe erfüllt hast, steht dein Pony
hinter der Linie ganz ruhig und schaut zu, wie
deine Team-Kollegen die gleiche Aufgabe reiten.
Natürlich auch in rasendem Tempo.
Wer so richtig auf Action steht, ist von den tur-
bulenten Reiterspielen zu Pferd sicher begeistert.

Wer macht mit?

Bei Mounted Games spielen mehrere Teams gegeneinander. Ein Team besteht aus fünf Reitern mit ihren Ponys, die in hintereinander ablaufenden, unterschiedlichen Spielen so viele Punkte wie möglich sammeln. Die Teams kleiden sich selbst und ihre Ponys farblich passend ein und tragen oft witzige Maskottchen am Vorderzeug.

Fairness hat Vorrang

Damit der Ehrgeiz nicht über die Pferdeliebe siegt, achten sechs Richter während der Spiele nicht nur darauf, dass die Regeln eingehalten werden. Sie überwachen auch das Verhalten der Reiter gegenüber ihrem Pony und schließen Reiter aus, die ihrem Pferd zum Beispiel die Zügel im Maul reißen. Sporen und Gerte sind bei den Mounted Games nicht erlaubt.

◀ Geübte Mounties sitzen in jeder Gangart auf, auch im Galopp. Sporen und Gerte würden da nur stören und sind auch nicht erlaubt.

▶ Bei Spielen wie Pony-Paare oder Dreibein-Rennen wird paarweise geritten. Hier müssen die Ponys zusammen sortiert werden, die sich auch mögen.

Rasante, knifflige Spiele

Viele unterschiedliche Spielmöglichkeiten bei den Mounted Games trainieren oder prüfen Geschick und Schnelligkeit von Pony und Reiter. Manche Spiele werden allein geritten, manche zu zweit, bei anderen sind alle vier Reiter einer Mannschaft im Spiel. Auch wenn fünf Reiter zu einer Mannschaft gehören, sind nämlich immer nur vier Reiter am Start, sodass einer jeweils Pause hat.

Ohne Slalomstangen gibt es keine Mounted Games, aber auch Eimer, Kegel, Plastikdosen, Tennisbälle, Löffel, Tonnen, Eiskrembehälter, Jutesäcke und andere günstige Utensilien haben dazu beigetragen, unendlich viele Spielideen mit witzigen Namen und einleuchtenden Regeln zu erfinden.

In „Flinke Füße" reitet ein Reiter zu sechs umgedrehten Eimern, die in einer Reihe stehen. Er sitzt ab, führt sein Pony und überquert zu Fuß Eimer für Eimer. Dabei muss er auf alle Eimer treten. Wird ein Eimer umgesto-

ßen, muss er wieder aufgestellt werden und der Reiter muss noch einmal über alle Eimer laufen. Wie das Spiel „Socken in den Eimer" ungefähr aussieht, kannst du dir sicher vorstellen.

Wer Lust hat, Mountie zu werden, braucht Mitstreiter, ein gesundes Pony und eine Menge Sportsgeist. Auch wenn man viele zierliche und hochblütige Ponys bei den Mounted Games findet, so können sich auch wendige Fjordpferde, Haflinger oder Shetties durchaus behaupten. In Deutschland ist es sogar erlaubt, auf Pferden teilzunehmen.

Viele Reitvereine sind dankbar für Anregungen engagierter junger Reiter. Ein Schnuppertrainingstag mit einem erfahrenen Mountie Trainer lässt sich bestimmt in jedem Verein organisieren! Obwohl man vielleicht auf diesen Gedanken kommen könnte – im Training für Mounted Games wird nicht nur galoppiert.

Enge Wendungen in allen Gangarten, Paraden zum Halt aus jeder Gangart und das schnelle Antreten ge-

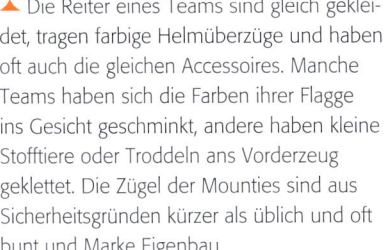

▲ Die Reiter eines Teams sind gleich gekleidet, tragen farbige Helmüberzüge und haben oft auch die gleichen Accessoires. Manche Teams haben sich die Farben ihrer Flagge ins Gesicht geschminkt, andere haben kleine Stofftiere oder Troddeln ans Vorderzeug geklettet. Die Zügel der Mounties sind aus Sicherheitsgründen kürzer als üblich und oft bunt und Marke Eigenbau.

▲ Beim Flaggenrennen wird eine Flagge in vollem Galopp an den nächsten Reiter des Teams weitergegeben. Auch das muss zunächst einmal im Schritt geübt werden!

hören sicher mit zum Programm. Auch das Aufsitzen und Führen des Ponys in jeder Gangart werden geübt. Die sekundenschnelle Verständigung zwischen Pony und Reiter kann aber auch in anderen Situationen als dem Galopp geübt werden! Zirkel verkleinern, Volten und Achten, Seitengänge und Rückwärtsrichten sind Übungen, die geschmeidig machen und das Verständnis zwischen Mensch und Pferd fördern.

Reitet man bei all diesen Übungen paarweise wie in einer Quadrille, so hat man sein Pony auch gleich daran gewöhnt, dicht an dicht neben einem Team-Kumpel zu laufen. Fest steht, dass regelmäßiges Dressurreiten und sinnvolle Bodenarbeit ein gutes Ausgleichsprogramm für vierbeinige Mounties sind. Auch Konditionstraining im Gelände und Cavalettiarbeit sind sinnvolle Möglichkeiten, um für noch mehr Abwechslung zu sorgen.

▶ **Tipp:** Mehr übers Quadrillereiten findest du auf Seite 134. Informationen zu Vereinen oder Prüfungen in deiner Gegend findest du unter www.mounted-games.de.

Känguru-Pony und voller Galopp

Clara fand an den Mounted Games am tollsten, wie die Reiter aus vollem Galopp aufgesprungen sind und mochte das Becherrennen am meisten, bei dem Becher von Slalomstangen weggenommen und über andere Stangen gestülpt werden müssen.

Marcel gefiel das „Känguru-Pony" aus Dänemark am besten, das vor dem Start immer stieg, danach aber brandbrav lieb und brave war. Und er mochte das Spiel „Burggraben und Burg", bei dem ein Tennisball aus einem Wassereimer geholt werden muss.

Umgang und Pflegen

Gutes Reiten fühlt sich an wie ein gutes Gespräch. Bevor man richtig losreden oder losreiten kann, muss man aber erst einmal miteinander warm werden. Deswegen ist es wichtig, sich für das Begrüßen des Ponys, fürs Halftern, Führen und Putzen Zeit zu nehmen.

Gutes Führen ist eine Kunst. Mit etwas Übung folgt das Pferd seinem Menschen sogar frei, wie bei den Pferdeflüsterern.

Danach geht es ans Anbinden und Putzen. Nicht alle Pferde stehen dabei gleich ruhig. Aber alle Pferde können lernen, sich zu entspannen. Sie beginnen, das Putzritual zu genießen, wenn wir beim Putzen sanft und aufmerksam vorgehen und ihre Lieblingsstellen besonders berücksichtigen.
Ein entspanntes Pferd ist gern mit seinem Menschen zusammen, es kann gut lernen und wird sich auch gern reiten lassen.

◀ Greta bleibt einige Meter vor Kimberly stehen und gibt ihrem Pony Zeit, sich auf sie einzustellen. Aufmerksam sieht Kimberly ihr entgegen.

▼ Entspannt nimmt Kimberly noch ein Maul voll Gras, bevor Greta zum Aufhalftern kommt. Wäre sie nervös oder unwillig, würde sie sich vielleicht wegdrehen oder sogar weglaufen.

Von der Weide

Wenn ein Mensch auf ein Pferd zugeht, begegnen sich zwei ganz unterschiedliche Wesen. Das eine geht auf vier Beinen, das andere auf zwei. Das eine ernährt sich vegetarisch von frischem oder getrocknetem Gras und Kräutern, das andere vielleicht von Spaghetti Bolognese, Tomaten und Käsebrot.

Menschen gehören zu den Jägern, Pferde zu den Gejagten. Sie sind Fluchttiere. Menschen können lesen und Rad fahren, machen Musik oder bedienen Handys. Sie weinen, wenn ihnen etwas wehtut und lachen, wenn sie sich freuen. Pferde haben eine andere Form von hoch entwickelter Intelligenz. Und natürlich haben und zeigen auch sie Gefühle.

Sie können Wasser auf zwei Kilometer Entfernung riechen und Wetterumschwünge im Voraus fühlen. Sie verstehen das leichte Ohrendrehen eines Artgenossen als Aufforderung, stehen zu bleiben. Sie erkennen Angst, Schmerz und Freude am Geruch. Beide Arten, Mensch und Pferd, sind Säugetiere und brauchen Artgenossen, um sich wohl und sicher zu fühlen.

Wie geht's dir?

Jedesmal wenn du auf ein Pferd zugehst, bist du in einer anderen Stimmung. Vielleicht hast du gute oder schlechte Laune, du wirst gerade krank, fühlst dich ungerecht behandelt oder hast Stress mit Freunden. Im Idealfall bist du ausgeruht, satt und vergnügt und hast reichlich Zeit für das Pferd, mit dem du den Nachmittag verbringst.

Auch das Pferd fühlt sich jeden Tag anders. Ob es gute oder schlechte Laune hat, hängt auch bei deinem Pferd davon ab, wie sein Tag bisher war.

Hat es Freunde? Wird es gerecht behandelt? Erlebt es Abenteuer? Bekommt es abwechslungsreiches Futter und genug Freizeit, Platz und Bewegung? Tut ihm etwas weh? Freut es sich auf die nächsten Stunden und auf

▲ Freundlich schnuppert Kimberly an Gretas Hand. Heute steht das Pony allein auf dem Paddock. Dann ist es in Ordnung, ihm zur Begrüßung ein Leckerli zu geben. Ob Greta wohl eins dabei hat?

▼ Greta hat Kimberly aufgehalftert. Gelassen marschiert das erfahrene Pony neben ihr zum Ausgang der Wiese. Greta hält den Führstrick mit beiden Händen fest, ohne ihn um die Hände zu wickeln.

Halfter

Gerte

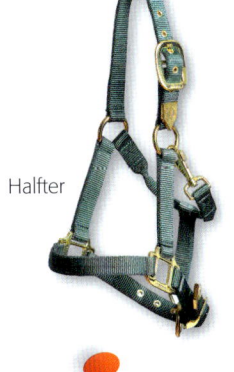

Streicheln erlaubt

Gelb: Hier mögen Pferde gerne angefasst werden.
Orange: Hier dürfen nur sehr vertraute Personen hinfassen.
Rot: Hier können sie Berührungen nicht gut leiden.

den nächsten Tag? Im Idealfall ist auch das Pferd satt, guter Dinge und begeistert, dich zu sehen.

▶ **Tipp:** Wie man Schmerzen beim Pferd erkennt, steht auf Seite 164.

Begrüßung

Dein Pferd spürt, ob du mit deinen Gedanken bei ihm bist, auch aus der Entfernung. Es mag es, wenn du ungefähr drei oder vier Meter vor ihm erst einmal anhältst und es aus dieser Entfernung begrüßt. So kann es sich in Ruhe auf dich einstellen.

Es nimmt kleinste Bewegungen wahr und weiß sofort, wie es dir geht. Auch du kannst lernen, über die Entfernung hinweg zu spüren, wie dein Pferd sich fühlt. Geht es dir entspannt oder neugierig entgegen? Oder dreht es sich von dir weg?

◀ Rosa gibt Katinka zur Begrüßung ein Stück Karotte. So verbindet Katinka Rosa und den Beginn der Arbeit mit etwas Positivem.

▲ „Erst du, dann ich." Interessiert schaut Aron auf Maltes Apfel. Er weiß schon, dass er gleich das Kerngehäuse bekommt.

Aus der Box

Auch Ponys, die in der Box stehen, brauchen vor dem Aufhalftern ein wenig Zeit, um uns kennenzulernen und zu begrüßen. Am besten bleibst du zunächst an der Boxentür stehen und lässt das Pony ein wenig an deiner Hand schnuppern. Erst dann betrittst du die Box und stellst dich seitlich neben das Pony, um es aufzuhalftern. Manche Ponys haben die Angewohnheit, sich beim Öffnen der Boxentür wegzudrehen. Eine Möhre oder ein Stück Apfel zur Begrüßung verbessert ihre Stimmung enorm!

Auf der Weide zwischen vielen Ponys solltest du dagegen auf keinen Fall zur Begrüßung füttern. Zu leicht könntest du dabei in ein Gerangel zwischen Herdenmitgliedern geraten, die alle scharf auf einen Leckerbissen sind.

Kopf runter!

Das Aufhalftern übst du am besten an einem ruhigen, erfahrenen Pferd oder Pony, das seinen Kopf schön tief hält. Wenn du das Prinzip verstanden hast, bist du auch für ängstliche, empfindliche oder unhöfliche Pferde bereit. Diese sind vielleicht etwas schwieriger aufzuhalftern. Junge Pferde möchten alles ins Maul nehmen, etwa Jackenärmel und natürlich auch das Halfter. Ängstliche Pferde neigen zu schnellen Bewegungen, auch mit dem

Kopf, und unhöfliche Pferde schubsen, zappeln oder drehen ihren Kopf weg.

▶ **Tipp:** Wie man junge oder aufdringliche Pferde auf Abstand hält, steht auf Seite 174.

Führseil

Das Führseil wird meist im unteren Halfterring eingehakt. Bei der Bodenarbeit oder wenn sich ein Pferd schwer führen lässt, kann das Führseil auch über den Nasenriemen des Halfters geführt werden, damit man mehr Kontrolle über den Pferdekopf hat. Zum Führen benutzt man ein Seil mit einem Karabinerhaken.

Leckerlis – ja oder nein?

Ich füttere Leckerlis wie schon mein Vater. Bevor ich aufsteige und nach dem Absteigen, aber auch wenn ich die Pferde im Stall morgens begrüße. So verbinden sie mit mir etwas Positives.
Vorsicht: Betteln ist nicht erlaubt!

▲ Nimm dir ruhig ein wenig Zeit, um deinem Pony Hallo zu sagen. Hat es heute gute Laune? Lass es lieber an deiner Hand schnuppern, statt zur Begrüßung sein Gesicht zu streicheln.

▼ Mit beiden Händen zieht Clara das Halfter über Sunnys Kopf. Vorsichtshalber schließt Sunny die Augen, aber Clara hat gut aufgepasst. Das Halfter hat Sunnys Auge nicht berührt.

▶ Clara streicht Sunnys empfindliche Ohren von hinten unters Halfter und hält das Halfter so, dass es nicht ins Auge rutscht.

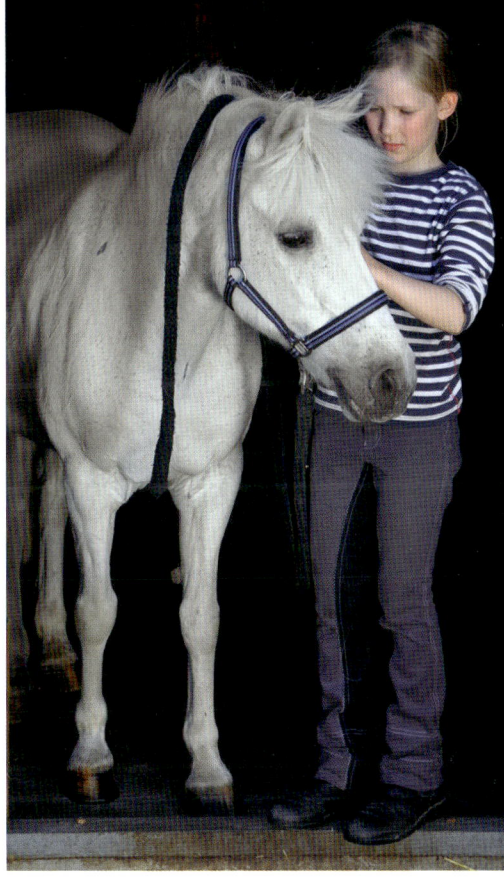

▲ Perfekt! Sunny sieht schon ziemlich unternehmungslustig aus. Clara schließt das Halfter noch und dann geht's ab zum Putzplatz. Der Führstrick liegt ja schon auf Sunnys Hals.

Panikhaken sind zum Führen ungeeignet: Sie sind zum Anbinden von Pferden gedacht und lösen sich bei plötzlichem Zug.

Führen

Zum korrekten Führen von Pferden gibt es unterschiedliche Ideen. Ich empfehle das Führen mit Halfter und Führstrick. Dabei bleibt man mindestens eine Armlänge seitlich und vor dem Auge des Pferdes. Zu zweit von beiden Seiten zu führen ist ebenfalls empfehlenswert. Die Gerte kann beim Führen als Verlängerung des Armes benutzt werden. Mit einem leichten Gertentick kann das Pferd abgebremst oder vorwärts getrieben werden. Wenn die „Unterhaltung" am Boden gut klappt, versteht man sich auch im Sattel besser.

▼ Clara hat den Strick durch das Heubändchen gezogen und einen Sicherheitsknoten geknüpft. Den könnte sie mit einem einzigen Handgriff lösen, wenn Sunny sich erschrecken würde.

Rundum sicher

Pferde sind Fluchttiere. Für ein Wildpferd ist es lebensnotwendig, bei Gefahr wegrennen zu können. Ein junges Pferd oder Pony muss daher erst einmal lernen, sich anbinden zu lassen. Es muss merken, dass es am Anbindeplatz sicher ist. Sicherheit bedeutet für ein Pferd Bewegungsfreiheit. Sicherheit bedeutet auch, dass es mit anderen Pferden zusammen ist.

Richtig anbinden

Ein sicherer Anbinder ist stabil und bietet die Möglichkeit, mehrere Ponys oder Pferde mit genügend Abstand nebeneinander anzubinden. Er sollte in einer ruhigen Ecke der Reitanlage liegen und den Ponys möglichst freie Sicht auf das Geschehen ermöglichen. Ponys fühlen sich wohler, wenn sie sehen können, was um sie herum passiert. Es macht sie unsicher, wenn sie Geräusche hinter sich hören, die sie vielleicht nicht zuordnen können. Zum Anbinden benutzt du am besten einen Strick mit Panikhaken. Diesen befestigt man mit einem Sicherheitsknoten an einem Heubändchen. Das sind ganze drei Vorsichtsmaßnahmen für den Fall, dass sich

Angst beim Anbinden

Mein früheres Pony ließ sich nicht gerne anbinden. Es bekam oft Angst beim Anbinden und hat heftig am Strick zurück gezogen. Wir haben ihm beigebracht, still zu stehen ohne angebunden zu sein. Das hat geholfen.

das angebundene Pony oder Pferd doch erschreckt und wegrennen will. Denn auch wenn ein Pferd gelernt hat, dass es am Anbinder sicher ist – seine Fluchtreaktion ist ein Instinkt, der in einer Schrecksituation immer aktiviert wird.

Schnapper, Zappler und Scharrer

Manche Ponys scharren am Anbinder mit den Hufen, nehmen den Führstrick ins Maul oder zappeln herum. Andere schnappen, treten aus oder werfen sich bei beinah jedem Anbinden nach hinten in den Strick. All diese Unarten sind ein Zeichen dafür, wie unbehaglich sich das Pony fühlt, wenn seine Bewegungsfreiheit eingeschränkt ist. Es sind Stresszeichen. Unruhige Ponys lassen sich meist durch ein rhythmisches Abstreichen mit der Gerte entspannen. Das Ab-

◀ Unruhige Pferde lassen sich durch das Abstreichen mit der Gerte meist gut beruhigen. Clara streicht Sunny von vorne nach hinten und von oben nach unten ab. Sunny vertraut ihr.

▶ Sanft und mit hauchzartem Zug dehnt Clara Sunnys Wirbelsäule, indem sie ganz leicht am Schopf zieht und den Zug sehr, sehr langsam löst. Sunny mag das, wie man an ihren Augen sieht.

▲ Ute zeigt Clara den Muschel-TTouch, den man gut vom Schweifansatz abwärts machen kann. Die Hand liegt auf dem Fell wie eine Muschel und bewegt das Fell in einem überlappenden Kreis.

streichen hat den Vorteil, dass du einen Sicherheitsabstand einhalten kannst, während du vom Pferdehals bis hinunter zu den Vorderhufen immer wieder mit der Gerte entlangstreichst. Viele Pferde mögen es auch, am Bauch und am Rücken abgestrichen zu werden.

Wenn das Pony sichtbar ruhiger steht, helfen angenehme Berührungen, Massagen, Tellington-TTouches oder das Putzen von „Lieblingsstellen", seinen Stress zu verringern oder gar nicht erst aufkommen zu lassen.

▶ **Tipp:** Mehr über Tellington-TTouches und Massagen auf Seite 162.

Der Pferdeknoten

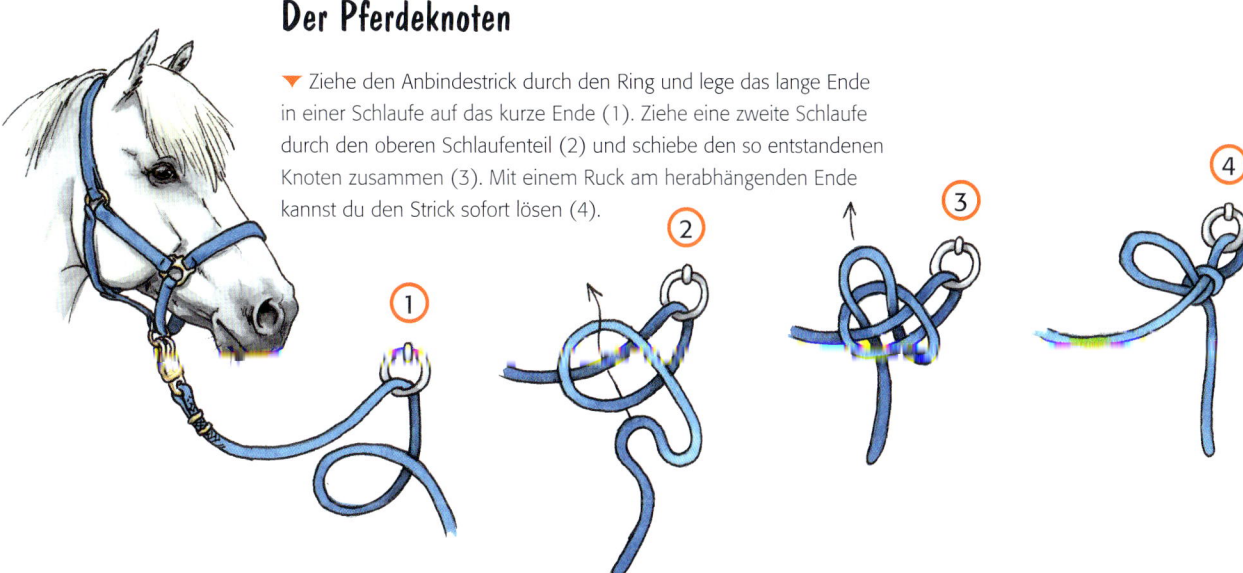

▼ Ziehe den Anbindestrick durch den Ring und lege das lange Ende in einer Schlaufe auf das kurze Ende (1). Ziehe eine zweite Schlaufe durch den oberen Schlaufenteil (2) und schiebe den so entstandenen Knoten zusammen (3). Mit einem Ruck am herabhängenden Ende kannst du den Strick sofort lösen (4).

1   2   3   4

Wie wilde Pferde leben

Zusammen ist man weniger allein

Wenn wir Pferde verstehen wollen, müssen wir uns nur anschauen, wie ihre frei lebenden Artgenossen ihren Alltag verbringen. Dazu muss man nicht ganz bis nach Amerika fliegen.

Auch in Deutschland und anderen europäischen Ländern werden ursprüngliche Ponyrassen wild oder halbwild gehalten, um große Naturschutzgebiete zu pflegen. Es lohnt sich, sie zu beobachten!

Schutz in der Gemeinschaft

Frei lebende Ponys und Pferde ziehen in Herden übers Land. Sie leben normalerweise nicht dauerhaft allein. Die Herde bietet ihnen Schutz bei der Fohlenaufzucht, beim Heranwachsen, während der Trächtigkeit, bei der Futtersuche, an der Wasserstelle, bei Unwettern und bei Angriffen. Auch wenn Pferdeherden in Deutschland in der Regel nicht von Wölfen oder Bären belästigt werden, so können frei laufende Hunde oder Menschen, die nach Tierarzt riechen, sie durchaus zur Flucht veranlassen.

Flüchten und kämpfen

Flucht ist die natürliche Antwort eines Pferdes, das sich bedroht fühlt. Zum Angriff geht ein Pferd nur dann über, wenn es nicht fliehen kann. Kämpfe zwischen Leithengsten kommen gelegentlich auch vor.

Das Leben in einer frei lebenden Pferdeherde ist jedoch wesentlich friedlicher, als auf den beengten Wiesen oder Paddocks unserer Hauspferde, die miteinander kämpfen, weil sie zu wenig Platz zum Ausweichen haben.

Laufen, um zu grasen

Frei lebende Pferde bewegen sich in langsamem Tempo gemächlich fressend über große Grasflächen. Über den Tag verteilt legen sie durchschnittlich Strecken von 30 bis 40 Kilometern zurück. Sie bewegen sich den ganzen Tag über, grasen bis zu 18 Stunden lang und dösen nur kurz im Stehen oder im Liegen.

Jungpferde haben darüber hinaus mehrere Stunden täglich Pferdesportunterricht. Sie rennen, steigen, gehen in die Knie und trainieren auf diese Weise ihre Geschicklichkeit, ihre Muskulatur … und freuen sich des Lebens.

Mustangs & Co.

Wilde oder halbwilde Ponyrassen leben in:
• Nordamerika – Mustang
• Australien – Brumbys
• Großbritannien – Exmoorponys und New Forest Ponys
• Frankreich – Camargues
• Deutschland – Dülmener und Koniks in Naturschutzprojekten

◀ Die Koniks verbringen jeden Tag viel Zeit damit, sich gegenseitig zu putzen, gerne an Stellen, an die sie selbst nicht so gut herankommen wie Mähnenkamm, Hals- und Brustbereich oder die Schweifrübe.

Bürste, Schwamm und Tuch

Ponys kommen über Körperkontakt miteinander ins „Gespräch". Das tägliche Putzritual vor und nach dem Reiten ist eine weitere Möglichkeit, sein Pony zu begrüßen. Man kann hierfür insgesamt locker 20 Minuten einplanen! Und die sollte man dann auch zusammen genießen.

In den Reitsportläden finden sich eine Vielzahl von Bürsten, Striegeln, Hufkratzern, Schwämmen und Kämmen. Die wenigen, die man wirklich braucht und benutzt, sollten gut in der Hand liegen und sich beim Putzen angenehm anfühlen.

Grober Schmutz

Geputzt wird von vorne nach hinten und von oben nach unten. Am besten beginnt man auf der linken Körperseite des Ponys oder Pferdes. Zuerst wird das Pferd gestriegelt. Mit dem Striegel kann man groben Schmutz entfernen. Da er relativ kräftig durchrubbelt, benutzt man ihn nur an Körperstellen, die gut durch Muskeln gepolstert sind.

Auch die grobere Wurzelbürste mit ihren harten Borsten eignet sich gut, um verklebtes oder verkrustetes Fell zu säubern.

Sanft geht's weiter

Nach dem Striegeln bürstet man sein Pony oder Pferd mit einer weichen Bürste, der Kardätsche. Diese Bürste ist auch für nicht so gut gepolsterte Körperbereiche ge-

Mein Freund, der Baum

Fellpflege allein oder besser doch zu zweit? Das verzückte Putzgesicht des Jährlings zeigt, dass der besondere Schubberbaum der Konikherde auch sehr gute Dienste leistet. Hier hat er seinen Freund, den Putzbaum, ganz für sich allein. Manchmal steht auch die halbe Herde um den Baum herum und schubbert sich!

▶ Mit Striegel, Wurzelbürste und Kardätsche säubert Clara ihr Pony sorgfältig. Ab und zu klopft sie den Striegel am Boden ab. Sunnys tiefe Kopfhaltung auf den unteren Bildern zeigt, dass sie sich wohl fühlt.

Putzzeug

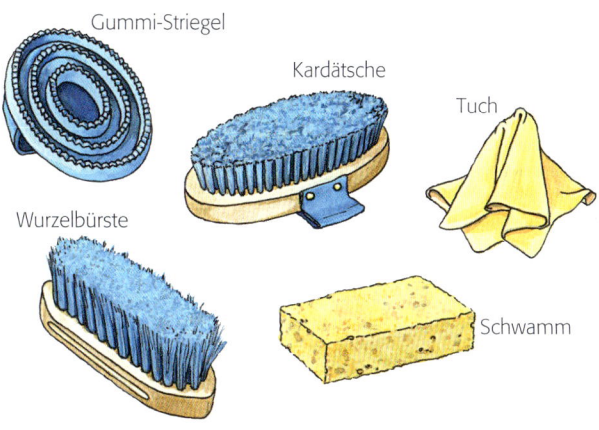

Gummi-Striegel

Kardätsche

Tuch

Wurzelbürste

Schwamm

eignet, zum Beispiel für die Beine, den Widerrist oder die Hüfthöcker und für den Kopf. Rund um Augen und Nüstern säubert man das Gesicht zusätzlich vorsichtig mit einem Schwamm.

Wenn die Beine mit der weichen Bürste nicht zu säubern sind, weil das Pony zum Beispiel durch tiefen Matsch gelaufen ist, wäscht man sie am besten mit handwarmem Wasser ab. Dazu kann man eine Waschbürste oder einen Schwamm benutzen.

Jeder so, wie er es mag!

Manche Pferde sind beim Putzen insgesamt sehr empfindlich. Sie stehen am ruhigsten, wenn sie nur mit weichen Bürsten, Tüchern oder einem Lammfellhandschuh gesäubert werden.

Andere Pferde oder Ponys wehren sich, wenn bestimmte Körperteile gesäubert werden sollen, z. B. die Innenseiten der Beine, der Bauch hinter dem Ellbogen, das Genick oder der Brustbereich. Oft sind sie dort verspannt und kitzlig, haben vielleicht Muskelkater oder Schmerzen. Nach ruhigem Abstreichen mit der Gerte oder geduldiger Massage legt sich ihre Abwehr meist.

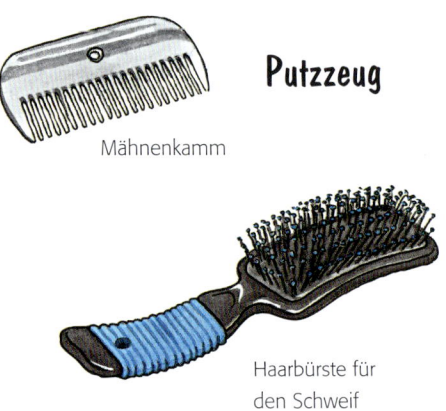

◀ Clara streicht die Mähnenhaare Strähne für Strähne nach oben aus. Sie entwirrt die Mähne dabei, entspannt aber auch die Muskulatur in Sunnys Mähnenregion.

Putzzeug

Mähnenkamm

Haarbürste für den Schweif

Haarpracht kurz oder lang

Mähne und Schweif des Ponys zu entwirren, entspannt. Die meisten Ponys genießen es, in Ruhe „frisiert" zu werden. Nur über das Zischen der Mähnensprays, die die Arbeit so wunderbar erleichtern, regen sie sich manchmal auf.

Haflinger, Isländer, Shettys und andere Ponyrassen wirken ohne langes Mähnenhaar seltsam verstümmelt. Reitponymähnen dagegen werden oft „verzogen", also gekürzt. So lassen sie sich leichter einflechten.

Ob kurz oder lang, die mit den Fingern entwirrte Mähne wird anschließend mit dem Mähnenkamm geglättet. Kurze, verzogene Mähnen können auch mit der Mähnenbürste durchgebürstet werden.

Ein schöner Schweif

Um den Schweif zu ordnen, stellst du dich seitlich neben die Hinterhand des Ponys. Du greifst dir das Schweifende, nimmst es zur Seite, zupfst die Schweifhaare auseinander und entfernst Heu, Stroh oder kleine Zweige. In der Reitersprache nennt man das „den Schweif verle-

▼ Nachdem Clara Sunnys Mähne mit den Fingern entwirrt hat, kämmt sie sie mit dem Mähnenkamm durch. Aufmerksam hat Sunny ihr linkes Ohr auf Claras Hände gerichtet.

sen". Wenn man ein Pony wirklich gut kennt, kann man sich zum Schweifverlesen auch hinter das Pony stellen. Schweifhaare wachsen sehr langsam. Daher sollte man den Schweif nicht durchbürsten. Er wird nur mit der

▲ Mit dem Schwamm säubert Clara Sunnys Augen und ihre Nüstern. Um Beine, Hufe und Pferdepo zu säubern, brauchst du zwei weitere Schwämme, am besten in verschiedenen Farben.

▲ Wenn alles fertig geputzt, gekämmt, gebürstet und mit dem Schwamm gesäubert ist, wird das saubere Pony noch einmal mit einem sauberen Tuch oder einem Lammfell „poliert".

◀ Clara verliest Sunnys Schweif mit der Hand. Gebürstet wird hier nur selten. Schweifhaare sind kostbar! Manche Pferde tragen sogar ein Schweiftoupet.

Mosquero, ein Kopf-schmuck aus Pferdehaar

Kostbarer Schnurrbart

Die Tasthaare am Maul des Pferdes sind ein wichtiges Sinnes-organ. Es ist tierschutzwidrig und verboten, sie abzuschneiden oder zu clippen.

Hand verlesen und gelegentlich gewaschen. Früher wurde das „Dach" aus Haaren an der Schweif-rübe sorgfältig rasiert. Heute sieht man dies nur noch nur noch selten. Die seitlichen Schweifrübenhaare dienen dazu, den Regen abzuhalten. Genau wie die Haare in den Ohren der Pferde sollten sie nicht entfernt werden.

Zu guter Letzt

Nachdem Mähne und Schweif entwirrt und gesäubert sind, fährt man am Ende noch einmal mit einem Woll-tuch oder einem Schaffellhandschuh über das gesamte Pferdefell bis hinunter zu den Hufen. Und nicht verges-sen: Bürsten, Tücher, Schwämme und Kämme müssen sorgfältig gesäubert, weggeräumt und verwahrt werden.

◀ Gut zu sehen ist der kleine harte Huf dieses Fohlens, das sein Leben lang ohne Hufbearbeitung auskommen und durch die natürliche Lebensform und dauernde Bewegung dennoch ideale Hufe haben wird.

Hufeisen

Hufe – hart und doch empfindlich

Hufe geben

Junge oder wilde Pferde geben ihre Hufe ungern – schließlich brauchen sie sie zum Wegrennen. Erst allmählich lernen sie, die Hufe auf ein Signal des Menschen hin zu geben.

„Ohne Huf kein Pferd" lautet ein Sprichwort in Reiterkreisen. Die Hufe des Pferdes zu kontrollieren, zu säubern und zu pflegen ist ein wichtiger Programmpunkt im Reiteralltag – egal, ob das Pferd Hufeisen oder Hufschuhe trägt oder ob es barfuß läuft.

Hufe kontrollieren

Vor jedem Ritt werden die Hufe ausgekratzt. Erfahrene Ponys heben ihre Hufe dabei schon höflich und in der richtigen Reihenfolge an, erst die Vorderhufe und dann die Hinterhufe. Sie sind die geeigneten Kandidaten, um das richtige Aufheben und Absetzen des Hufes in Ruhe zu üben.

Sie ziehen ihre Hufe auch nicht gleich wieder weg. So hat man genug Zeit, nicht nur die Sohle und die Strahlfurchen, sondern auch die weiße Linie auszuräumen und von kleinen Steinchen zu befreien.

Nach dem Ritt werden die Hufe wieder mit dem Hufkratzer gesäubert. Poröse, rissige und ausgebrochene Hufe werden mit einer Huflotion oder mit Huföl behandelt.

Schmiede – so wichtig wie der Zahnarzt!

Alle sechs bis zehn Wochen müssen die Hufe von einem Schmied ausgeschnitten werden. Ponys und Pferde mit empfindlichen Hufsohlen oder anderen Hufproblemen werden im gleichen Abstand neu beschlagen.

Vor Wanderritten oder bei häufigen Ausritten auf sandigen, steinigen oder asphaltierten Wegen empfehlen die

Huföl selbst gemacht

Aus einer Tasse Olivenöl, einem Teelöffel Lorbeeröl und einem Teelöffel dünnflüssigem Honig kann man sich ein prima Huföl zusammenrühren und es nach dem Anfeuchten der Hufe aufbringen. Einige Tropfen Lavendel- oder Teebaumöl in der Mischung wirken zusätzlich desinfizierend. Huföl oder -fett immer auf den nassen Huf reiben, das Hufhorn trocknet sonst aus! Glänzende Hufe bekommt dein Pony, indem du sie mit einer halbierten Zwiebel abreibst.

Querschnitt eines Hufes

1 Fesselbein
2 Kronbein
3 Strecksehne
4 Hufbein
5 Strahlbein
6 tiefe Beugesehne
7 Hornkapsel
8 Hufeisen
9 Hufnägel

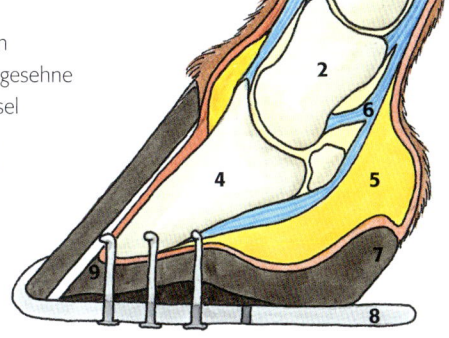

Hufschuhe

Die Hufnägel werden in den Bereich der „weißen Linie" genagelt und laufen schräg wieder aus der Hufwand heraus, was dem Pferd normalerweise nicht weh tut.

▼ Clara pinselt Sunnys feuchte Hufe mit Huffett ein. Auch Huföl oder -lotion pflegen das Hufhorn. Achte darauf, wie das Fett riecht. Ranziges Fett riecht muffig. Es schadet den Hufen.

Hufkratzer

meisten Schmiede ebenfalls Hufeisen. Die Eisen verhindern, dass das Hufhorn zu schnell abnutzt.

Manche Reiter und Schmiede schwören dagegen auf Hufschuhe. Eisen sind starr. Sie verhindern, dass sich der elastische Huf während des Laufens bewegen kann.

Im Gegensatz zu den Hufeisen, die auch dann am Huf bleiben, wenn das Pferd nicht geritten wird, werden Hufschuhe nur während des Rittes getragen. Sie müssen genauso sorgfältig angepasst werden wie Eisen, sind aber teurer und halten länger.

▼ Clara steht seitlich neben Sunnys Hinterteil und fährt mit der Hand von oben nach unten am Bein entlang. Sunny horcht nach hinten, hebt aber zuerst den falschen Huf an.

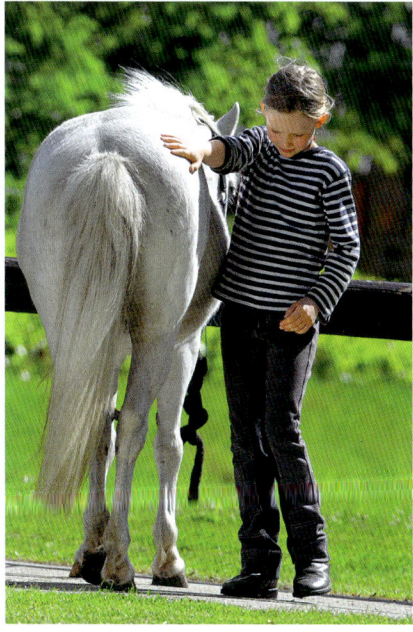

▲ So hält Clara Sunnys Hinterhuf sicher fest und steht selbst schön stabil. Das fühlt sich auch für Sunny gut an und sie zappelt nicht.

▼ Mit dem Hufkratzer und der Bürste werden die Sohle und die Strahlfurchen gesäubert.

◀ Begeistert planscht die zweijährige Stute mit den Hufen im Wasser. Wilde Pferde sind nicht wasserscheu. Schon als Fohlen spazieren sie hinter ihren Müttern in die Wasserstelle.

▼ Pferde in Freiheit können wählen, ob sie im Wasser oder im Staub baden möchten. Oft baden sie zuerst und panieren sich hinterher noch beim Wälzen. Das hält Insekten fern.

Seepferde und Staubbäder

Manche Pferde lassen sich in einen Bach oder eine andere Wasserstelle plumpsen, wenn sie die Möglichkeit dazu haben. Die meisten Pferde bevorzugen es jedoch, sich im Sand- oder Staubbad zu reinigen.

Menschen haben andere Vorstellungen von einem sauberen Fell als Pferde!

Trotzdem ist es unnötig, Pferde abzuseifen und zu duschen. Die Seife zerstört die natürliche Schutzschicht der Haut und macht das Pferd anfällig für Hautkrankheiten.

Kühlung inbegriffen

Ein verschwitztes Pferd kann im Sommer nach dem Reiten problemlos mit klarem Wasser erfrischt werden – wenn es das mag. Soll das Pferd hinterher wieder auf die Weide, kannst du dem Wasser einen Esslöffel Obstessig und einige Tropfen Nelken-, Teebaum , Pfefferminz- oder Geranienöl zusetzen. Diese Mischung pflegt die Haut und hält Insekten fern.

Auch das Abspritzen der Beine ist eine Möglichkeit, Pferde im Sommer nach getaner Arbeit abzukühlen oder verschmutzte Beine zu reinigen.

Am wundervollsten ist ein Bad im Teich oder Fluss! Mehr dazu auf Seite 258.

Mähnenspray selbst gemacht

In eine leere Flasche Mähnenspray (1000 ml) füllt man 750 ml Wasser, 50 ml Klettenwurzelöl aus dem Drogeriemarkt, 50 ml Franzbranntwein und 50 ml Obstessig. Diese Sommerversion des Mähnensprays wirkt auch gegen Insekten. Die Winterversion besteht aus 750 ml Wasser und 50 ml Babyöl. Wer mag, kann 50 ml Obstessig zufügen. Beide Sprays vor dem Auftragen gut schütteln, damit Öl und Wasser sich mischen.

▲ Wer keinen Schlauch zur Hand hat, kann den Schweif auch in einem Wassereimer waschen.

Putzzeug

Schweißmesser

Schwamm

Nach dem Abspritzen mit dem Schlauch oder dem Abschwammen, wie man das Waschen mit dem Schwamm nennt, zieht man das Wasser mit dem Schweißmesser aus dem Fell. Die Beine lässt man einfach so trocknen.

▲ Manche Pferde, so wie auch Katinka, sind anfangs nicht besonders begeistert vom Abspritzen, weil sie sich vor dem Wasserschlauch fürchten.

Extrapflege für den Schweif

Ist der Schweif verschmutzt, kann er mit einem milden Babyshampoo gewaschen werden. Hat man keinen Wasserschlauch zur Hand, wird der Schweif zunächst in einen Eimer Wasser eingetaucht. Dann wird das Shampoo einmassiert und in mehreren Eimertauchgängen mit jeweils frischem Wasser wieder ausgewaschen.

Am Ende wird Mähnenspray in den Schweif gesprüht, dann über Nacht ein dicker Zopf geflochten. Am nächsten Tag wird der Schweifzopf gelöst und verlesen. Dann sieht er üppig aus und glänzt herrlich. Bis zum nächsten Schlammbad.

Herz auf der Kruppe

Glanzmuster auf dem Fell kann man leicht selbst machen. Man kauft oder bastelt sich eine Schablone mit dem gewünschten Muster. Mein Olympiapferd Braxxi hatte schon Schachbrettmuster, Herzen oder den Bundesadler auf der Kruppe. Die Schablone legt man aufs Fell und bürstet mit einer mit Glanzspray befeuchteten Kunstbürste gegen den Haarstrich. Dann sprüht man Haarspray darauf, damit das Muster hält. Fertig!

◀ Der Konikhengst trägt eine natürlich gewachsene, zweifarbige Frisur mit Fransen und Strähnchen, die nicht nur perfekt schützt, sondern einfach super aussieht.

▲ Eine Flechtfrisur für lange Mähnen. Sie sieht hübsch aus und lässt sich wunderbar variieren. Man kann Blüten oder Krepppapier mit einflechten oder, wie rechts im Bild zu sehen, die Zöpfe zu einem Gittermuster verbinden.

Beim Friseur

Vor einem Turnier, einem Wettkampf oder auch nur einmal so nach dem gründlichen Kämmen, Verlesen oder Waschen werden Mähne und Schweif eingeflochten. Inzwischen sieht man auf Turnieren die unterschiedlichsten Flechtfrisuren, auch solche, die sich für langmähnige Ponys eignen.

Gleichmäßige kleine Zöpfchen bekommt man nämlich nur hin, wenn die Mähne vorher verzogen und ausgedünnt wurde.
Eine Maßnahme, die ein Reitponyreiter völlig normal findet. Ein Shetty- oder Haflingerfan würde sie seinem Pony andererseits auf keinen Fall zumuten! Die Welt ist eben bunt.

Für lange Mähnen eignen sich zum Beispiel spanische Zöpfe, die am Mähnenkamm entlang geflochten werden, oder einzelne lange Zöpfe, vielleicht mit einer Blume verziert oder zu einem Gittermuster miteinander verbunden. Bevor du mit dem Flechten beginnst, ist es eine gute Idee, dein Pony zu entspannen. Wenn sich das

Pony wohlfühlt, steht es auch geduldiger, und ein bisschen Geduld brauchen alle Beteiligten in jedem Fall.

Entspannung

Zur Entspannung der Mähnenregion gibt es verschiedene angenehme Massagegriffe aus dem Tellington-Training. Sie werden Tellington-TTouches oder TTouches (gesprochen „TiTatsches") genannt. Das Wort „Touch"

Einkaufszettel für Flechtfrisuren
- Mähnengummis in schwarz, weiß, gold oder natur
- breites Geschenkband in rot
- Zopfgummis
- Zutaten für Mähnenspray

▲ Diese klassische Zopffrisur für verzogene Mähnen wirkt mit den goldenen Zopfgummis sehr elegant.

▼ In die Mähne des Knabstruppers wurden Stoffstreifen oder dünne Schals aus tuffiger Seide eingeflochten.

◀ Ein schönes Zopfmuster für eine lange Mähne.

▲ Ein Andalusier mit spanischem Zopf und Mosquero als Haarschmuck.

▼ Greta teilt Kimberlys Mähne in gleich große Partien und flechtet zunächst einfache Zöpfe. Im zweiten Schritt biegt sie die Zöpfe zu einer hübschen kleinen Schlaufe.

stammt aus dem Englischen und bedeutet Berührung. Leicht zu erlernen ist das sogenannte Haargleiten. Es lockert Genick, Hals, Schultern und Rücken, fördert die Durchblutung und lindert den Juckreiz bei Sommerekzem.

Man trennt ein etwa fingerdickes Büschel Mähnenhaar ab und streicht es nach oben aus (siehe Seite 154). Büschel für Büschel arbeitet man sich so die ganze Mähne entlang.

Der Zug nach oben eignet sich gut für Ponys, die sich nicht gerne die Mähne verziehen lassen oder beim Reiten zu einer hohen Kopfhaltung neigen. Man kann das Mähnenhaar auch mit leichtem Zug nach unten ausstreichen. Am Schopf kann man nach oben oder nach unten entlanggleiten, je nachdem, was sich besser anfühlt. Probiere es aus.

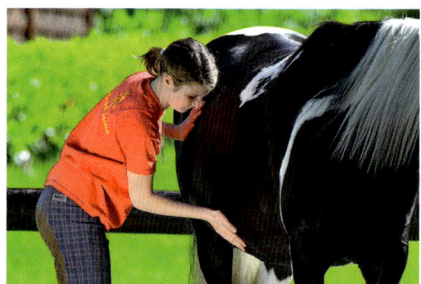

◀ Der Lama-TTouch wird mit der Rückseite der Hand oder den Fingern gemacht. Rosa zeigt ihn hier bei Katinka, die die TTouches sehr genießt. Diese Berührungen helfen kopfscheuen und berührungsempfindlichen Ponys, dir zu vertrauen.

◀ Der Anfang der „Leckenden Kuhzunge". Dieser streichende TTouch kann gut vor und nach dem Reiten gemacht werden! Mit dem Gesicht zum Pferd stehend streicht Rosa von der Bauchnaht …

Massage gefällig?

Neben dem Haargleiten und dem Abstreichen gibt es noch viele andere Massagegriffe oder TTouch-Berührungen aus dem Tellington-Training, die sich leicht ins Putzritual einbauen lassen. Sie haben schon vielen Ponys und Pferden geholfen, sich besser bewegen und konzentrieren zu können und ihrem Menschen tief zu vertrauen.

Viele dieser Berührungen sind kreisförmig. Dabei überlappen sich die Kreise ein wenig. Bei den kreisenden TTouches wird das Fell mit der Hand oder mit den Fingern bewegt. Dabei liegt die Hand federleicht auf und drückt nur ganz sachte. Es ist ein Unterschied, ob du übers Fell rutscht (so soll es nicht sein) oder ob man das Fell im Kreis bewegt (so soll es sein).

Waschbären und Kuhzungen

Du kannst den Waschbär-TTouch ganz gut auf dem eigenen Arm ausprobieren. Beim Waschbär-TTouch liegen nur die Fingerkuppen auf und bewegen die Haut. Diese Berührung eignet sich gut für kleinere Flächen wie das Gesicht, die Beine, die Ohren oder den Kronrand. Man kann Waschbär-TTouches auch sehr gut in eini-

gem Abstand rund um Schwellungen oder Verletzungen machen, denn sie fördern die Durchblutung und Wundheilung.

Sie werden so leicht ausgeführt, dass du gerade noch die Haut verschieben kannst. Beginne jeden neuen TTouch ein Stückchen neben der vorherigen Stelle.

Das „Lecken der Kuhzunge" ist ein flächiger TTouch, der das Pferd auf das Satteln vorbereitet.

TTouches fürs Turnier

Ich habe die Tellington-TTouches von Linda Tellington-Jones gelernt und ttouche und massiere meine Pferde zum Beispiel auf dem Turnier. Meist streiche ich ihre Ohren aus und massiere ihre Nüstern, das genießen sie. Auch Carmen, meine Pflegerin, ttoucht Braxxi, während ich schon mal den Parcours ablaufe.

▲ Am Rücken angekommen, streicht Rosa genauso fließend weiter bis zum Schweif. Sie macht dies ein paar Mal hintereinander. Bitte nicht vergessen: Ganz normal atmen! Dieser TTouch ist super für den Rücken des Pferdes.

▲ … in einer fließenden Bewegung über den Rumpf zum Rücken. In der Mitte des Rumpfes zeigen ihre Fingerspitzen nicht mehr nach unten, sondern nach oben.

 Rosa streicht Katinka am Ende noch einmal am ganzen Körper ab. Dieser TTouch heißt „Noahs Marsch".

Entspannung für Mensch und Tier

Am Ende einer Massage oder TTouch-Behandlung streichst du das ganze Pony mit der flachen Hand sanft von vorne nach hinten ab. Dieser TTouch wird „Noahs Marsch" genannt, weil alle TTouch-Tiere dabei miteinander verbunden werden: die Waschbären, Muscheln, Kühe, Lamas und alle anderen.

Manche Ponys mögen es anfangs nicht, berührt oder massiert zu werden, weil sie sehr verspannt sind. Abstreichen mit der Gerte oder Lama-TTouch-Kreise mit der Rückseite von Hand oder Fingern, wie Rosa sie oben links bei Katinka macht, helfen ihnen, dir zu vertrauen.

▶ **Tipp:** Auf Seite 170 findest du einen Test, der dir zeigt, wie es um das Körperbewusstsein deines Ponys bestellt ist.

Sunnys TTouch-Massage

Ich habe mir genau zeigen lassen, wie ich Sunnys Rücken massieren kann. Die TTouches sind leicht und fühlen sich gut an. Ich möchte, dass es Sunny schnell wieder besser geht (siehe S. 30), und wenn ich sie wieder reiten kann, will ich sie vor und nach dem Reiten massieren, damit sie gesund bleibt.

◄ Ein glänzendes Fell, blanke Augen und guter Appetit zeigen, dass Konikhengst Karl kerngesund ist.

▼ Clara fühlt den Puls von Trajan zwischen seinen Ganaschen, während Ute mithilfe der Stoppuhr des Handys die Zeit misst. Bei Trajan sind es vor dem Reiten 32 Schläge pro Minute.

Wie geht's?

Als Fluchttiere versuchen Pferde so lange wie möglich zu verbergen, dass sie krank sind. Anders als Hunde winseln sie nicht. Pferde geben keine Schmerzlaute von sich. Wenn sie nicht gerade husten, stark lahmen oder heftige Bauchschmerzen haben, muss man schon genau hinschauen, um zu entdecken, dass sie krank sind.

Manche Menschen, auch Kinder, haben die Gabe, sofort beim Betreten eines Stalles zu spüren, dass es einem Pferd nicht gut geht.
Verschiedene Punkte helfen außerdem, regelmäßig die Gesundheit des Pferdes zu überprüfen.

Sehen und fühlen

Vor und nach jedem Ritt solltest du am Pferderücken und an den Pferdebeinen entlangfahren und sie auf warme oder geschwollene Stellen oder Wunden untersuchen. Auch die Hufe solltest du gründlich reinigen und kontrollieren.
Die Gesundheit der Haut kann man am besten beim

Gesundheit ist messbar

PAT-Werte nennt man die Werte für Puls, Atmung und Temperatur. Sie werden auch bei Distanz- oder Vielseitigkeitsritten ermittelt.

Bei einem erwachsenen Pferd beträgt der Ruhepuls zwischen 28 und 40 Schlägen pro Minute. Bei Stress oder nach großer Anstrengung kann er auf bis zu 200 Schläge ansteigen!

Ein erwachsenes Pferd macht pro Minute etwa 8 bis 16 Atemzüge. Bei Stress oder großer Anstrengung beschleunigt sich die Atmung auf bis zu 100 Atemzüge.
Die normale Körpertemperatur eines erwachsenen Pferdes liegt bei 37,5 bis 38,2 Grad. Bei Anstrengung steigt sie auf bis zu 40 Grad.

Nach zehn Minuten Pause sollten sich die Werte wieder an die Ruhewerte angeglichen haben.

▲ Spiegel einer gesunden Verdauung sind nicht zu feste und nicht zu weiche Pferdeäpfel.

▶ Clara misst Trajans Temperatur. Das Thermometer sollte an einem Band befestigt sein, damit es nicht ins Pferd rutschen kann!

▼ Leuchtende Augen, glänzendes Fell, gespitzte Ohren, ein kraftvoller Galopp, der auch in den Übergängen zum Trab nicht „humpelig" aussieht. – Nini ist ganz offensichtlich fit und zufrieden!

Bauchschmerzen = Kolik

Eine leichte Kolik erkennt man daran, dass die Ponys oder Pferde die Ohren leicht zurücknehmen, scharren, unruhig sind, sich direkt nach dem Fressen hinlegen oder gar nicht erst fressen. Wenn die Schmerzen stärker werden, schauen die Pferde nach ihrem Bauch, flehmen, treten nach dem Bauch oder wälzen sich. Egal, ob die Kolik leicht oder schon stärker ist, man sollte sofort den Tierarzt rufen!

Putzen überprüfen und erhalten. Abgescheuertes Mähnen- oder Schweifhaar ist oft ein Zeichen für Parasiten wie Würmer oder Haarlinge, kann aber auch auf eine Allergie hindeuten.

Guter Appetit und gut geformte Pferdeäpfel sind ein Anhaltspunkt für eine gute Verdauung.

Dauert eine Erkrankung länger an, verlieren die Augen und das Fell des Pferdes an Glanz. Die Augen schauen scheinbar nach innen, das Fell wirkt stumpf. Das Pferd ist lustlos und müde, vielleicht aber auch gereizt, aggressiv oder schlecht gelaunt.

▶ **Tipp:** Wie ein Huf aufgebaut ist, steht auf Seite 157.

Sunny hat Rückenschmerzen

Sunshine, die Schimmelstute

Clara und Sunny sind ein tolles Team. Nachdem Claras Pflegepony Lily an Altersschwäche gestorben war, dauerte es etwas, bis ihre erste Trauer nachließ.

Dann lernte Clara Sunshine kennen, eine temperamentvolle, pfiffige und flotte Schimmelstute. Sie pflegt und reitet sie jetzt, so oft es irgendwie geht. Sogar am Nordseestrand sind die beiden schon zusammen gewesen!

Reitfotos – leider nicht mit Sunny!

Keine Frage, dass sie auch beim Fototermin für dieses Buch dabei sein wollten!

Doch nach der ersten halben Stunde des ersten Nachmittags begann Sunny, im Trab zu buckeln. Huch, was war das? Schnell durchparieren in den Schritt! Dann ein paar heftige Buckler im Schritt und Clara landete im Sand der Reitbahn. Was war geschehen? Sunny hatte doch sonst nie gebuckelt!

Gute Besserung

Nach dem Fototermin wurde Sunny einige Wochen lang nicht geritten. Sie bekam Akupunktur-behandlungen, Clara machte Bodenarbeit mit ihr und massierte und ttouchte sie.

Vor allem jedoch wurde ihr Sattel neu angepasst. Gebuckelt hat Sunny seitdem nicht mehr. Musste sie ja auch nicht. Wir haben ihr ja zugehört!

Schwellung

Sattelcheck

Beim Überprüfen des Sattels fanden wir eine handtellergroße Schwellung hinter der Sattella-ge, die du auch auf dem Foto erkennen kannst. Sunnys Sattel passte nicht mehr zur Form ihres Rückens und das tat weh.

Wir legten einen anderen Sattel auf, der besser auf Sunnys Rücken passen sollte. Aber als Clara noch einmal aufsaß, machte Sunny zuerst die Augen zu, dann flehmte sie ein bisschen, schließlich doller und mit gestrecktem Hals. Clara sprang wieder ab.

Auch mit diesem Sattel fühlte Sunny sich nicht wohl. So konnte sie also am Fototermin nicht als Reit-, sondern nur als Pflege- und Bodenarbeits-pony teilnehmen.

Bodenarbeit

Mit Pferden an der Hand zu arbeiten, wird immer beliebter. Zu Recht, denn Bodenarbeit eignet sich für alle und für jeden. Sie passt zu so vielen Menschen und Pferden oder zu Situationen, in denen Reiten keine gute Idee ist.

Hat man zu wenig Zeit zum Reiten? Bodenarbeit. Ist das Pferd zu alt oder der Reiter noch ungeübt? Bodenarbeit. Ist das Pferd zu jung oder der Reiter gelangweilt? Bodenarbeit. Haben Pferd oder Reiter Rückenschmerzen? Bodenarbeit.

Versteht das Pferd nicht, wie man rückwärts geht, hat es am Vortag viel getan oder wurde es eine Zeit lang gar nicht geritten? Bodenarbeit.
Möchte man etwas besonders Lustiges oder Ruhiges, Spannendes oder Entspannendes mit dem Pferd unternehmen? Bodenarbeit. Ist der Reitplatz voller Pfützen? Bodenarbeit. Die Liste lässt sich beliebig verlängern, du wirst schon sehen!

◀ Rosa im Gleichschritt mit Trajan bei der lösenden Bodenarbeit vor dem Reiten.

▲ Gähnende Leere – ein völlig leerer Platz! Vergleiche dieses Foto mit dem Bild nach dem Aufbau der Bodenhindernisse.

Halfter, Strick und Gerte

Für die Bodenarbeit braucht man ein wirklich gut passendes Halfter. Schlabberig sitzende Halfter können verrutschen, auf einer Seite kann der Backenriemen des Halfters dann zu nah an das Auge geraten – das ist unangenehm für das Pferd.

Manche Halfter kann man nicht nur am Kehl-, sondern auch am Kinnriemen verstellen. Da man bei der Bodenarbeit genau wie beim Reiten fein einwirken möchte, sind solche verstellbaren Halfter am besten geeignet, denn sie passen richtig verschnallt dann wirklich genau an den Kopf.

Führleine

Der Führstrick für die Bodenarbeit hat keinen Panikhaken, sondern einen Karabinerhaken. Panikhaken sind gut geeignet, um ein Pferd anzubinden. Beim Führen gehen sie aber manchmal versehentlich auf, wenn das Pony den Kopf ruckartig bewegt. Das kann zu brenzligen Situationen führen! Man kann auch ein Seil benutzen, das gar keinen Haken hat: Du kannst es mit einem Sicherheitsknoten am Halfter befestigen. Diese Seile haben den Vorteil, dass man sie über den Nasenriemen des Halfters führen kann. Sie sind in jedem Baumarkt zu haben. Eine gute Seillänge sind drei Meter.

Bodenarbeit – aber sicher

• Trage bei der Bodenarbeit feste Schuhe, um deine Füße zu schützen.

• Auch Handschuhe sind empfehlenswert.

• Wickle dir das Führseil niemals um die Hand, sondern nimm es in Schlaufen auf, die du jederzeit loslassen kannst, sollte dein Pony einen Satz machen oder den Kopf hochreißen.

• Nimm das Führseil in beide Hände. Wenn dein Pony sich aufregt, kannst du ganz schnell einen Sicherheitsabstand zu ihm herstellen. Außerdem bist du so selbst besser im Gleichgewicht.

Gerte

Panikhaken

Karabinerhaken

Halfter

Stiefel

▶ Plastik, eine stabile Kiste zum Draufklettern, Hütchen-Slalom, Stangen-Mikado und Gasse verwandeln den Platz in einen Spielplatz! So macht Bodenarbeit Spaß!

▼ Levke fädelt die sogenannte Lamaleine in Sir Henrys Halfter. Es ist wichtig, die Leine über dem Nasenriemen des Halfters überkreuzen zu lassen. Daher läuft die Leine von oben nach unten …

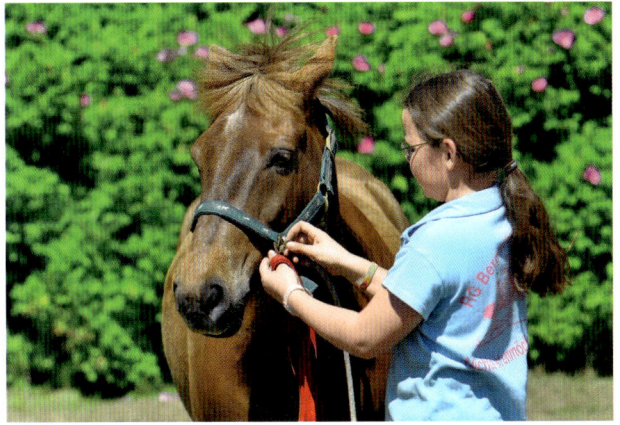

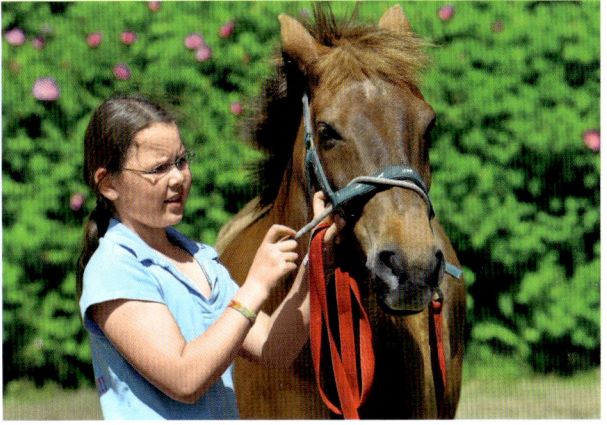

Zauberstab

Wir benutzen außerdem eine Dressurgerte als verlängerten Arm. Sie ist 1,10 bis 1,20 Meter lang. Man kann sie einsetzen, um das Pferd abzustreichen oder sein Tempo zu verändern. Ist es zu schnell, tickt die Gerte vor der Brust zum Abbremsen an, ist das Pony zu langsam, tickt die Gerte am hinteren Rumpf zum Beschleunigen an. Kommt es dir zu nahe, bewege die Gerte wie einen Scheibenwischer hin und her, damit hältst du dein Pony auf Abstand. Da die Gerte sowohl beschleunigend als auch beruhigend wirken kann, wird sie auch „Zauberstab" genannt.

Schuhzeug und Handschuh

Für das Gelassenheitstraining und andere Bodenarbeitsübungen empfehle ich, feste Schuhe und Handschuhe zu tragen. Helm und Reitweste braucht man in der Bodenarbeit nicht, manche empfehlen aber auch dies.

▶ **Tipp:** Übungen aus dem Gelassenheitstraining findest du auf Seite 182 und 184.

▲ … in den Ring, dann quer über die Nase und wieder von oben nach unten heraus. Außen wird sie am Backenstück des Halfters hochgezogen und im oberen Ring eingehakt. So kann sie …

▼ … sich nicht zuziehen. Benutze die auf der Ponynase überkreuzte Leine immer zusammen mit einer Gerte. So kannst du auch auf etwas eigensinnigere Ponys gut einwirken.

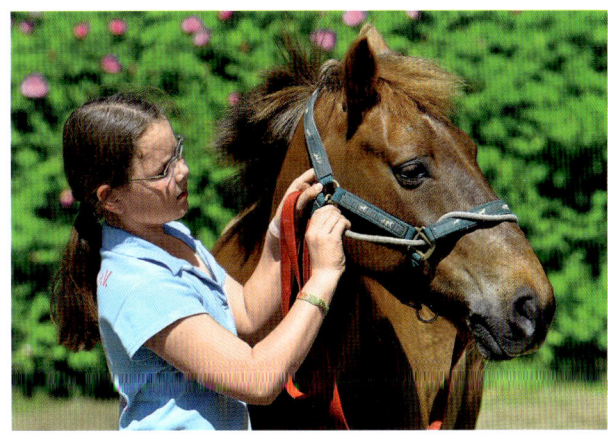

◀ Es macht echt Spaß, das Führen auch aneinander zu üben. Versucht diese Übung auch einmal mit Halfter, oder, wenn ihr weniger wild aufgelegt seid, mit verbundenen Augen.

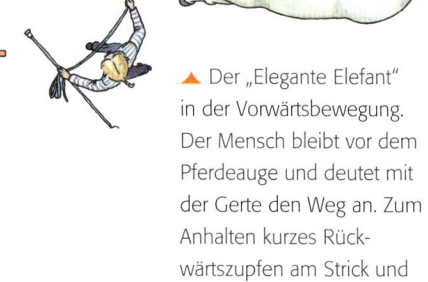

▲ Der „Elegante Elefant" in der Vorwärtsbewegung. Der Mensch bleibt vor dem Pferdeauge und deutet mit der Gerte den Weg an. Zum Anhalten kurzes Rückwärtszupfen am Strick und Gertentupfen an der Brust.

Pferde richtig führen

Tiere als Paten

Linda Tellington-Jones hat nicht nur gute Ideen zu Berührungen, die Stress und Körperspannung bei Ponys und Pferden verringern, sodass sie ruhiger und konzentrierter mitarbeiten. Sie hat auch als erste Pferdetrainerin den Wert der Bodenarbeit wiedererkannt und ein ganzes Bodenarbeitssystem entwickelt. Als Tierfreundin hat sie den unterschiedlichen Übungen Tiernamen gegeben.

Bodenarbeit mit Hengsten

Bodenarbeit gehört für mich zur Erziehung von Pferden dazu. Vor allem mit Hengsten mache ich Führarbeit am langen Strick. Wir üben zum Beispiel den Gleichschritt und den Wiegeschritt, das ist der Wechsel von einem Schritt vorwärts, rückwärts, vorwärts. Hengste reagieren auf das Antippen an der Brust mitunter gereizt, da sie sich im Rangordnungsspiel gegenseitig in die Brust beißen.

Elegant wie ein Elefant

Zum ersten Ausprobieren eignet sich der „Elegante Elefant". Er heißt so, weil die Gerte zum Losgehen und Anhalten hin und her bewegt wird wie ein Elefantenrüssel und die in Schlaufen gehaltene Leine an ein Elefantenohr erinnert.
Beim Führen bleibt man immer ein wenig vor dem Pferdeauge. Kommt man nämlich hinter das Pferdeauge, wirkt man treibend und das Pferd wird schneller.

Anhalten

Wenn man anhalten möchte, geht man nach dem Wortsignal „Halt" noch weiter mit dem Pferd mit. Bleibt man sofort nach dem Kommando „Halt" stehen, wickelt sich das Pferd beim Anhalten entweder um einen herum oder es hält gar nicht erst an.

Zusätzlich zum Wortsignal „Halt" zupft man am Führseil leicht nach hinten, bewegt die Gerte auf den Pferdekopf zu und tippt das Pferd mit der Gerte an der Brust an. Den Ellbogen setzt man zum Bremsen nicht ein! Hat das Pferd die Signale verstanden, wird es nach einiger Zeit reichen, nur noch die Gerte in Richtung Pferdebrust zu bewegen und „Halt" zu sagen. Beim entspannten Anhalten schnellt der Pferdekopf nicht nach oben. Idealerweise steht das Pferd wie ein Tisch, mit einem „Bein in jeder Ecke".

◀ Rosa führt Trajan in der Führposition „Eleganter Elefant" über die Stangen. Aufmerksam gehen beide vorwärts. Bei der Bodenarbeit müssen sich beide genau wie beim Reiten konzentrieren.

◀ Trajan geht auf das Tippen am Bein hin schön diagonal rückwärts. Schau dir sein rechtes Hinterbein an, das ebenfalls zurückgeht. Super, Trajan!

▶ Rosa hat Trajan mit einem Zupfen am Führseil und dem Gertensignal an der Brust angehalten. Dabei ist sie vor seinem Kopf geblieben, so soll es sein.

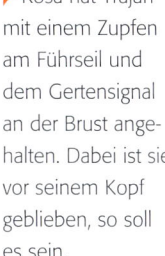

▲ Levke geht energisch auf Sir Henry zu und übt mit ihrer Hand an seinem Hals sanft Druck nach hinten aus. Henry reagiert. Guter Junge!

Losgehen

Zum Losgehen zupft man am Führseil leicht nach vorne und spricht das Wortsignal, zum Beispiel „Und Scheerittt". Tritt das Pferd nicht an, kann man es zusätzlich mit der Gerte am hinteren Bauch antippen. Dort würde man auch das Bein anlegen, um das Pferd vorwärts zu treiben. Das über die Nase geführte Führseil wird genauso vorsichtig benutzt wie ein Zügel.

Nach dem Zupfen zum Anhalten oder zum Antreten lässt man sofort wieder locker. Wenn man vergisst, nachzugeben, ist das Seil ständig straff, und die Pferde reagieren nicht mehr auf feine Signale oder beginnen sogar, genervt am Seil zu ziehen oder mit dem Kopf zu schlagen.

▶ **Tipp:** Wie sich das Anhalten vom Boden aus und das Anhalten aus dem Sattel gleichen, kannst du auf Seite 238 überprüfen.

Rückwärts

Das Rückwärtsgehen übst du am besten zuerst vom Boden aus. Viele Ponys gehen nicht besonders gern rückwärts. Manchmal ist das der Grund dafür, warum sie nicht gern in den Pferdeanhänger gehen. Woher sollen sie auch wissen, ob hinter ihnen nicht plötzlich ein gefährlicher Sumpf oder gar eine Schlange aufgetaucht

ist? Beim Üben brauchst du Geduld und Ruhe. Wenn dein Pony dann irgendwann zügig rückwärtsgeht, zeigt das auch sein tiefes Vertrauen zu dir. Stell dich mit etwas Abstand vor dein Pony. Schau dir nun seine Vorderbeine an. Steht es nicht in „Tischstellung" mit parallel aufgestellten Hufen, tippst du das Vorderbein an, das etwas vor dem anderen steht. Gleichzeitig legst du eine Hand auf die Pferdenase, übst sanften Druck aus, gehst energisch auf dein Pony zu und sagst „Und zu-rück". Wenn ihr beide noch nicht so vertraut mit dem Rückwärtsgehen seid, genügt ein einziger Schritt rückwärts! Mach sofort eine Pause und lobe dein Pony mit großer Begeisterung!

Bei besonders zögerlichen Rückwärtsgängern lobst du sofort, wenn du nur das Anheben eines Vorderbeins oder die Gewichtsverlagerung nach hinten siehst. Mit zunehmender Übung und wachsendem Vertrauen darfst du auch mehr von deinem Pony verlangen. Ihr könnt üben, eine ganze Pferdelänge rückwärtszugehen oder sogar rückwärts durch das Stangen-L zu kommen.

◀ Schau dir Ninis aufmerksam auf Marcel gerichtetes Ohr an! Die beiden befinden sich mitten in einer Bodenarbeitsunterhaltung und man sieht, dass sie sich wirklich gut verstehen.

▼ Auf dem oberen Bild hat Rosa Trajan angehalten. Oft stehen Ponys ruhiger, wenn man ihnen nicht zu nahe kommt. Die beiden unteren Bilder zeigen, wie du dein Pony mit mehr Abstand führen kannst. Rosa bleibt dabei immer schön weit vorne und sorgt mit der Gerte dafür, dass Trajan in seiner Spur bleibt. Sie tippt ihn etwa eine Handbreit hinter seinem Ohr an oder bewegt die Gerte wie einen langsamen Scheibenwischer zwischen sich und dem Pony.

Tempo und Abstand

Verschiedene Ponys haben ein langsames oder schnelles Grundtempo. Andere haben es nur dann eilig, wenn sie geführt oder geritten werden. Oder sie rühren sich beim Gehen kaum vom Fleck. Das Tempo eines Ponys beeinflussen zu können, ist beim Führen genauso wichtig wie beim Reiten. Und wenn es beim Führen erst einmal gut klappt, gelingt es auch beim Reiten leichter!

Eilige Ponys werden zuerst im „Eleganten Elefanten" geführt. Durch Zupfen und Nachgeben lassen sie sich vor allem dann gut verlangsamen, wenn die Gerte immer wieder langsam auf sie zu bewegt wird. Diese langsame Bewegung bekommt man am besten hin, wenn man sich vorstellt, die Gerte dabei durch Wasser zu ziehen.

Anmutiger Gepard

Reagiert dein Pony schon gut auf alle feinen Signale zum Antreten und Anhalten, kannst du beim Führen etwas mehr Abstand zu ihm halten. Diese Führübung heißt „Anmutiger Gepard". Sie eignet sich gut für Po-

▲ Trajan geht zufrieden in seiner Spur. Beachte den Abstand zwischen den beiden und die durchhängende Führleine. Sie hilft dem Pony, gerade zu laufen und selbstsicher zu werden.

◀ Malte führt Aron hier im Slalom in eine Wendung nach innen, auf sich zu. Vor dem Reiten macht der Slalom oder das Führen von Achten das Pony locker. Achte dabei auf den Abstand!

▲ Hier führt Rosa Trajan von rechts. Auch wenn die beiden sich erst daran gewöhnen mussten, ist das Führen von rechts eine wichtige Übung für das Gleichgewicht von Pferd und Mensch.

nys, die gern drängeln oder alles ins Maul nehmen wollen, und hilft ihnen, unabhängiger und aufmerksamer zu werden. Im „Anmutigen Geparden" werden die Signale nur mit Körpersprache, Stimme und Gerte gegeben.

Wenden

In der Bodenarbeit führt man Wendungen nach außen und nach innen durch. In Wendungen nach außen, also von sich weg, muss man ein bisschen schneller gehen oder größere Schritte machen als das Pony. Auf diese Weise bleibt man weiter vor dem Pferdeauge und kann den Ponykopf dirigieren.

Wendungen nach innen sind bei FN-Prüfungen wie der Gelassenheitsprüfung, dem Reitabzeichen oder dem Reitpass ebenso tabu wie das Führen von rechts.

Links und rechts

In der alltäglichen Bodenarbeit ist es jedoch sinnvoll, von rechts zu führen und nach innen zu wenden! Geführte Wendungen von links und rechts sind eine super

Gymnastik für das Pony. Schlangenlinien und Achten in der Bodenarbeit machen geschmeidig und helfen dem Pony, ins Gleichgewicht zu kommen, gerader zu werden und ein einheitliches Tempo beizubehalten.

Bei den Wendungen nach innen muss man allerdings aufmerksam auf den eigenen Abstand zum Pony achten. Ist der Abstand zu gering, besteht die Gefahr, dass der Ponyhuf auf dem Menschenschuh landet – und das tut weh!

Gewichtige Hufe

Ein großes Pony wiegt etwa 450 Kilogramm. Das macht pro Vorderhuf um die 125 Kilogramm, denn die Vorhand trägt immer etwas mehr Gewicht als die Hinterhand. Dies ist auch der Grund dafür, dass du im Zusammensein mit Pferden feste Schuhe tragen solltest.

Behalte die Ponyhufe immer aufmerksam im Blick. Ein Pony tritt schnell mal zur Seite und sieht dann oft nicht, dass dein Fuß genau da steht, wo es seinen Huf hinstellt.

◀ „Halt! Die Schranke ist zu." Trajan schaut sich die beiden Gerten an, die ihm den Weg versperren. Finja und Rosa stehen schön weit vorne, aber etwas zu dicht am Pferd.

▼ Rosa und Finja sprechen sich ab, wo sie anhalten, wann sie losgehen und wo es als Nächstes hingeht. Sie sind schön weit vorne, könnten aber etwas mehr Abstand zu Trajan halten.

Führen zu zweit

Ponys von zwei Seiten gleichzeitig zu führen, ist eine wichtige und wunderbare Übung. Das hat mehrere Gründe. Die „Brieftaube", wie das Führen von beiden Seiten in der Tellington-Methode genannt wird, wirkt beinah wie Medizin und ist in ihrer Heilkraft mit dem TTouch durchaus vergleichbar. Woher kommt das?

Beide Seiten

Pferde benutzen, genau wie Menschen, ihre Augen unterschiedlich und bevorzugen ein Auge. Auch Hände, Füße, Hufe, Arme und Beine werden ja unterschiedlich eingesetzt und dagegen ist auch nichts einzuwenden. Manchmal führt diese Schiefe aber dazu, dass Pferde unsicher, unruhig oder aggressiv sind. Die Schiefe ist dann zu ausgeprägt und beeinflusst das körperliche und seelische Gleichgewicht negativ.

Bodenhindernisse auf beiden Seiten helfen dem Pferd, ins Gleichgewicht zu kommen. Verstärkt wird diese Wirkung noch, wenn das Pferd dabei von beiden Seiten geführt wird.

Zeichen für Schiefe beim Pferd

- Kann einen Vorder- oder Hinterhuf nicht gut geben,
- lässt sich besser von links als von rechts führen,
- kann Zirkel oder Volten links oder rechts herum besser,
- scheut häufiger vor Dingen, die auf der rechten oder linken Seite sind,
- kann dem linken Schenkel besser weichen als dem rechten,
- galoppiert rechter oder linker Hand häufig falsch an.

Linkes oder rechtes Auge

Wenn du herausfinden möchtest, welches dein stärkeres Auge ist, schaue durch einen Kreis hindurch, den du aus Daumen und Zeigefingerspitze formst. Halte die Hand mit dem Kreis in etwa 30 cm Entfernung vor deine Augen und schaue durch den Kreis hindurch auf einen kleineren Gegenstand, der sich in etwa zwei Metern Entfernung befindet. Nun schließe abwechselnd dein linkes und rechtes Auge.

Das Auge, mit dem du den Gegenstand noch sehen kannst, ist dein Führungsauge. Bei deinem anderen Auge rutscht der Gegenstand an den Rand des Kreises oder verschwindet sogar ganz daraus.

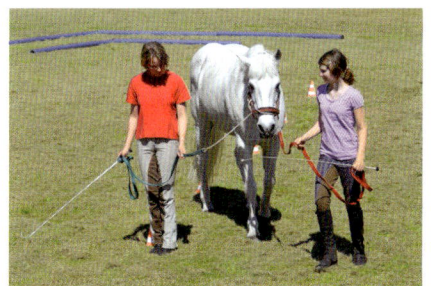

▼ Die Gerten weisen nach rechts. Rosa ist gerade die „Bestimmerin" und sagt die Wegstrecke an. Trajans inneres, rechtes Ohr ist auf „Empfang" geschaltet.

▲ Beim Führen von Kurven muss man außen große Schritte machen, während man innen fast auf der Stelle steht und das Pony etwas zurückhält. Auf dem Bild ist Rosa außen.

▲ Alle paar Schritte stoppen Finja und Rosa Trajan zwischen den Stangen und halten ihm dabei die Gerten als Bremse in den Weg. Beim Losgehen geben die Gerten den Weg frei.

Brieftaube

Zunächst einmal sprechen die beiden Menschen sich ab, wer von beiden „Bestimmer" ist. Der „Bestimmer" gibt die deutlicheren Signale ans Pferd, überlegt sich die Wegstrecke und sagt ständig Sachen wie „Vor der roten Stange halten wir an, dann gehen wir über die drei Stangen und danach wenden wir nach links ab."

Damit das Pferd genügend Kopffreiheit hat, bleiben die beiden Führpersonen etwa eine Gertenlänge weit weg vom Pferd.

Es ist wichtig, dass sie sich immer sehen und absprechen können, wo sie hingehen und wann sie anhalten oder weiterlaufen. Sie bleiben also vor dem Kopf des Pferdes und zwar auch dann, wenn sie anhalten wollen.

Zum Anhalten gibt der Bestimmer das Stimmsignal, wendet sich zum Pferd und führt die Gerte aufs Pferd zu, läuft aber so lange weiter, bis das Pferd steht.

Spaß zu dritt und zu viert

Kniffelig ist die „Brieftaube" vor allem in Wendungen. Während der eine besonders große Schritte machen muss, bleibt der andere fast auf der Stelle stehen und sorgt dafür, dass auch das Pferd langsam und kontrolliert wendet.

Auch ganz praktische Gründe sprechen für die „Brieftaube". Diese Führposition ist eine gute Möglichkeit, unerfahrenen Freunden das Führen von Ponys beizubringen oder mit vielen Kindern und wenig Ponys Spaß zu haben.

Setzt man noch ein Kind auf den Ponyrücken, mit Helm natürlich, ist man schon zu viert am Spielen. Alle Kinder können immer mal die Position wechseln und verschiedene Spielideen durchprobieren.

◀ Damit ein Pony so engagiert über Stangen traben kann, hilft ihm die Bodenarbeit ohne Reiter. Malte lässt Aron genügend Kopffreiheit. Und Aron macht toll mit.

Stangen-L

Stangentraining

Hindernisstangen bereichern die Bodenarbeit sehr. Man kann sie in unterschiedlichen Mustern oder einzeln legen. Sie helfen dem Pferd, seinen Kopf zu senken. Dadurch werden eilige Pferde langsamer und angespannte Pferde entspannen sich. Auch gegen Stolpern, Unaufmerksamkeit und schlechte Koordination hilft diese Form von Bodenarbeit.

Geführte Kurven fördern die Geschmeidigkeit. Menschen lernen durch die Stangenmuster, sich im Einklang mit dem Pferd zu bewegen. Das ist ja auch ein wichtiges Ziel beim Reiten. Langsamkeit ist ein wichtiges Stichwort. Um das Tempo zu drosseln, hält man sein Pferd immer wieder an, in Kurven oder beim Rückwärtsgehen macht man sogar nach jedem einzelnen Schritt eine Pause!

Durch die Gasse

Ein einfaches und trotzdem vielseitiges Stangenmuster ist die Gasse. Man kann sein Pferd zuerst vorwärts

Der Stangentest

Wie gut dein Pony seinen Körper fühlt, kannst du an einer einzelnen Bodenstange testen. Halte das Pony erst vor der Stange an und lass es dann zwei Schritte machen, sodass die Vorderbeine vor der Stange und die Hinterbeine hinter der Stange sind.

Nun lass es die Hinterbeine einzeln vor die Stange nehmen. Anschließend soll es mit den Hinterbeinen wieder zurück hinter die Stange treten.

Wenn es dabei drängelt, eilig oder schief wird oder sich nicht vom Fleck rührt, ist das ein sicheres Zeichen dafür, dass du von nun an vor dem Reiten Bodenarbeit mit ihm machen solltest!

▼ Trajan hat sich von Rosa anhalten lassen, obwohl die Stange zwischen seinen Vorder- und Hinterbeinen liegt. Er findet es auch nicht schwer, Schritt für Schritt vor und zurück zu gehen.

Gasse

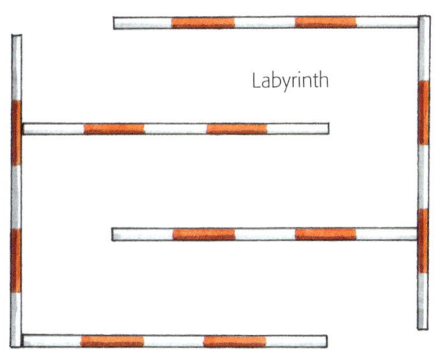

Labyrinth

◀ Dies sind Beispiele für Stangen-Muster: Das Stangen-L, die Gasse, und das Labyrinth. Du kannst dein Pony durch und über die Stangen führen und dir natürlich auch selbst Muster ausdenken.

▶ Im Stangen-L und im Labyrinth kann man in den Kurven gut fühlen und sehen, wie geschmeidig das Pony ist und in welche Richtung es sich besser biegen kann. Sunny ist rechts steifer.

durch die Gasse führen. Beim zweiten Mal hält man es in der Mitte der Gasse an und lässt es einige Schritte rückwärtsgehen.

Wenn das gut klappt, hält man erst am Ende der Gasse an und fädelt das Pferd rückwärts aus der Gasse heraus. Die Stangen der Gasse lassen sich aber auch in verschiedenen Variationen überqueren, zum Beispiel, indem man die Stangen in eine geführte Acht einbaut.

Stangen-L

Mit wenigen Handgriffen lässt sich die Gasse in ein L verwandeln. Rückwärts durchs L zu führen, ist schon ganz schön schwierig! Vorwärts bietet das L neue Möglichkeiten.

Labyrinth

Etwas komplizierter aufzubauen ist das Labyrinth. Es besteht aus zwei ineinander verschachtelten Fs. Der etwas umständliche Aufbau lohnt sich aber.

Wenn man sein Pferd langsam Schritt für Schritt und mit vielen Pausen um die vier Kurven führt, wirkt das Labyrinth Wunder. Fortgeschrittene Pferde bewältigen es rückwärts und es gibt auch viele Möglichkeiten, die Stangen zu überqueren.

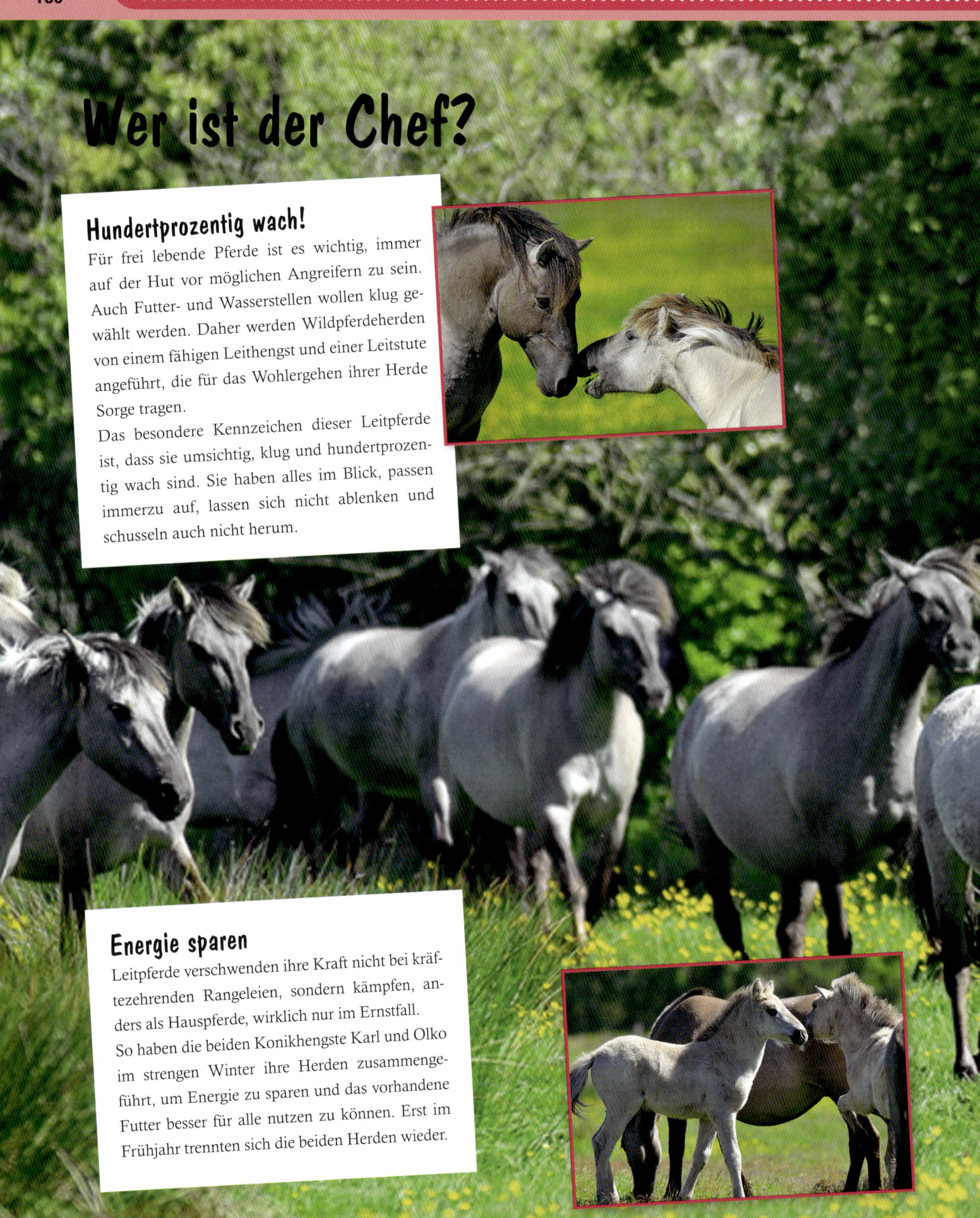

Wer ist der Chef?

Hundertprozentig wach!

Für frei lebende Pferde ist es wichtig, immer auf der Hut vor möglichen Angreifern zu sein. Auch Futter- und Wasserstellen wollen klug gewählt werden. Daher werden Wildpferdeherden von einem fähigen Leithengst und einer Leitstute angeführt, die für das Wohlergehen ihrer Herde Sorge tragen.

Das besondere Kennzeichen dieser Leitpferde ist, dass sie umsichtig, klug und hundertprozentig wach sind. Sie haben alles im Blick, passen immerzu auf, lassen sich nicht ablenken und schusseln auch nicht herum.

Energie sparen

Leitpferde verschwenden ihre Kraft nicht bei kräftezehrenden Rangeleien, sondern kämpfen, anders als Hauspferde, wirklich nur im Ernstfall. So haben die beiden Konikhengste Karl und Olko im strengen Winter ihre Herden zusammengeführt, um Energie zu sparen und das vorhandene Futter besser für alle nutzen zu können. Erst im Frühjahr trennten sich die beiden Herden wieder.

Die Konik-Teenager-Bande

Einige Jungstuten aus Karls Konikherde haben beschlossen, sich einer Junghengstherde anzuschließen. Als die Geburt ihrer Fohlen anstand, lebten sie eine Zeit lang in der Herde ihrer Mütter. Dort bekamen sie auch ihre Fohlen.

Einige Tage später zogen die Jungstuten jedoch wieder zu den jungen Hengsten, deren Herde nun mächtig angewachsen ist, ohne dass es einen ausgesprochenen Leithengst gibt.

Körpersprache

Bei kleineren Auseinandersetzungen genügt die eindeutige Körpersprache der Leitpferde, um zum Beispiel Jungpferde auf Abstand zu halten oder zu erziehen.

Auch im Konflikt mit dem Leithengst der zweiten Konikherde reicht es, dass Karl seine Kraft unmissverständlich mit einer einzigen Körperbewegung deutlich macht. Jungpferde zeigen zum Beispiel durch Kauen, dass sie sich unterordnen.

◄ Trajan läuft brav neben Rosa her. Ohrenspiel, Lecken und Kauen verraten aber, dass ihn der Klappersack beschäftigt.

▲ Trajan kennt den Klappersack bereits und läuft gelassen weiter, auch wenn er seine Ohren in Richtung Klappersack wendet und ein wenig angespannt aussieht.

Scheutraining mit Geräuschen

Eine andere Form der Bodenarbeit ist das Gelassenheitstraining. Die Voraussetzung für ein sinnvolles Gelassenheitstraining ist, dass sich das Pony bereits gut führen und anhalten lässt und dass es auf ein Signal hin ruhig stehen bleibt.

Manche Turnierveranstalter haben schon geführte oder gerittene Gelassenheitsprüfungen in ihr Programm aufgenommen, so dass man Gelegenheit hat, sich die Übungen einmal anzuschauen. Oder sein Pony anzumelden!

Achtung, Lärm!

Viele Pferde erschrecken sich vor unbekannten Geräuschen. Der Klappersack ist eine Möglichkeit, ihnen beizubringen, auch in gruseligen Situationen locker zu bleiben.

Für den Klappersack braucht man einen dicken Plastikmüllsack oder einen alten Bettbezug, sechs bis zehn leere Blechdosen und ein paar Heubänder, um den Sack zuzubinden.

Die erste Begegnung mit dem Sack ist entscheidend. Auf keinen Fall sollte der Sack dabei wild herumklappern oder lustig scheppernd auf und ab hüpfen.

Bevor man ihn überhaupt klappern lässt, darf das Pferd erst einmal daran riechen. Dann schüttelt man ihn ein bisschen und lobt das Pferd, wenn es dabei einigermaßen ruhig bleibt.

Es klappert der Sack

Die eigentliche Klappersack-Übung besteht darin, dass eine zweite Person den Sack neben und hinter dem Pferd herzieht, während das Pferd völlig gelassen weitergeht. Der Abstand zum Pferd richtet sich bei den ersten Malen danach, wie entspannt das Pferd ist. Fürchtet es sich noch sehr, ist der Abstand größer und wird erst nach und nach verringert. Am Ende soll er etwa einen Meter betragen.

▶ **Tipp:** TTouches helfen dem Pony, sich schneller zu entspannen. Lese weiter auf Seite 149 und 162.

▲ Auch an den Beifall muss sich ein Pony erst gewöhnen. Vielleicht hast du schon einmal erlebt, dass die Zuschauer einer Veranstaltung mit jungen Pferden gebeten wurden, nicht zu klatschen?

Katinka + Kurs = cool

Katinka hatte früher Angst vor Treckern und Lastwagen. Erst seit wir einen Tellington-Bodenarbeitskurs und einen Gelassenheitskurs mit ihr gemacht haben, fürchtet sie sich nicht mehr vor großen Fahrzeugen. Obwohl in beiden Kursen ganz andere Dinge mit ihr geübt wurden, ist sie danach auch im Straßenverkehr mutiger und sicherer geworden.

▲ Übungen wie die mit dem Klappersack bereiten Pferde aufs Gelände vor. Dort begegnen ihnen die merkwürdigsten Geräusche und es ist gut, wenn sie schon auf dem Platz gelernt haben, dir zu vertrauen.

▼ Alles okay mit dir? Levke schaut Henry prüfend an, aber der bleibt cool. Die Geräusche der Plane unter seinen Hufen stören ihn nicht. Henry mag eben gute Unterhaltung!

Ruhe oder Rennen?

In freier Wildbahn, aber auch auf der Hauspferdeweide hält immer einer Wache, wenn die anderen schlafen oder dösen. Unbekannte Geräusche könnten Gefahr bedeuten! Die Ohren des Koniks sind auf den Fotografen gerichtet.

◀ Kimberly ist wirklich gelassen. Und sie hat Vertrauen zu Greta. Sollte es regnen, kann Greta einhändig reiten. Oder sie spielt „Prinzessin" mit Kimmi und ihren Freundinnen.

Scheutraining mit Plastik

Auf Turnieren erschrecken sich viele Pferde vor den Regenschirmen der Zuschauer. Das hat die Erfinder der Gelassenheitsprüfung wohl dazu bewogen, diese Übung mit aufzunehmen. Aber auch, wenn man noch nie einem Regenschirm auf zwei Beinen begegnet ist, ist es sinnvoll, sein Pony mit möglichst vielen unbekannten Dingen bekannt zu machen.

Je mehr Neues es auf entspannte und positive Art kennenlernt, desto sicherer wird es in neuen Situationen reagieren. Wovor könnte ein Pony Angst haben? Mülltonnen, Bobbycars, Schafe ... Versuche ihm viele Begegnungen mit Neuem zu ermöglichen.

Regenschirm

Zunächst zeigst du ihm den zugeklappten Schirm und lässt es daran schnuppern. Dann gehst du auf Abstand, spannst den Schirm auf, legst ihn auf die Erde und führst dein Pony daran vorbei. Du kannst auch eine zweite Person bitten, mit dem offenen Schirm am Pony vorbeizugehen.

Plastikplanen

Für Pferde spielt der Untergrund, auf dem sie gehen, eine große Rolle. Viele Pferde fürchten sich vor Gullydeckeln oder vor plötzlich auftauchenden Schatten. Auch Pfützen oder die Klappe des Pferdehängers sind für manche unüberwindbare Hindernisse.

Um ein Pferd an Plastik zu gewöhnen, führt man es zunächst an einer Plane vorbei. Dabei geht man zwischen dem Pferd und der Plane. Im nächsten Schritt legt man zwei Planen mit einigem Abstand zueinander aus und führt das Pferd zwischen den Planen hindurch. Für ängstliche Pferde ist der Abstand zwischen den Planen dabei schön weit.

Vorsicht, beim Führen immer seitlich vom Pferd bleiben! Manchmal stürmen die Pferde nämlich zwischen den Planen los oder versuchen, die Aufgabe durch einen gewaltigen Satz schnell zu Ende zu bringen.

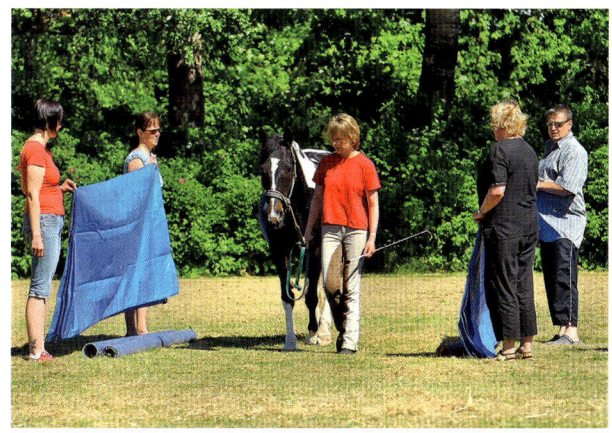

◀ Katinka ist zwischen den Planen entspannt. Wenn sie Angst hätte, könnte man den Abstand zwischen den Planen vergrößern und sie hinter einem ruhigen Pferd hergehen lassen.

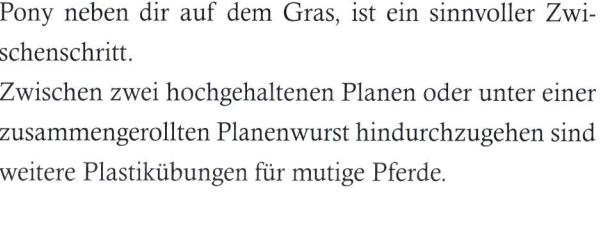

▲ Auch vor dem Schirm fürchtet sich Katinka nicht mehr. Allerdings hat sie ihre Ohren vorsichtshalber auf den Schirm gerichtet, man weiß ja nie.

▲ Nini ist der Schirm nicht geheuer. Beim nächsten Mal geht Marcel zwischen Nini und dem Schirm. So fühlt sie sich sicherer und kann notfalls zur Seite springen, ohne auf Marcels Füßen zu landen.

Über Folien führen

Sobald sich das Pferd zwischen den Planen entspannt hat, kann man es auffordern, einen Huf auf die Plane zu setzen. Häufig testen die Pferde dann die Bodenbeschaffenheit, indem sie mit dem Huf auf die Plane hauen. Ein morastiger Untergrund würde dem Pferdegewicht nicht standhalten. Viele Pferde trauen sich schnell zu, die Plane ganz zu überqueren. Andere brauchen mehr Zeit. Sie verlieren ihre Angst, wenn sie sehen, dass ihre mutigen Pferdekollegen locker über die Plane marschieren. Auch, dass du selbst über die Plane gehst und dein Pony neben dir auf dem Gras, ist ein sinnvoller Zwischenschritt.

Zwischen zwei hochgehaltenen Planen oder unter einer zusammengerollten Planenwurst hindurchzugehen sind weitere Plastikübungen für mutige Pferde.

▶ **Tipp:** Mehr über Pferdehufe steht auf Seite 156.

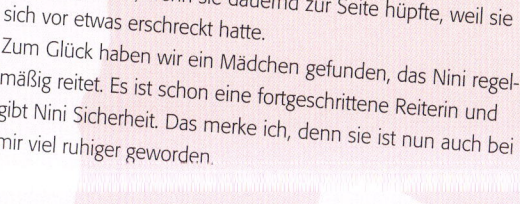

Gemeinsam geht's besser!

Mein Pony Nini ist ja noch jung und ziemlich ängstlich. Anfangs hatte ich wirklich Schwierigkeiten, wenn sie dauernd zur Seite hüpfte, weil sie sich vor etwas erschreckt hatte.
Zum Glück haben wir ein Mädchen gefunden, das Nini regelmäßig reitet. Es ist schon eine fortgeschrittene Reiterin und gibt Nini Sicherheit. Das merke ich, denn sie ist nun auch bei mir viel ruhiger geworden.

◀ „Jetzt müssen wir wohl durch einen Wald. Die Zweige hängen so tief, dass du dich ducken musst, und ich führe Trajan um die Bäume herum."

▲ Bevor die drei aufs Pferd steigen, haben sie sich schon am Boden mit Geschicklichkeitsspielen aufgewärmt. Das lockert auch die Lachmuskeln!

Wilde Spiele, sanfte Regeln

Und zu Hause wird weitergespielt …

Reiterspiele mit Pferden an der Hand peppen den Anfang oder das Ende einer Reitstunde auf.

Slalom um Hütchen, Tonnen oder Hindernisständer sind, genau wie Eierlaufen oder Wasserschöpfen, lustige Mannschaftsspiele, die gut im Schritt oder im Trab funktionieren. Am wildesten geht es bei den Mounted Games zu, Geschicklichkeitsspielen für Reiter, die im vollen Galopp auf- und abspringen und dabei noch Hütchen von einem Ständer zum nächsten bringen oder Stafetten übergeben können.

Schrittrennen sind eine weniger turbulente Möglichkeit, ähnliche Aufgaben wie bei den Mounted Games zu bewältigen. Antraben gibt Punktabzug!

Bei vielen Spielen ist die Fantasie deines Reitlehrers gefragt, denn in fast jede Dressurübung lassen sich Spielideen einbauen, die die Fantasie anregen und die Übung plötzlich in ganz anderem Licht erscheinen lassen.

Bei der „Brieftaube" oder dem geführten Reiten ohne

Spaß für alle!

Auch das Pony soll beim Spielen Spaß haben. Deshalb besser mit Halfter, Führstrick und Gerte führen, statt mit Trense. Wenn man im Eifer des Gefechts mal etwas doller zieht, tut das dem Pony nicht im Maul weh!

Besonders grob wirken die Trensensignale, wenn man einen Führstrick in den Trensenring einhängt. Wenn Trense, dann mit Zügel führen. Der Führstrick gehört ans Halfter!

Sattel kann sich einer der Beteiligten ähnlich wie Rosa oben im Bild überlegen, in welcher Situation ihr gerade seid. Flüchtet ihr in einem fernen Land vor Zauberern oder wilden Tieren? Seid ihr selbst Zauberer? Wollt ihr ein entlaufenes Pferd retten, einen Schatz finden oder ein Geheimnis ergründen?

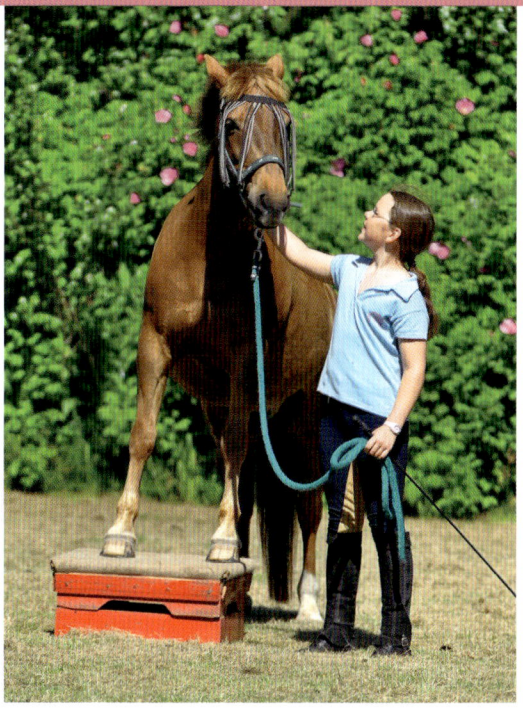

▲ Während Malte Aron und Sally sicher durch den Hütchenslalom lenkt, fühlt Ina sich hinten auf der Kutsche so königlich wie eine Prinzessin!

▲ Henry erobert Bodenhindernisse mit viel Elan. Er hat schnell gelernt, auf ein Podest zu steigen. Vorsicht! Immer nach hinten absteigen lassen und aufpassen, dass die Kiste nicht kippt.

Hütchen

Geschicklichkeit

Etwas ruhiger geht es bei Geschicklichkeitsaufgaben oder Rollenspielen zu. Die Geschicklichkeitsspieler balancieren abwechselnd auf Cavaletti, während ihre Ponys gesittet stillstehen, die Kinder hüpfen auf einem Bein um Hindernisständer oder müssen auf allen vieren über Plastikfolien. Manchmal muss ein voller Wassereimer oder ein Mensch in einer Schubkarre von einem Ort zum anderen transportiert werden. Oder ein Tennisball darf nicht vom Löffel rollen.

Zu allen Aufgaben der Geschicklichkeits- oder Rollenspiele kann man sich eine spannende Geschichte ausdenken, in der Indianer, Tierschützer, Bösewichte und Helden mitmachen.

Bei allen Spielen sollte es pferdefreundlich zugehen!

▶ **Tipp:** Mehr über Reiterspiele steht auf Seite 188.

◀ Auch zu zweit oder zu dritt kann man sich tolle Spiele mit Pferden ausdenken und abwechselnd reiten. Hier führt ein blinder Führer durch Hindernisse. Der Reiter lotst ihn.

Reiterspiele

Gelassenheit trainieren

Die klassische geführte Gelassenheitsprüfung besteht aus zwei unterschiedlichen Aufgabenstellungen mit zehn Hindernissen.

Die Prüfung bietet einen festen Rahmen für Veranstalter, die gerne mal etwas „Neues" in ihr Turnierprogramm aufnehmen wollen, aber keine Ideen haben, wie man das bewerkstelligen könnte.

Vorbereitung

Auch für die Gelassenheitsprüfung sollte man üben und sein Pony schrittweise an die einzelnen Hindernisse heranführen.

Das Überqueren einer Plastikplane und das ruhige Stehenbleiben in fremdem Gelände könnte zum Beispiel ohne vorheriges Üben wirklich schwierig sein. Zerlegt man beide Aufgaben in kleine Schritte, kann das Pony sie leichter bewältigen.

Gut gelaunt und ganz gelassen

Wer die Nervenstärke seines Ponys bereits genügend trainiert hat, den reizt es vielleicht, einmal an einer Gelassenheitsprüfung teilzunehmen. Neben besonders mutigen Ponys und Pferden trifft man hier auch auf solche, die für den üblichen Turniersport zu alt, zu wenig gangstark oder springgewaltig sind.

Auch Reiter, die aus ihren Ponys „herausgewachsen" sind, freuen sich häufig darüber, mit ihnen zumindest noch an Gelassenheitsprüfungen teilnehmen zu können.

Ralleys und Geschicklichkeitsturniere

Der Verband der Freizeitreiter bietet genau wie manche Reitvereine oder Stallgemeinschaften Reiterralleys, Geschicklichkeitsturniere oder andere Wettbewerbe an, die auf alle Fälle eine spannende Abwechslung vom üblichen Turniersport sind. Hier können viele Prüfungen auch an der Hand bewältigt werden.

Für junge Pferde und Ponys, die noch nie auf einem Turnier gestartet sind, ist eine Breitensportveranstaltung eine ideale Gelegenheit, sich an den Rummel aus Pferdehängern, fremden Pferden, aufgeregten Menschen und fremden Gelände zu gewöhnen.

Landesbreitensportturnier Bad Segeberg

Seit 1995 veranstaltet der Pferdesportverband Schleswig-Holstein das Landesbreitensportturnier in Bad Segeberg. Mehr als ein Dutzend Verbände und etwa 1000 Teilnehmer nehmen mit ihren Pferden an einem abwechslungsreichen Programm teil, an Prüfungen für alte oder junge Pferde, an Gelassenheits-, Western-, Führzügel- oder Quadrilleprüfungen. Mounted Games, Ringreiten, Gangpferdereiten und Gespannfahren sorgen für ein buntes Bild.

Die Stimmung ist überwiegend entspannt und heiter, die Wettkämpfe sind sportlich, aber frei. Das Landesbreitensportturnier ist ein einmaliges Ereignis und in seiner Vielfalt und Größe in Deutschland einzigartig. Dennoch werden überall im Land Ralleys oder andere breitensportlich ausgerichtete Veranstaltungen angeboten.

Auch der Verein der Freizeitreiter (VFD) ist für seine gut organisierten regionalen Freizeitreiterturniere bekannt. Womöglich sind hier oder da auch Prüfungen im Programm, die sich für dich und dein Pony eignen!

Finja longiert Katinka mit Kappzaum, Sattel, Dreieckszügeln und Peitsche. Außerdem trägt sie feste Schuhe und meistens auch Handschuhe.

Malte liebt die Herausforderung. Geduldig hat er trainiert, auch im Trab solide und beweglich auf dem Rücken der beiden Haflingerstuten zu stehen, die longiert werden. Das war gar nicht so einfach!

Longieren mit Köpfchen!

Manche Reiter longieren ihre Pferde vor dem Reiten im Trab und Galopp, damit die Pferde beim Reiten ruhiger sind. Die Pferde sind dann häufig noch gar nicht richtig aufgewärmt, toben sich aber schon an der Longe aus. Das ist gefährlich. Schnellere Gangarten auf dem kleinen Longierzirkel belasten die Sehnen und Gelenke des Pferdes.

Richtiges Longieren ist anderseits auch eine sinnvolle Methode. Beim Longieren trägt das Pferd am besten einen Kappzaum. Die Longe wird im Kappzaum eingehängt. Das schont das empfindliche Pferdemaul. Eine lange Longenpeitsche wirkt ebenso treibend oder verlangsamend wie die richtige Körpersprache des Longenführers.

Pferde achten auf die Körpersprache anderer Pferde und auch auf deine Körpersprache beim Longieren. Stehst du zu weit vor der Pferdeschulter deines Ponys, bremst du es ab, obwohl du vielleicht gerade wolltest, dass es antrabt. Nimmst du die Longierpeitsche hoch, schaust auf seine Hinterhand und wirkst energisch, trabt es vielleicht weiter, obwohl du ihm gerade gesagt hast, dass es Schritt gehen soll.

Greta steht in neutraler Position. Ihre Körpersprache sagt Kimberly, dass sie nicht schneller werden soll, die Peitsche ist abgesenkt.

Richtig Longieren macht geschmeidig

In den ersten zehn Minuten geht ein Pferd beim richtigen Longieren nur Schritt. Dabei lässt man das Pferd immer mal die Richtung wechseln, sodass es am Ende gleich lang rechts- und linksherum gegangen ist. In der Reitersprache nennt man die Richtung im Uhrzeigersinn „rechte Hand". Die meisten Pferde laufen am liebsten links herum.

▶ „Wir rahmen Kimberly ein. Mit ihr zusammen bilden wir ein Dreieck", erklärt Ingrid Klimke. Es ist wichtig, beim Longieren nicht zu weit vor das Pony zu gelangen, sonst wirkt man bremsend.

◀ Obwohl Greta schon gut reitet, sind Sitzübungen an der Longe auch für sie eine tolle Möglichkeit, locker und beweglich zu werden und dabei Spaß zu haben.

▼ Hier ist das Dreieck aus Pony, Longe, Mensch und Longierpeitsche gut zu erkennen. Ingrid und Greta wirken treibend, da sie den Bauchnabel auf die Hinterhand von Kimberly gerichtet haben.

Man fängt mit ihrer Lieblingsrichtung an und wechselt dann zu der Hand, die ihnen schwerer fällt.
Erst nach der Schrittphase longiert man auch im Trab. Wieder wechselt man häufig die Hand.

Nach weiteren acht bis zehn Minuten lässt man das Pferd noch einmal einige Minuten lang Schritt gehen. Viel länger als 20 Minuten sollte die Arbeit an der Longe jedoch nicht dauern.

Gut für Jungpferde und Reitanfänger

Junge Pferde werden an der Longe an neue Kommandos und Situationen gewöhnt. Pferde, die lange krank waren oder sich steif oder schief bewegen, werden an der Longe geschmeidiger und trainieren ihre Kondition und die Muskulatur. Voltigierpferde drehen an der Longe Runde um Runde im Galopp. Für dich kann das Longieren eine weitere Möglichkeit sein, dich und dein Pony gut aufeinander einzustimmen.

In guten Reitschulen lernen auch Reitanfänger zuerst die Longe kennen, bevor sie allein reiten. Auf einem ruhigen Longenpferd machen sie sich einige Stunden lang mit den Bewegungsabläufen in Schritt, Trab und Galopp vertraut, lernen Leichttraben und die Anfänge der Hilfengebung.
Während der Reitlehrer sich darum kümmert, dass das Pferd in der richtigen Gangart im Kreis läuft, kommt der Reitschüler von Stunde zu Stunde mehr ins Gleichgewicht. Wenn er dann endlich allein reiten darf, ist die Gefahr, dass er sich im Trab an den Zügeln festhält, nicht mehr so groß. Auch erfahrene Reiter lassen sich zur Sitzschulung häufig longieren.

▶ **Tipp:** Was Leichttraben ist, steht auf Seite 248.

▼ Kimberly im Schritt. Mit der Longierpeitsche sorgt Greta dafür, dass das Pony schön außen bleibt. Die Longe hängt ein wenig durch. Das ist gut, denn schon das Gewicht der Longe …

Aufwärmen an der Longe

Als Vorübung zum Longieren ist der „Anmutige Gepard" eine gute Übung. Das Pony lernt dabei, Abstand zum Menschen zu halten und nicht nach innen zu drängeln. Aus diesem Abstand heraus lässt sich das Longieren gut vorbereiten. Das Antreten und Anhalten solltest du auch schon auf Abstand geübt haben.

Gelenke schonen

Auch wenn viele Menschen ihre Pferde an der Longe regelrecht vorwärts jagen, übt man anfangs am besten nur im Schritt. Das schont die Gelenke des Pferdes. Erst wenn das Longieren im Schritt gut klappt, kann man das Pferd nach mindestens zehn Minuten auch traben lassen.

Körpersprache mit dem Bauchnabeltrick

Um das Pferd nach außen zu schicken, es dort zu halten und um das Tempo des Pferdes zu beeinflussen, hilft der Bauchnabeltrick. Stell dir dabei vor, direkt aus dem Bauchnabel einen Lichtstrahl zum Pferd zu schicken. Dieser Lichtstrahl wirkt unterschiedlich, je nachdem, wo er auftrifft.

Longieren gegen Rückenschmerzen

Katinka nahm eine Zeit lang beim Antraben immer den Kopf hoch, buckelte im Gelände und war auch beim Putzen rückenempfindlich. Deswegen haben meine Schwester Lisa und ich sie fast jeden Tag mit Dreieckszügeln longiert. Geritten sind wir in dieser Zeit gar nicht. Mit der Zeit hat Katinka sich anders bewegt, aufgehört zu buckeln und mehr Muskeln bekommen. Mir macht Longieren immer noch Spaß.

Trifft er das Hinterteil des Pferdes, beschleunigt er das Pferd. Trifft er dagegen den Kopf, wirkt er bremsend. Der unsichtbare Lichtstrahl ist einfach ein Hilfsmittel, das dich immer wieder in die richtige Körperposition zum Pferd bringt. Oft klappt das Longieren nämlich deswegen nicht, weil wir das Pferd durch unsere Körpersprache abbremsen oder verwirren.

Deine Blickrichtung, dein Arm mit der Longierpeitsche als Verlängerung und deine Atmung verstärken den Lichtstrahl des Bauchnabels in seiner Wirkung.

▼ … übt Zug am Gebiss aus. Außer beim Übergang in eine niedrigere Gangart darf die Longe daher immer ein wenig „schlapp" durchhängen.

▲ Greta richtet ihren Bauchnabel wieder mehr auf die Hinterhand des Ponys, damit Kimberly fleißig weitergeht. Die Longierpeitsche hat sie zum Treiben etwas angehoben.

„Und Scheeeritt!"

Und natürlich darfst du auch mit dem Pferd reden! Allerdings hören Pferde weniger auf unsere Worte, als auf das, was unser Körper ihnen erzählt.

Um das Pferd auf die Zirkellinie zu bringen, wählst du anfangs am besten die Lieblingsrichtung des Pferdes. Meist ist das die linke Hand.

Trab an der Longe

Nachdem man in den ersten zehn Minuten mehrere Handwechsel und Tempowechsel innerhalb des Schritts geübt hat, kann die Trabarbeit beginnen. Während der Zirkel im Schritt etwas kleiner sein darf, soll er im Trab wirklich die ganze Zirkelgröße einnehmen.

Zum Antraben richtet man seinen Lichtstrahl auf die Hinterhand des Pferdes, hebt die Longierpeitsche an und benutzt das Wortkommando: „Und Terrrab!".
Ziel ist es, dass das Pferd einige Trabrunden locker und gleichmäßig mit freiwillig gesenktem Kopf läuft.

Danach pariert man wieder in den Schritt durch und wechselt die Hand. Auch hier lässt man das Pferd einige

Lautlose Sprache

Diese Koniks haben alles im Blick, obwohl sie in Spiellaune sind. Der hinten aufschließende Hengst ganz rechts wird sie gleich weiter treiben.

entspannte Runden im lockeren Arbeitstrab laufen und pariert dann durch. Nach erneutem Handwechsel kann man das Pferd nach jeweils zwei oder drei Trabrunden in den Schritt durchparieren und nach einer halben Runde Schritt wieder antraben lassen.

▶ **Tipp**: Der Arbeitstrab auf Seite 248.

◀ Zum Anhalten senkt Greta die Longierpeitsche und die Longe. Bei erfahrenen Ponys genügen diese Zeichen zusammen mit einem „Und Scheeriiitt" und sie halten an.

▼ Zum Anhalten richtet Greta ihren Bauchnabel auf Kimberlys Nase. Jetzt darf die Longe für Momente gefühlvoll angenommen werden, genau wie die Zügel bei einer Parade zum Halten.

Deine Ausstrahlung zählt!

Zum Anhalten drehst du deinen Bauchnabel so, dass du den unsichtbaren Lichtstrahl wie eine Schranke vor die Nase des Pferdes schicken kannst.

Das Stimmkommando: „Und Haaalt", sollte tief und beruhigend klingen. Um die Wirkung des Lichtstrahls zu verstärken, führst du die Longierpeitsche unter der Longe hindurch und hebst sie vor dem Pferd an.

Bei erfahrenen Pferden ist das nicht nötig. Sie reagieren auf ein leichtes Absenken der Longierpeitsche und werden langsamer. Kommen Stimmkommando und Lichtstrahl hinzu, bleiben sie stehen.

Die Statue und der Appell

Steht das Pferd, kann man es ruhig einige Zeit stehen lassen. Diese Übung nennt man „Statue". Sie macht ungeduldige Pferde geduldig. Man muss allerdings genau aufpassen, wie lange man das Pferd stehen lässt. Am besten schickt man es wieder los, bevor es hibbelig wird.

Ungeübte Pferde können anfangs nur wenige Sekunden lang stehen. Mit der Zeit werden aus diesen Sekunden längere Momente und am Ende sogar Minuten. Die Übung „Statue" trainiert also nicht nur das Pferd, sondern auch unsere eigene Geduld! Später kann man diese Übung gut in der Freiarbeit gebrauchen. Aber Vorsicht: Benutze für das normale Anhalten auf dem Zirkel ein anderes Kommando („Halt") als für das Hereinrufen („Komm, Kimberly"), damit dein Pony nicht nach jedem Anhalten zu dir läuft.

Während das Pferd steht, kannst du auch zu ihm hingehen und es abstreichen oder massieren. Dabei muss die Longe in Schlaufen gelegt werden.

Oder du rufst das Pferd zu dir. In der Zirkusarbeit nennt man das Hereinholen des Pferdes „Appell". Damit das Pferd den Appell lernt, hält man es erst an, ruft dann seinen Namen und zupft es an der Longe zu sich. Auch dabei legt man die Longe in Schlaufen.

▲ Kimberly wartet brav ab, bis Greta die Longe in Schlaufen gelegt hat. Das klappt doch schon richtig prima!

▼ Greta lobt Kimmi. Auch ein erfahrenes Pony wie sie freut sich über positive Rückmeldung.

Wichtig: die Körpersprache

Bei der Longenarbeit ist die Körpersprache des Menschen sehr wichtig. Das Pferd beobachtet uns genau! Wenn du also zu ihm gehst, während es im Longenzirkel steht, solltest du nicht zu energisch wirken.

Am besten gehst du auf seinen Kopf zu und richtest den Bauchnabel mit dem Lichtstrahl vor die Pferdenase. Die Longierpeitsche zeigt dabei vom Pferd weg, also nach hinten. Möchtest du dagegen, dass das Pferd auf dich zukommt, kannst du dich ein bisschen kleiner machen oder sogar ein paar Schritte rückwärts gehen.

Kommt das Pferd dagegen unaufgefordert auf dich zu, richtest du dich auf, nimmst die Schultern zurück, atmest tief ein und gehst energisch auf das Pferd zu.

Zirkusvokabeln

Eine **Statue** ist eine vom Bildhauer geschaffene Skulptur von einem Menschen oder einem Tier. Die Statue kann man auch mit Pferden üben, die sich nicht gern anbinden lassen (Seite 148) oder die alles ins Maul nehmen (Seite 149).

Appell ist Lateinisch und bedeutet auffordern oder anreden. Im Pferdezirkus ist der Appell das Hereinrufen des Pferdes in die Zirkelmitte.

▲ Ingrid erklärt Greta die richtige Körpersprache beim Longieren.

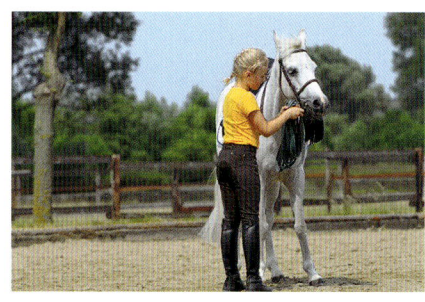

◀ Beim Longieren mit der Trense muss Greta die Longe beim Richtungswechsel um- schnallen. Dazu muss sie Kimberly anhalten.

▲ Greta vergisst nicht, Kimberly für das brave Warten zu loben. Nun kann sie die Hand wech- seln oder die Statue oder den Appell üben.

Einfach oder trickreich wenden

Es gibt verschiedene Möglichkeiten, das Pony an der Longe die Richtung wechseln zu lassen. Welche dieser Möglichkeiten man wählt, hängt auch davon ab, wie das Pony reagiert und wie geübt man im Longieren ist.

Am einfachsten ist es, das Pony anhalten zu lassen, sich auf seine andere Seite zu stellen und es in die andere Richtung zu schicken. Man kann es aber auch mit einer Vorhandwendung die Seite wechseln lassen.

Die Lieblings-Longierseite

Katinka lief in den ersten Wochen nicht so gerne rechtsherum an der Longe und ist dann gerne nach innen zu mir gekommen. Damit das aufhörte, habe ich an ihren „Lieblingsreinlaufstellen" Stangen zur Zirkelbegrenzung hingelegt und die Hand mit der Longenpeitsche höher gehalten. Außerdem habe ich darauf geachtet, dass ich beim Longieren nicht zu weit nach vorne kam und sie immer ganz doll gelobt habe, wenn sie brav auf dem Hufschlag geblieben ist.

Oder man macht den Richtungswechsel im Schritt. Das Pony geht dabei auf der Hufschlagsfigur „Durch den Zirkel wechseln". Dazu muss es zuerst auf den Longen- führer zugehen. Während man die Longe in Schlaufen aufnimmt, die Peitsche in die andere Hand wechselt und zur Seite tritt, ist es wichtig, den Bauchnabel auf die Hin- terhand des Ponys zu richten. Ist das Pony auf der Wech- sellinie nach außen zum Zirkel hin, gibt man die Longen- schlaufen frei, damit es genug Kopffreiheit hat.
Am besten übt man erst einmal mit einem Menschen. Der kann einem nämlich genau sagen, was sich gut anfühlt und was noch nicht so gut klappt. Danach ist es sinnvoll, mit einem Pony zu üben, das sich gut longieren lässt.

Den Schritt verbessern

Außer Anhalten, Vorhandwendung und Richtungs- wechseln kann man in der zehnminütigen Schrittphase auch den Schritt selbst üben. Wie bewegt sich das Pferd? Schlurft es eher oder macht es kleine, schnelle Schritte? Schlurfende Ponys dürfen sich ruhig etwas energischer bewegen.

Zum Treiben richtet sich der Longenführer selbst mehr auf, schickt einen Lichtstrahl zur Hinterhand, benutzt die Wortkommandos „Fleißig" oder „Weiter" und hebt die Longierpeitsche etwas an. Das Pony soll jedoch

▼ Wenn man mit Kappzaum longiert, kann man die Richtung ändern, indem man das Pony im Schritt durch den Zirkel wechseln lässt. Am besten übst du das erst einmal mit einer Freundin statt mit einem Pferd.

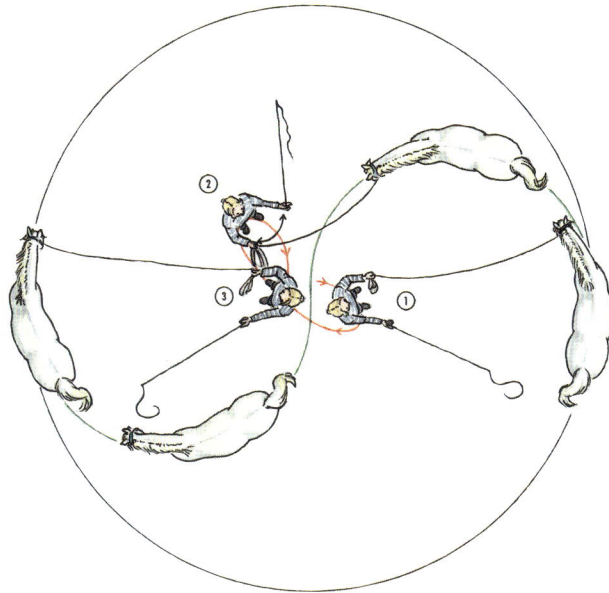

▲ Kimberly galoppiert locker an der Longe. Übe den Galopp an der Longe zunächst mit einem longiererfahrenen Erwachsenen, der dir zeigt, wie du gefühlvoll angaloppieren und durchparieren kannst.

▲ Vor dem Angaloppieren nimmt Greta die Longe kurz an, wie sie es auch beim Reiten machen würde. Es bedeutet: „Pass auf, gleich passiert etwas Neues." Kimberly hat sich im Trab schon schön gelöst.

nicht antraben. Die Geschwindigkeit innerhalb einer Gangart zu verändern, erfordert Fingerspitzengefühl!

Soll das Pony wieder langsamer werden, lässt man die Peitsche absinken, schickt seinen Lichtstrahl eher zur Vorhand des Pferdes und benutzt das Wortkommando „Ruuuuhiger".

Trab und Galopp

Hektische Pferde lässt man zwischendurch etwas länger Schritt gehen oder kurz anhalten. Faule Pferde lässt man etwas kürzer Schritt gehen. Auch innerhalb des Trabs kann man das Tempo verändern. Wenngleich jedes Pony oder Pferd ein anderes Grundtempo hat, ist der Arbeitstrab nicht so schnell wie der Mitteltrab. Der versammelte Trab oder der Jog der Westernpferde ist dagegen viel langsamer als der Arbeitstrab. Während der Trabphase kann man zwei oder drei Hand- oder Richtungswechsel einbauen. Den Galopp an der Longe sollte man nur mit gut gerittenen und erfahrenen Ponys

und Pferden üben, die sich leicht durchparieren lassen. Die Gefahr, dass es im Galopp zu unschönem Geziehe, schief rennenden Pferden und Stress für alle Beteiligten kommt, ist groß.

Weitere Übungsvorschläge: Volten im Schritt und im Trab, Rückwärts, Appell, Bodenstangen, Plastik

▶ **Tipp:** Mehr über den Trab erfährst du auf Seite 248, Richtungswechsel in der Freiarbeit findest du auf Seite 198, Vorhandwendung beim Reiten auf Seite 244.

◀ Mit gesenkter Gerte geht Clara rückwärts. Sunny beobachtet sie aufmerksam: „Darf ich näher kommen?"

▲ Achtung, hier bitte anhalten! Claras Körperhaltung ist eindeutig, Sunny bleibt respektvoll stehen und dreht den Kopf ein wenig zur Seite. Die beiden führen ein intensives Gespräch!

Freies Training

Bodenarbeit muss nicht unbedingt an einem Führseil oder an der Longe gemacht werden. Man kann auch frei mit dem Pony arbeiten, oder sogar mit mehreren Ponys oder Pferden gleichzeitig. Viele Menschen sind von dieser Art der Arbeit mit dem Pony oder Pferd fasziniert. Mensch und Pferd scheinen zu einer Einheit zu verschmelzen und die Pferde haben eine besonders stolze, lebendige und kraftvolle Ausstrahlung.

Freie Arbeit eignet sich für sämtliche Zirkuslektionen wie die Statue oder den Appell und fürs freie Longieren. Sie vertieft das gegenseitige Vertrauen und Verstehen.

Man kann sie in der Halle, auf der Weide oder wenn es sich um Übungen im Stehen handelt, notfalls sogar in der Box machen. Ein Longierzirkel, ein gut eingezäunter Platz oder ein abgetrenntes Stück Wiese sind sicherlich am vielseitigsten nutzbar. Der Vorteil größerer Flächen ist, dass sie den Menschen dazu zwingen, seine Arbeit mit dem Pony so interessant und spannend zu gestalten, dass es freiwillig bei ihm bleibt.

Die meisten Ponys und Pferde sind von pferdefreundlicher Freiarbeit begeistert.

Sie scheinen bei dieser tollen Abwechslung zum Alltag richtig wach zu werden. Wir Menschen lernen, unsere Pferde und uns selbst genau zu beobachten und auf kleinste Zeichen zu achten – auf unsere eigenen und die unserer Ponys. Und wenn ein Pony auf der Weide frei auf dich zugaloppiert, weil du es rufst (Appell), sich ohne Zaumzeug verbeugt, auf dein Zeichen einen Huf hebt oder sich dir nach der Freiarbeit anschließt, kannst du mit Recht stolz sein.

Was du brauchst

Das Pony trägt bei der Freiarbeit meist ein Halfter. Als Mensch haben wir einen Strick, eine lange Gerte oder eine Longierpeitsche in der Hand, die wir als Verlängerung unseres Armes benutzen. Mit dieser Armverlängerung halten wir das Pony auf Abstand, halten es an, lassen es seitwärts drehen, wenden oder vorwärts- oder rückwärtsgehen.

▲ Damit Sunny zu ihr kommt, macht sie sich kleiner, senkt die Gerte und geht sogar etwas rückwärts.

▲ Clara macht sich groß, hebt die Peitsche an und Sunny reagiert sofort, indem sie angaloppiert. Die alte Dame ist nicht nur klug, sondern auch temperamentvoll.

Freiarbeit auf der Wiese

Zusammen mit meiner älteren Schwester sammle ich fast jeden Nachmittag die Wiese ab. Wir schmeißen aber nicht nur Pferdeäpfel in die Schubkarre. Zum Beispiel bringen wir den Ponys Kunststücke bei.
Sie können sich verbeugen, minutenlang stillstehen, bis wir ihnen sagen, dass sie nun wieder laufen dürfen. Sie kommen zu uns, wenn wir sie rufen, und heben die Beine an, auf die wir mit dem Finger zeigen.
So macht uns das Absammeln Spaß und den Pferden auch.

▼ „Komm herein, Sunnylein", signalisiert Clara mit ihrer Körpersprache. Die Peitsche ist abgesenkt und sie geht in einer entspannten Haltung rückwärts.

Für das freie Einüben von Zirkuslektionen empfiehlt es sich, eine Gürteltasche zu tragen, die mit Karottenstückchen oder Pferdeleckerlis gefüllt ist.

Bitte beachten!

Anfangs dauert Freiarbeit nicht länger als 15 Minuten. Länger ist die hohe Aufmerksamkeit und Konzentration weder vom Pferd noch vom Menschen durchzuhalten. In der Anfangsphase von mindestens fünf Minuten wird dabei im Schritt gearbeitet.

Vorsicht: Auch in der Freiarbeit solltest du nie von hinten ans Pferd gehen! Das Pferd kann dich nicht sehen und könnte sich erschrecken und ausschlagen.

◀ Sunny hat sich Clara und Ute angeschlossen. Sie folgt. Nun ja, sehr fröhlich sieht sie nicht dabei aus, aber Clara und Ute gehen auch einen sehr energischen Schritt. Manchmal folgen die Ponys den Menschen in der Freiarbeit, nachdem man sie angehalten hat.

▼ Energisch, aufgerichtet und mit angehobener Gerte treibt Clara Sunny nach außen. Ihren Bauchnabel richtet sie dabei auf Sunnys Hinterhand.

Das magische Dreieck

Genau wie bei der gewohnten Longenarbeit, so bildet man auch beim freien Longieren ein Dreieck mit dem Pferd. Die Seiten des Dreiecks sollten schön lang sein. Auf diese Weise hält man genug Abstand zum Pferd.

Gerade bei der Freiarbeit ist es wichtig, dass du deinen Freiraum schützt und auf Abstand achtest. Je nachdem, wohin du deinen Bauchnabel drehst, wirkst du treibend (Bauchnabel zur Hinterhand gedreht) oder bremsend (Bauchnabel zur Stirnlinie des Pferdes gedreht).

Manchmal musst du diese Position noch verstärken, indem du dich zum Abbremsen zum Beispiel deutlich vor den Pferdekopf drehst und deinen Arm mit dem Strick oder der Longierpeitsche zusätzlich vor den Pferdekopf hältst. Vielleicht hast du aber auch zu energisch und munter ausgesehen? Bei der Freiarbeit lässt sich dein Pony stark von deiner Energie beeinflussen und du kannst viel darüber erfahren, auf welche deiner Zeichen es reagiert.

Viel und wenig Energie

Freies Longieren bedeutet nicht, dass man ein Pferd im Kreis herumscheucht, bis es schweißnass ist. Man kann auch nur im Schritt arbeiten. Manche Ponys traben aber gern einige Runden um den Menschen herum.

Clara und die Pferdesprache

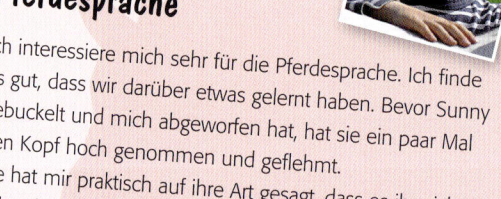

Ich interessiere mich sehr für die Pferdesprache. Ich finde es gut, dass wir darüber etwas gelernt haben. Bevor Sunny gebuckelt und mich abgeworfen hat, hat sie ein paar Mal den Kopf hoch genommen und geflehmt. Sie hat mir praktisch auf ihre Art gesagt, dass es ihr nicht gut geht, aber ich habe sie da leider noch nicht verstanden. Es ist wichtig, dass wir unseren Ponys zuhören, denn sie sprechen mit uns in ihrer Sprache! Mehr steht auf Seite 166.

Clara hat Sunny angehalten und fordert sie nun auf, von der linken auf die rechte Hand zu wechseln. Sunny wendet mit dem Kopf zum Zaun, also nach außen.

▲ Wie an einem unsichtbaren Faden gezogen, folgt Sunny Claras Einladung, nach innen zu kommen. Dabei hat Clara nichts gesagt. Sie geht nur in einladender, friedlicher Körperhaltung rückwärts.

▶ Damit Sunny auf die rechte Hand wechselt, ist Clara einige Schritte auf sie zugegangen und hat die Gerte dabei auf Sunnys rechte Backe gerichtet.

Abstand halten!

Manche Ponys sind sehr anhänglich und halten keinen Abstand zum Menschen. Untereinander lernen sie jedoch sehr schnell, dass es höflich ist, erst einmal zu fragen, ob man erwünscht ist, bevor man jemandem auf die Pelle rückt. Kommt dir das Pony in der Freiarbeit zu nahe, kannst du es mit den gleichen Signalen, die du auch zum Vorwärtstreiben verwendest, auf Abstand halten. Also: groß machen, energisch auftreten, Gerte oder Seil als verlängerten Arm benutzen.

Zum Anhalten aus dem Schritt oder aus dem Trab heraus dreht man den Bauchnabel so, dass man einen Lichtstrahl vor den Pferdekopf schicken kann. Gleichzeitig atmet man aus, nimmt die Schultern nach vorne und sackt ein bisschen in sich zusammen.

Hält das Pferd an, dreht man sich ein wenig zur Seite. In der Sprache mancher Freiarbeiter heißt diese Bewegung weg vom Pferd „Energie wegnehmen".

Umgekehrt richtet man die Energie aufs Pferd, indem man den Bauchnabel hinter das Pferd zeigen lässt, sich groß macht, einatmet, einen energischen Schritt auf die Hinterhand des Pferdes zugeht und den verlängerten Arm auf das Pferd zu bewegt. Reicht das noch nicht aus, atmet man aus und noch einmal tiefer ein, geht laut und stampfender und macht Seil oder Peitsche. Auch hierbei dreht man sich sofort etwas zur Seite, wenn das Pferd auf die Signale reagiert. Damit bestätigt man sein Verhalten.

Wendungen

Auch in der Freiarbeit soll das Pony ab und zu die Hand wechseln. Meist wird es zuerst einmal linksherum laufen. Dabei zeigt seine linke Seite nach innen. Um es nach rechts wenden zu lassen, dreht man sich so, dass der Lichtstrahl aus dem Bauchnabel vor dem Pferd auftrifft.

Zur Verstärkung zeigt man mit dem verlängerten Arm in dieselbe Richtung, also vors Pferd. Das geht am besten, wenn man vor dem Signal zum Wenden die Longierpeitsche oder das Seil in die linke Hand nimmt.

Hat man alles richtig gemacht und das Pferd versteht, was man möchte, dreht es mit dem Kopf zum Zaun und wendet über die äußere Seite nach rechts. Nun muss man vielleicht noch ein bisschen treiben, damit es in Bewegung bleibt.

▶ **Tipp:** Handwechsel an der Longe findest du auf Seite 196.

Reiten lernen

Reiten lernen fühlt sich an, als würde man mit Tanzpartnern, deren Sprache man nicht spricht, Kreistänze lernen. Die Schritte sind eigentlich ganz einfach und sehen leicht und spielerisch aus. Trotzdem kann man sich nie ganz sicher sein, was als Nächstes passiert, und versteht nicht genau, warum die anderen lachen.

Aber es gibt ja auch diese Momente, in denen die Verständigung zwischen dir und deinem Pferd mühelos und locker ist, fast als könne es deine Gedanken erahnen. Solche Momente sind für die meisten Reiter der Grund, sich überhaupt aufs Pferd zu schwingen.

Reiten lernen ist die Suche nach der Verbundenheit in der Bewegung mit einem vierbeinigen Partner. Um sich verbunden fühlen zu können, muss man sich in den anderen einfühlen und mit ihm verständigen können. So schwer ist das gar nicht!

◀ Levke trägt die komplette reiterliche Ausrüstung: Reithelm, Schutz-weste, Handschuhe, Reithose, Chapsletten, Stiefeletten. Sir Henry trägt Trense, Sattel, Gamaschen und eine schicke Satteldecke. Und dann sehen die beiden auch noch so energisch aus, und so, als hätten sie Spaß! Toll!

▶ Malte im weißen Turnierdress. Zur Turnierreithose trägt er ein weißes Hemd und weiße Handschuhe. Ein Plastron und ein Turnierjacket brauchte er hier nicht.

Ausrüstung: sinnvoll, stabil, chic

Auch wenn Reiter – wie alle Sportler – mit den Jahren herausgefunden haben, welche Kleidung sich am besten für ihren Sport eignet, muss man sich zum Reiten nicht neu einkleiden.

Reithelm

Eine gute Reitkappe ist allerdings von der ersten Stunde an Pflicht, denn sie schützt den Kopf im Falle eines Sturzes. Reithelme werden genau wie Fahrrad- oder Skihelme auf ihre Sicherheit getestet und immer wieder verbessert. Viele Reitlehrer sind der Meinung, dass auch ein guter Reiter immer mal wieder vom Pferd fällt. Manche Reitschulen bieten sogar Kurse an, in denen man das Fallen üben kann!

Stiefel oder Stiefeletten

Feste und robuste Schuhe sind ebenfalls ratsam, wenn man aufs Pferd steigt. Turnschuhe schützen und stützen den Fuß zu wenig. Viele Reiter tragen lieber Reitstiefeletten als Stiefel.

Hosen

Reithosen gibt es in verschiedenen Varianten. Sie sollten vor allem gut sitzen, weder zu eng noch zu weit sein. Ob man sich für eine unten weit geschnittene Jodhpurhose entscheidet oder ob man eine Stiefelhose wählt, ist Geschmackssache. In Hosen mit Ganzlederbesatz klebt man geradezu am Sattel, was im Gelände sicher ein Vorteil ist.

Schutzwesten

Schutzwesten sah man früher nur im Vielseitigkeitssport. Sie schützen den Nacken-, Rücken- und Rippenbereich des Reiters vor Sturzverletzungen. Der Nachteil vieler Schutzwesten ist, dass sie eine gewisse Unbeweglichkeit mit sich bringen.

Manche Pferde reagieren sehr empfindlich auf diesen starreren Sitz des Reiters. Schutzwesten aus dem Vielseitigkeitssport sind zwar teuer, lassen sich aber sehr genau anpassen und ermöglichen dadurch einen beweglicheren Sitz.

Im Spätherbst und Winter wird es früh dunkel. Um auch in der Dämmerung gut gesehen zu werden, tragen die Reiter auf dem Foto Sicherheitswesten, Reflexgamaschen, Helmlampen und Leuchtdecken.

▲ Clara trägt Helm und Sicherheitsweste. Im Falle eines Sturzes schützt die Weste ihren Rücken und die Rippenpartie. Claras Weste ist gut angepasst und behindert sie nicht beim Reiten.

▲ Hier kannst du die „Reitmoden" von Malte, Clara, Finja, Marcel und Rosa sehen. Reitstiefel, Stiefeletten, Chapsletten, Jodhpurhosen, Stiefelhosen. Hauptsache bequem!

Weg mit der Weste!

Als ich meinen jungen Haflinger zum ersten Mal mit Schutzweste ritt, fing er an, komisch zu laufen und zu buckeln. Es war das vierte oder fünfte Mal, dass er überhaupt geritten wurde. Davor hatte ich aber keine Schutzweste getragen. Ich hatte das Gefühl, dass er wegen der Weste buckelte.
Als ich sie ausgezogen hatte, saß ich anscheinend wieder viel lockerer – jedenfalls hörte er sofort auf, sich komisch zu benehmen, und gebuckelt hat er auch nicht mehr.

Handschuhe

Im Winter verzichten nur wenige Reiter auf wärmende Reithandschuhe. Auch im Sommer verhindern Reithandschuhe, dass man Blasen an den Fingern bekommt, wenn das Pony im Gelände dazu neigt, ab und zu seinen Kopf graswärts zu ziehen.

Gerten

Gerten erleichtern das Treiben. Junge Pferde verstehen zum Beispiel noch nicht, was das Reiterbein ihnen sagen will. Sie reagieren viel eher auf ein Antippen mit der Gerte. Die Gerte sollte nicht zu lang sein, damit sie nicht ständig treibend auf das Pferd wippt.

◀ Rosa weiß, dass Katinka rückenempfindlich ist, und passt gut auf, dass die Lammfelldecke glatt aufliegt. Sie hat sie schön weit hoch in die Kammer des Sattels gezogen.

▼ Clara legt Sunnys Sattel erst ein wenig nach vorne auf den Hals und zieht ihn dann in Fellrichtung nach hinten, bis er richtig liegt. Dann prüft sie nach, ob die Decke glatt liegt.

Satteln und Zäumen

Neben dem Halfter und dem Putzzeug gehören ein gut angepasster Sattel und eine ebensolche Trense zur Ausrüstung jedes Reitpferdes. Manche Sättel sehen traditionell anders aus als andere.

Islandpferde werden zum Beispiel mit flachen Islandpferdesätteln geritten, während Westernreiter in unterschiedlichen Westernsätteln sitzen.

Außerdem haben die Profis vieler Reitsportarten spezielle Sättel für ihre Disziplin entwickelt. Springsättel haben eine andere Form als Dressursättel, weil man über dem Sprung die Beine stärker anwinkeln muss als beim Dressurreiten. Vielseitigkeitssättel sollen sich für Dressur, Springen und fürs Gelände eignen.

Egal, welchen Sattel man bevorzugt oder in die Hand gedrückt bekommt, eines ist immer gleich. Der Sattel soll dem Reiter, aber vor allem dem Pferd wirklich passen!

Geduld – gut gegen Gurtzwang

Katinka hat eine Zeit lang beim Satteln gebissen, weil wir den Sattelgurt zu schnell festgezogen haben. Eine Woche lang haben wir den Sattel nur aufgelegt und sie dabei gefüttert und massiert.

Auch später haben wir sie beim Satteln immer gefüttert, damit sie das Satteln mit etwas Gutem verbindet. Außerdem haben wir uns viel Zeit genommen und den Gurt nur sehr vorsichtig fester geschnallt.

Inzwischen beißt sie fast gar nicht mehr, aber wir füttern sie trotzdem noch beim Satteln, gurten nur langsam nach und haben sie dabei immer im Auge.

◀ Clara gurtet den Sattel so an, dass er gerade eben nicht verrutscht. Nicht gleich bombenfest ziehen! Die Bügellänge passt, wenn Bügelriemen und Bügel so lang sind wie der ausgestreckte Arm.

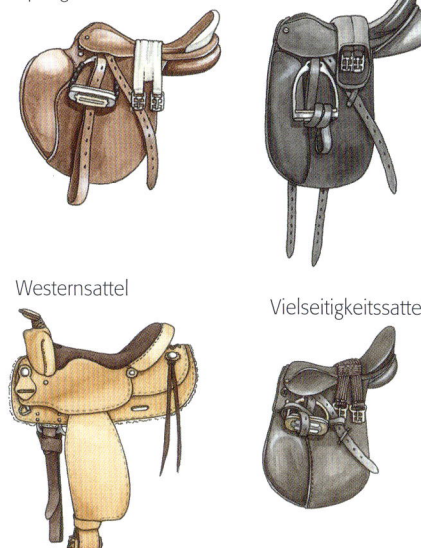

Springsattel   Dressursattel

Westernsattel   Vielseitigkeitssattel

▶ Springsättel haben nach vorn gezogene Pauschen, während Dressurreiter mit tiefem Knie und gestrecktem Sitz reiten. Der Westernsattel eignet sich nicht zum Springen, ist aber im Gelände sehr bequem.

▼ Sunny öffnet ihr Maul bereitwillig für die Trense. Clara streicht Sunnys Ohren vorsichtig unter den Genickriemen und achtet darauf, die Trense nicht über Sunnys Augen zu ziehen.

Aufsatteln

Das Befestigen des Sattels ist eine Gratwanderung. Nach dem ersten Angurten soll er zwar nicht unter den Bauch rutschen, andererseits darf er aber nicht zu fest angegurtet werden.

Am besten gurtet man im Laufe von mindestens fünf Minuten immer wieder links oder rechts ein bis zwei Löcher nach, während man das Pferd führt. Auch während der ersten Schrittphase im Sattel gurtet man noch mindestens ein Mal nach.

Die meisten Pferde pumpen sich auf, das heißt, sie tanken Luft auf Vorrat, damit die Menschen den Gurt nicht zu schnell festziehen können. Eine schlaue Vorsichtsmaßnahme! Sattel und Trense pflegt man mit Lederfett, damit sie geschmeidig bleiben. Eine Trense nach dem Einfetten wieder zusammenzubauen, ist gar nicht so einfach und eine beliebte Denksportaufgabe auf Ponyhöfen!

◀ Aron war zuerst ein wenig nervös, als er zur Aufstieghilfe gehen sollte. Malte hat ihn immer wieder herangeführt, bis er am Ende aufmerksam, aber ruhig stehen blieb.

▲ So dynamisch kommen die Mounted-Games-Reiter im vollen Galopp aufs Pferd.

So kommst du aufs Pferd

Hoch hinauf

Zum Aufsitzen, wie man das Aufsteigen in der Reitersprache auch nennt, benutzt man am besten eine Aufstieghilfe. Auch wenn es immer noch als besonders sportlich gilt, vom Boden aus die höchsten Pferde zu erklimmen. Es ist inzwischen erwiesen, dass ständiges Aufsitzen vom Boden aus sowohl dem Pferderücken als auch dem Sattel schadet. Beide werden schief gezogen. Manchmal wird man aber nicht umhinkönnen, vom Boden aus aufzusitzen, zum Beispiel im Gelände, wenn gerade keine Bank oder kein großer Stein in der Nähe ist.

Bitte keinen Zwischenstopp!

Beim Absitzen immer beide Füße aus den Bügeln nehmen, bevor du das rechte Fuß über den Sattel schwingst. Ein Zwischenstopp mit dem linken Fuß im Bügel, wie ihn manche Leute gern einlegen, ist belastend für Pferd und Sattel und nicht sicher für den Reiter.

So geht's

Egal, ob vom Boden oder von einer Aufstiegshilfe aus, zum Aufsitzen nimmt man zuerst einmal die Zügel des Pferdes in die äußere, vom Pferd abgewandte Hand. Sitzt man von links auf, ist das die linke Hand. Die Zügel sollten gleich lang sein und anstehen, das heißt, sie hängen nicht durch, ziehen das Pferd aber auch nicht zusammen. Blickrichtung ist das rechte oder äußere Pferdeohr.

Die linke Hand mit dem Zügel fasst nun in die Mähne des Pferdes, der linke Fuß gleitet in den linken Steigbügel und die rechte Hand fasst möglichst weit über den Sattel hinüber nach vorne zur anderen Sattelseite und

hält sich dort fest. Nun ist man bestens vorbereitet, um sich mit dem nächsten Ausatmen leicht wie eine Vogelfeder in den Sattel zu schwingen und dort sachte Platz zu nehmen.

Die Blickrichtung bleibt dabei das rechte oder das äußere Pferdeohr. Sachte wie eine Feder Platz zu nehmen, bedeutet, sich nicht in den Sattel plumpsen zu lassen! Erst mit dem zweiten oder dritten Atemzug belastet man den Pferderücken ganz.

Nun hat man Zeit, den Sattelgurt noch einmal von oben nachzugurten, denn viele Pferde atmen erst aus, wenn ihr Reiter im Sattel sitzt. Das ist ihre Vorsichtsmaßnahme gegen zu schnelles Angurten.

▲ Rosa hat den linken Bügel aufgenommen, mit beiden Händen vorn in den Sattel gefasst und sich auf Trajan geschwungen. Nun angelt sie sich den rechten Bügel.

▼ Auch beim Reiten ohne Sattel steigt Finja von der Aufstiegshilfe aus auf. Zusätzlich zum Zügel hat sie in Katinkas Mähne gefasst. Beim Aufsitzen schaut sie zu den Pferdeohren hin.

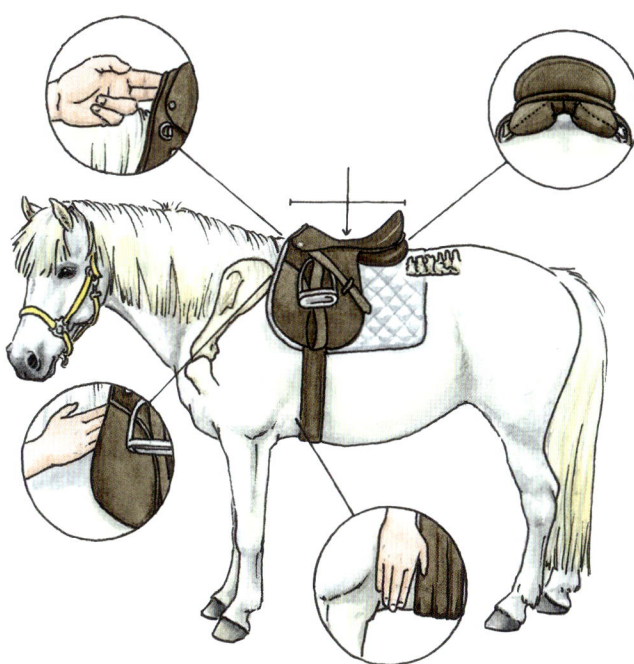

▲ Die wichtigsten Punkte des Sattelchecks: Mit Reiter im Sattel sollen vier Kinderfinger (= zwei Erwachsenenfinger) in die Sattelkammer über dem Widerrist passen. Der Sattel liegt flächig und waagerecht auf, ohne einzuengen. Der „Röntgenblick" auf die Wirbelsäule zeigt, dass hinter dem Sattel mindestens eine Handbreit Platz bis zum Hüfthöcker sein muss. Die flache Hand soll vorn zwischen Fell und Sattelblatt entlanggleiten können. Und zwischen Ellbogen und Sattelgurt muss eine Handbreite passen.

Sattelcheck

Wie findest du nun heraus, ob der Sattel deinem Pony passt? Wenn du mit der Hand unterm Sattelblatt entlangfährst, darf nichts zwicken oder klemmen. Zwischen der Sattelkammer und dem Widerrist sollten vier Finger deiner Hand locker Platz haben.

Wenn du eine Hand auf die Sattelkammer und eine auf den Sattelkranz legst und abwechselnd nach unten drückst, darf der Sattel nicht wippen, sondern muss ruhig aufliegen. Und wenn du von hinten zwischen den Sattelkissen hindurchschaust, sollte der Sattel überall gleichmäßig aufliegen. Der Sattel muss waagerecht und weder bergauf, noch bergab geneigt aufliegen. Der Sattelgurt soll eine Handbreit hinter dem Ellbogen liegen und der Sattel hinten nicht weiter als eine Handbreit vor dem Hüfthöcker reichen.

Frage außerdem mal den Reiter hinter dir, ob dein Sattel im Laufe der Reitstunde zu einer Seite verrutscht oder ob er sich in den Kurven auf die Wirbelsäule des Pferdes schiebt.

Es gilt: Vor dem Aufsitzen nachgurten, nach dem Absitzen Gurt lockern!

◀ Nur fliegen ist schöner!

▼ Springen macht Spaß! Es fühlt sich an wie ein riesiger Galopp-sprung. Da braucht man schon etwas Übung und muss „richtig" und ausbalanciert sitzen. Levke und Sir Henry gelingen super Sprünge!

Richtig sitzen

Wie beim Fahrradfahren, so braucht man auch beim Reiten ein gutes Gleichgewicht. Denn wie beim Fahr-radfahren ist man auch beim Reiten in Bewegung. Das Pferd fällt, anders als ein Fahrrad, zwar nicht um, wenn man sein Gleichgewicht nicht halten kann. Es gleicht die fehlende Balance seines Reiters aber mit jedem Schritt aus. Das ist anstrengend.

Und noch etwas unterscheidet Pferde von Fahrrädern. Sie haben nämlich auch eigene Ideen. So springen sie nach links, wenn sie rechts etwas Unheimliches entde-cken, oder sie werden schneller oder bleiben plötzlich wie angewurzelt stehen. Um mit all diesen Bewegungen gut mitgehen zu können, brauchst du beim Reiten einen gut ausbalancierten Sitz.

Am Anfang kommst du vielleicht schon beim Antraben oder Angaloppieren ins Rutschen. Wenn du geübter bist, bringt dich ein abrupter Halt des Ponys oder ein Satz zur Seite aus dem Gleichgewicht – oder auch nicht.

Balance und Gewicht

Über den Sitz gibt man Signale ans Pferd. Im Laufe sei-ner Ausbildung hat es gelernt, diese Signale zu verste-hen.

Legt man die Unterschenkel an, so bedeutet das fürs Pferd, schneller zu werden. Dreht man sich nach links, so bedeutet das fürs Pferd, nach links zu gehen. Drückt man die Knie an den Sattel, bremst dies das Pferd ab.

Normalerweise sitzt man entspannt, aber aufgerichtet im Sattel und schaut nach vorn. Schulter, Hüfte und Absatz liegen ungefähr auf einer Linie. Die Ellbogen sind angewinkelt, die Hände eine Handbreit über dem Widerrist.

Beim Springen und im schnellen Galopp hebt man das Gesäß aber aus dem Sattel heraus, beugt sich etwas nach vorn und stützt die Hände seitlich vom Mähnenkamm auf dem Hals ab. Diesen Sitz nennt man leichten Sitz.

▼ Malte sitzt aufrecht und entspannt im Schritt am langen Zügel. Er lenkt Aron nur mit Gewichts- und Schenkelhilfen. Aron ist aufmerksam und geht schön vorwärts.

▲ Katinka macht einen Riesensatz über eine Bodenstange. Sie ist ziemlich unerfahren im Springen und kann nicht einschätzen, wie sie die Stange überwinden soll. Finja geht gut mit der Bewegung mit.

▶ Der „Kartoffel-sack" ist eine gute Übung, um Schultern und Nacken zu entspannen und den Oberkörper ins Gleichgewicht zu bringen.

Überkreuz

Viele Übungen helfen, das Gleichgewicht im Sattel zu finden oder zu verbessern. Viele dieser Übungen sind Überkreuzbewegungen. Manche helfen bei verspannten Schultern, oder wenn man den Oberkörper beim Reiten zu weit nach vorn oder nach hinten lehnt. Andere helfen, die Beine in die richtige Lage zu bringen, wenn man mit ihnen zum Beispiel klammert oder zu weit nach oben, hinten oder vorn rutscht.

„Reiten lernt man nur durch Reiten", dieser Spruch ist wahr und auch wieder nicht. Kampfsportarten, Waveboard- oder Skifahren, Pilates, Fußball und Ballett nützen dir auch als Reiter. Selbst Klavier- oder Geigen-unterricht fördern deine Koordination und damit deine reiterlichen Fähigkeiten!

▶ **Tipp:** Wie man ohne Zügel und fast nur mit dem Sitz lenken kann, siehst du auch beim Halsringreiten auf Seite 222.

▶ Rosa leitet eine Wendung nach links ein. Sie sitzt aufgerichtet und schaut nach links und auch ihr Pony ist nach links gebogen. Trajans Ohren sind höflich auf Rosa gerichtet, er hört ihr zu.

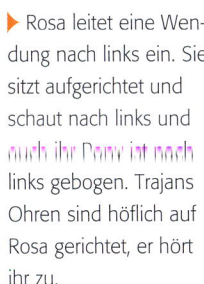

◀ Bevor du zum Zügel greifst, ist eine solche Übung zu zweit eine gute Sache. Stell dir vor, deine Hände wären das Pferdemaul. Wie fühlen sich die Zügelhilfen an?

▶ Hier siehst du den Grund dafür, warum du mit Zügeln immer sehr vorsichtig umgehen solltest. Die meist aus Metall bestehende Trense liegt direkt auf der Zunge deines Ponys, im empfindlichen Maul.

Die Zügel

Die Zügel kann man als eine Art Telefon zum Pferd betrachten. Das andere Ende der Verbindung befindet sich an einem Metallstück, dem Trensengebiss, im Maul des Pferdes. Jede noch so kleine Bewegung, die der Reiter im Sattel macht, überträgt sich über diese Verbindung zum sensiblen Pferdemaul.

Häufig bestehen Zügel aus Gurtmaterial. Damit diese eher harten Zügel nicht schmerzhaft durch die Hand rutschen, wenn das Pferd seinen Kopf nach unten ruckt, sind Lederquerstege am Gurt angebracht.

In den Händen

Die Trensenzügel laufen zwischen dem viertem und fünftem Finger in die Hand hinein und zwischen Daumen und Zeigefinger aus der Hand heraus. Der Daumen schließt sich dabei über dem Zügel und beide Daumen bilden ein Dach.
Damit die Hände und die Zügelführung sich fürs Pferd angenehm weich anfühlen, ist es wichtig, dass die Schul-

tern locker, die Ellbogen angewinkelt und die Hände in einer Linie mit dem Unterarm sind.

Hingegebene Zügel

Die Länge der Zügel richtet sich nach dem Ausbildungsstand des Pferdes und danach, in welcher Phase der täglichen Reitstunde man sich gerade befindet.

Beim Warmreiten im Schritt sind die Zügel lang. Für die Lösungsphase am Anfang des Unterrichts fasst man die Zügel nach und hat sie nun so lang, dass sie gerade eben straff sind. Nach und nach werden die Zügel nun bei der allmählichen Biege- und Galopparbeit etwas kürzer genommen.

Allerdings legt man etwa alle zehn Minuten eine Schrittrunde ein, lässt die Zügel nach und nach lang und gibt dem Pferd die Möglichkeit, sich nach vorne zu dehnen. Auch nach einer besonders gelungenen Übung kann man auf diese Weise Danke zum Pferd sagen. Ge-

▲ Gretas Fäuste sind aufrecht hingestellt, die Daumen bilden ein Dach. Stell dir vor, die Zügel wären kleine Küken, die zwar nicht aus deinen Händen schlüpfen, aber auch nicht gequetscht werden sollen.

▲ Auf diesem Bild hat Greta eine Zügelbrücke gebildet, um ihre Hände zu stabilisieren. Bei unruhigen Händen, falscher Handhaltung, heftigen Pferden oder im leichten Sitz ist das eine gute Idee!

Längstmöglicher Zügel

Mein Reitlehrer Paul Stecken betont immer wieder, wie wichtig es ist, mit dem längstmöglichen Zügel zu reiten. Damit ist gemeint, dass man die Zügel nicht komplett lang lässt, sondern immer noch eine Verbindung zum Pferdemaul und die Kontrolle über das Genick des Pferdes behält.

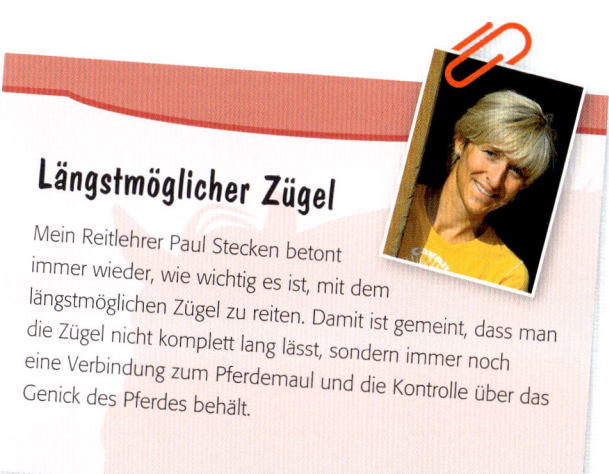

legentliche „Dankesrunden" sorgen außerdem dafür, dass sich die Muskulatur des Pferdes erholt.

Nach so einer Runde fasst man die Zügel behutsam nach und geht die nächste Übung an. Eigentlich tut so eine Runde am langen Zügel nämlich nicht nur dem Pferd gut, sondern auch dem Reiter.

▶ **Tipp:** Mehr über die Lösungsphase erfährst du auf Seite 230.

▲ Spiele, wie das Paar-Reiten mit Seilen, verbessern die Handhaltung beim Reiten. Marcel zeigt sehr schön, wie sein Unterarm und Ninis Zügel eine Linie bilden – ohne Knick. So soll es sein!

◀ Diese vorwärts treibende Hilfe ist relativ grob und fordert eine heftige Reaktion heraus, womöglich einen Tritt nach hinten. Als Reiter sollten wir feinere Hilfen geben!

▲ Die fünf Ponyreiter stimmen ihre Hilfen nicht nur auf ihre Pferde ab, sondern sie müssen auch Abstand und Tempo einhalten. In der Abteilung achten sie aufmerksam aufeinander. Sieh dir ihren Sitz an!

Hilfengebung

Die Signale, die das Pferd bekommt, schlüsselt es nicht extra nach Zügel-, Schenkel- oder Gewichtshilfen auf. Das Pferd versucht immer, die Bedeutung aller Hilfen gleichzeitig zu verstehen. Deswegen ist eines der wichtigsten Ziele des Reitlehrers, seinen Schülern zu vermitteln, wie man all diese Signale aufeinander abstimmt.

Ist der Reiter im Sattel noch etwas uneindeutig mit seinen Hilfen, so richtet das Pferd sich entweder nach der deutlichsten Hilfe oder nach der, die ihm gerade am sinnvollsten erscheint. Oder es macht überhaupt, was es möchte und was ihm leichtfällt.

Manchmal erklären Reitlehrer ihren Schülern scherzhaft, die Zügel seien die Bremse, die Beine das Gaspedal.

Bremsen

Es ist richtig, dass man zum Bremsen, also zum Durchparieren, die Zügel etwas annimmt und dabei die Ellbogen leicht nach hinten dehnt. Man drückt aber auch die Knie an den Sattel, sitzt etwas tiefer ein und atmet aus.

Zum Beschleunigen, also zum Treiben, legt man die Unterschenkel gefühlvoll an den Pferdebauch und drückt flächig nach oben, als wolle man den Pferdebauch anheben.

Das wiederholt man einige Male, bis das Pferd reagiert. Man geht dabei aber auch leicht mit der Hand nach vorne.

Reitersprache

• Durchparieren nennt man die Hilfen zum Langsamerwerden oder Anhalten des Pferdes.

• Treiben nennt man die Hilfe zum Schnellerwerden des Pferdes.

• Biegen nennt man das Reiten einer Kurve oder das Durchreiten von Ecken.

◀ Greta peilt im Galopp schon den nächsten Sprung an und gibt Kimberly durch ihre Körperhaltung die korrekten Hilfen. Das erfordert schon etwas Übung!

◀ Levke hat den kernigen Sir Henry sehr gut zum Halten durchpariert.

▲ Mehr Schwung im Trab: Finja treibt Katinka mit den Schenkeln an und gibt mit den Zügeln nach, damit ihre Stute die Tritte verlängert. Dabei schwingen die Hinterbeine weiter nach vorne.

▲ Marcel reitet mit Nini eine Volte. Schau dir an, wie er in der Wendung sitzt. Er guckt nach innen, dadurch kommt seine innere Schulter etwas nach hinten. Nini hört aufmerksam zu und biegt sich schön.

Biegen und Abwenden

Reitet man eine Kurve oder biegt man ab, dreht man sich im Sattel in die Richtung der Wendung. Links herum nimmt man zum Beispiel die linke Schulter ein wenig nach hinten, auch die linke Hand ist etwas näher am Bauch des Reiters als die rechte.

Das linke Reiterbein liegt dichter am Pferd. Das rechte Bein hat die Aufgabe, dafür zu sorgen, dass das Pferd sich auch wirklich biegt. Deswegen liegt es etwas weiter hinten als das linke.

Stimmhilfen

Auch wenn es in Prüfungen nicht erlaubt ist, haben viele Pferde gelernt, Wortsignale zu verstehen. „Scheeritt", „Teeerrab" und „Galopp", „Haaalt", „Priiima" oder „Suuuper" – das sind Worte, die jedes Pferd hoffentlich kennt.

Gerade lobende Worte kann man gar nicht genug benutzen. Jedenfalls, wenn sie angebracht sind. Und das sind sie doch sicher?

▶ **Tipp:** Wie man Wendungen reitet, steht auf Seite 244.

◀ Schon die kleinsten Koniks machen gelenkige Übungen! Die Fortsetzung der Übungsreihe im Stehen folgt auf der übernächsten Seite.

▲ Greta schließt beim Longieren die Augen. Nun fühlen sich die Bewegungen anders und intensiver an. Wann geht das innere Hinterbein vor?

Sitzübungen

Die Gelegenheit, sich auf einem ruhigen Pferd oder Pony longieren zu lassen, sollte sich kein Reiter entgehen lassen. Nicht einmal ein Olympiareiter!

Zunächst kann man sich dabei in Ruhe auf die Bewegungen des Pferdes konzentrieren. Wie fühlt es sich an, wenn das äußere Vorderbein vorgeht? Und wie, wenn das äußere Hinterbein vorgeht? Mithilfe des Longenführers lernt man, wie sich diese Bewegungen für den eigenen Körper anfühlen. Später beim Alleinreiten spürt man dann leichter, wann man im Trab aufstehen oder in der Wendung das Bein anlegen soll.

Warmmachen

Die Longenstunde eignet sich aber auch sehr gut für verschiedene Sitzübungen.

Zum Warmwerden fasst man noch im Halten mit der linken Hand nach dem rechten Fuß und umgekehrt. Nach einigen Wiederholungen werden die Knie hochgezogen und der rechte Ellbogen zum linken Knie geführt und umgekehrt. Zumindest der erste Teil der Übung sorgt später im Schritt für echte Abwechslung!

Schultern lockern

Sitzt da jemand hinter mir? Die Schultern und Arme werden durch das Über-die-Schulter-Schauen nach links und rechts gelockert. Nimmt man die Arme mit in die Bewegung hinein, wird daraus das Ein- und Auswickeln.

Rücken und Beine

So richtig gemütlich im Schritt wird es, wenn man sich zusammenfallen lässt wie ein alter Müslisack. Als Müslisack kann man sich auch im Trab so richtig durchschütteln lassen. Zurück im Schritt wird aus dem Müslisack plötzlich eine Giraffe. Groß und anmutig folgt sie den Bewegungen des Pferdes. Zwei der langen Giraf-

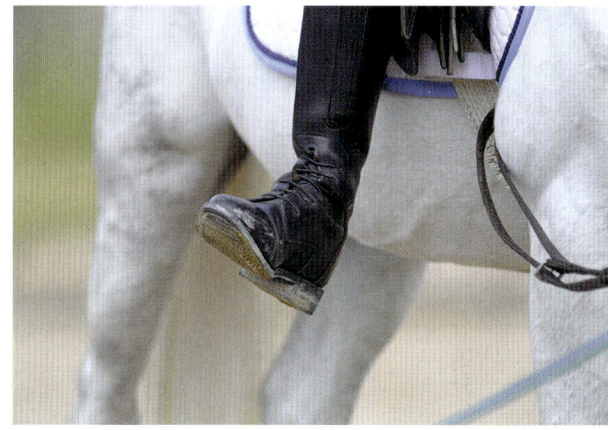

▲ Mit verschränkten Händen und ausgestreckten Armen nach links und rechts wenden und dabei den Händen hinterherschauen – mindestens so anspruchsvoll wie das Kreisen der Füße!

▼ Greta fährt Fahrrad auf dem Pferd – das ist ganz schön schwierig!

▲ Alle Bewegungen, bei denen du die Mittellinie deines Körpers mit Händen oder Beinen überkreuzt, eignen sich super zum Aufwärmen.

fenbeine laufen eine Zeit lang als fünftes und sechstes Pferdebein mit. Dann kreisen sie in Achten neben dem Pferd und verwandeln sich in Fahrradpedale, die vorwärts und rückwärts getreten werden.

Am Ende lockern einige Trabrunden im leichten Sitz noch einmal den ganzen Körper.

▲ Greta macht die Übung „Mühle", dreht sich also ein Mal im Sattel herum. Das geht nur auf ruhigen Pferden, die nicht empfindlich im Rücken sind.

◀ Dies ist eine Fohlen-Übung für Fortgeschrittene. Ein Neugeborenes schafft es in dieser Situation noch nicht, das Gleichgewicht zu halten.

▶ Die elfjährige Merle reitet auf der 21-jährigen Anglo-Araberstute perfekte Wendungen mit dem Halsring. Achte darauf, wie wenig sie den Halsring und wie deutlich sie ihren Körper einsetzt.

Balance und innere Mitte

Am sichersten sitzt man in seiner eigenen Mitte. Aber wie findet man diese Mitte auf einem vorwärts schaukelnden Pferd?

Die Sitzkorrekturen und viele Ratschläge oder Kommandos, die ein Reitlehrer gibt, sollen seinen Reitschülern den Weg zum Gleichgewicht und zur inneren Mitte erleichtern.

Sitzfehler übertreiben

Reitanfänger, die ihre Balance auf dem Pferd noch nicht gefunden haben, ziehen zum Beispiel häufig ihre Arme oder Beine hoch und kippen mit dem Oberkörper nach vorne oder nach hinten. Oder sie strecken die Arme gerade nach vorne. Oder sie sacken in sich zusammen, wenn ihnen die Kraft ausgeht.

Aus Rücksicht aufs Pferd sollte man die Anfängerfehler, sich mit den Händen am Zügel oder mit den Unterschenkeln am Pferdebauch festzuklammern, nicht aus-

probieren. Alle anderen Möglichkeiten, sich „verkehrt" hinzusetzen, kann man aber ruhig einmal übertreiben. Am Ende hat der Körper eine große Auswahl an ungünstigen Sitzideen. Interessanterweise findet man dadurch leichter zum idealen Gleichgewicht.

▲ An der Longe legt Greta die Gerte auf beide aufgestellten Hände und balanciert sie im Schritt. Gar nicht so einfach! Geht das auch im Trab oder beim Anhalten? Reiterhände sollen ruhig sein!

◀ Mit einer Hand auf dem Brustbein und einer auf dem unteren Rücken stellt Marcel sich vor, groß zu werden und den Raum zwischen seinen Händen auseinander-zuziehen wie ein Akkordeon.

▶ Marcel zieht eine Schulter übertrieben hoch. Die meisten Reiter, auch Fortgeschrittene, sitzen ein wenig schief. Achte einmal darauf.

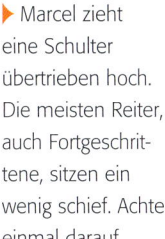

▶ Marcel lässt sich zusammensacken wie ein Müslisack. Wenn man so sitzt, spürt man die Bewegungen des Pferdes viel deutlicher. Probiere es aus und richte dich dann ganz langsam wieder auf.

▲ Das Umarmen des Ponys gehört sicher zu den schönsten Balanceübungen, die es gibt. Du kannst sie im Halten machen oder dich dabei im Schritt führen lassen.

Die Wendungen

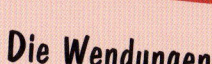

- Wendungen gehören zu den lösenden Übungen.
- Auch das Durchreiten der Ecken ist eine Wendung, in der das Pferd gebogen geht.
- Vom Großen zum Kleinen: Zu Beginn der Reitstunde werden große Wendungen geritten, später erst die kleineren, die enger sind.

Übertrieben richtig wenden

Wendungen oder sogar Slalom im Schritt am langen oder hingegebenen Zügel geritten, dienen ebenfalls der Balance. Vor allem, wenn man diese Wendungen etwas übertrieben reitet. Wendet man nach links, schaut man auch mit einer leichten Kopfdrehung nach links.

Die linke Schulter nimmt man etwas nach hinten, dadurch kommt die linke Hand ein wenig dichter an den Bauchnabel als die rechte. In der Wendung nach links sinkt das rechte Knie tiefer und der rechte Unterschenkel geht ein wenig zurück. Das linke Bein liegt dicht am Pferdebauch.

Zum Beispiel mit dem Halsring. Dabei wird nicht am Halsring gezogen, sondern der Körper deutlich in die Wendung mit hinein genommen, so, wie es auf den Fotos zu sehen ist.

Sind Pferd und Reiter geübt im Wenden, lässt sich so ein Slalom auch ganz ohne Zügel reiten. Wendungen fördern die Geschmeidigkeit von Pferd und Reiter.

◀ Malte vertraut Aron. Mit den Führstricken als Zügelersatz im Halfter eingehängt, kann er ihm auch nicht im Maul wehtun. Mal schauen, wie es sich rückwärts ohne Sattel reiten lässt?

▶ „Ina, wie viele Möglichkeiten gibt es, auf einem Pferd zu sitzen? Welches Bein geht gerade vor?" „Rosa, wie kann ich Trajan von oben anhalten, ohne Zügel?" Fragen über Fragen!

Ohne Sattel reiten

Das Reiten ohne Sattel hilft allen Reitern, ihre Balance zu finden. Reitanfänger und fortgeschrittene Reiter verbessern auf dem blanken Pferderücken ihren Sitz. Außerdem ist es einfach schön, das warme Fell und die geschmeidigen Bewegungen des Pferdes zu spüren.

Im Schritt bewegt sich der Pferdebauch beim Gehen nach links und rechts gegen das Reiterbein. Der Pferderücken hebt und senkt sich. Der Weg zum Umarmen des Pferdehalses ist beim Reiten ohne Sattel scheinbar viel kürzer, als beim Reiten mit Sattel.

Sommer ohne Sattel

Mein Reitlehrer hat mir empfohlen, viel ohne Sattel zu reiten. Einen Sommer lang bin ich nur ohne Sattel geritten und dabei auch ganz viel galoppiert. Danach habe ich meine Bügel länger schnallen können und habe die Beine nicht mehr so hochgezogen. Auch im Winter reite ich gerne ohne Sattel, denn das Ponyfell fühlt sich so schön warm an.

Bitte nicht auf Krampf!

Aber wie kommt man auf so einen Rücken hinauf? Wir raten davon ab, das Pferd als Sportgerät zu benutzen und das Aufspringen von der Seite am Pferd zu üben. Nur wenige anmutige Tänzer oder leichtfüßige Sportler schaffen es auf Anhieb, vom Boden aus aufzusitzen, ohne dass sich das Pferd dabei verspannt. Pferdefreundlicher ist es, auch beim Reiten ohne Sattel eine Aufstiegshilfe zu benutzen oder sich mit der Räuberleiter aufs Pferd helfen zu lassen.

Rückwärts, vorwärts, Trab, Galopp

Eine völlig neue Reiterfahrung ist das Rückwärtsreiten mit Blick zum Schweif. Hierbei sollte man sich auf alle Fälle führen lassen.

Hat man sich ein wenig zurecht gefunden, kann man an den langen Seiten traben und vor den Ecken zur kurzen Seite zunächst einmal wieder zum Schritt durchparieren. Galopp ohne Sattel ist eine wunderbare Angelegenheit. Am wunderbarsten ist der Galopp, wenn das Pferd so gut ausgebildet ist, dass es direkt aus dem Schritt angaloppiert und sich vom Galopp auch weich in den Schritt durchparieren lässt.

Weniger gut ausgebildete oder junge Pferde traben oft in den Galopp hinein. Dabei werden sie im Trab immer schneller. Das fühlt sich ohne Sattel meist nicht so gut an.

▲ Ohne Sattel, aber mit Helm! So lässt es sich prima spielen. Rosa führt Ina, die gerade nach Gold auf Trajans Rücken Ausschau hält, das aus einem Baum herabgeregnet ist.

▲ Hier reitet die ganze Abteilung eine Quadrille ohne Sattel. Zur Musik bewegen sich die Pferde schwungvoll und der Pferderücken fühlt sich noch besser an!

Bis man im Reiten ohne Sattel wirklich geübt ist, reitet man am besten in der Bahn. Hier kann man unbeschwert vom Pferderücken rutschen und von der Aufstiegshilfe aus wieder aufsitzen.

▼ Nach einer längeren Trabphase freuen sich alle über eine Erholungspause im Schritt. Nur Malte trabt ganz hinten auf, weil der Abstand zwischen Aron und Sir Henry zu groß geworden ist.

▶ **Tipp:** Mehr über den Galopp erfährst du auf Seite 252.

Der Pferderücken

Die Rückenform von Ponys ist ganz unterschiedlich. Reiten ohne Sattel kann sich daher für dich, aber auch für das Pony unangenehm anfühlen. Pass beim Aufsitzen auf die empfindliche Wirbelsäule des Ponys auf.

◀ Viele Ponys und Pferde sehen richtig stolz und königlich aus, wenn sie mit Halsring geritten werden. Frei wie ein Wildpferd!

▼ Madita zeigt Sir Henry schon mal vom Boden aus, wie der Halsring funktioniert. Hebt sie ihn an, soll er stehen bleiben. Sir Henry denkt darüber nach, sein Lecken mit der Zunge zeigt es.

Halsring

Reiten, so frei es geht

Halsringreiten ist eine weitere Möglichkeit, einmal etwas ganz Neues auszuprobieren. Es macht Spaß!
Damit niemand zu Schaden kommt, wird nur auf einem eingezäunten Platz geritten. Sind andere Pferde oder Ponys auf dem Platz, dann sollten sich die Pferde untereinander wirklich gut kennen und auch zusammen auf der Weide stehen.

Um ein Gefühl für den Halsring zu bekommen, legt man ihn zusätzlich zur Trense an. Zum Anhalten und Wenden hält man die Zügel in der einen und den Halsring in der anderen Hand.

Vorbereitung am Boden

Schon am Boden kann man üben, das Pferd durch Anheben des Halsrings anzuhalten. Der Halsring liegt zum Stoppen in der oberen Mitte des Pferdehalses. Wie beim Anhalten mit der Trense nimmt man den Halsring kurz an und gibt nach, nimmt wieder an, gibt nach usw., bis das Pferd steht. Starkes Ziehen am Halsring führt genau

wie starkes Ziehen am Zügel nicht dazu, dass das Pferd schneller stehen bleibt. Außerdem ist die Luftröhre des Pferdes, die im oberen Halsbereich unter der Haut liegt, sehr empfindlich – hier sollte sowieso kein starker Druck ausgeübt werden.

Action! Abenteuer!

Ich mache gerne viele unterschiedliche Sachen mit den Pferden. Wir reiten oft aus und haben schöne Galoppstrecken. Auf der Koppel dürfen wir Cowboy und Indianer spielen. Ich fahre Kutsche, springe gern und übe Halsringreiten.
Auf dem Landesbreitensportturnier in Bad Segeberg habe ich mir nämlich einen Halsring gekauft! Einmal im Jahr fahre ich zusammen mit Marcel ins Jungs-Camp. Da bekomme ich neue Ideen, was man noch mal ausprobieren könnte. Letztes Jahr haben wir Pferdefußball gespielt.

▲ Aha, so geht das! Ute erklärt Marcel den Einsatz des Halsrings.

◀ Greta reitet Slalom mit dem Ring. Für den Notfall, und weil der Reitplatz nicht eingezäunt ist, trägt Kimberly auch die Trense. Um Wendungen zu üben, ist der Halsring ideal.

◀ Rosa musste Trajan ein bisschen überreden, über die Stange zu gehen. Der Halsring ist noch straff nach rechts gezogen, aber nun kann sie locker lassen. Trajan hört ihr wieder zu.

▼ Marcel freut sich und lobt Nini, weil sie so brav auf seine Halsringhilfen zum Anhalten gehört hat. Nini sieht auch sehr zufrieden mit sich aus.

Leichte Hilfen geben

Für Wendungen legt man den Halsring außen am Hals an. Wenn das Pferd also nach links wenden soll, liegt der Halsring an der rechten Halsseite des Pferdes an. Auch diese Hilfen kann man erst einmal vom Boden aus üben.

Beim Reiten hilft man dem Pferd durch deutliche Stimm- und Gewichtshilfen, die Signale des Halsrings besser zu verstehen.

Fällt dies anfangs noch schwer, geht man einfach einen Schritt zurück und setzt entweder wieder mehr die Trense ein oder man sitzt ab und führt mit dem Halsring vorwärts und rückwärts durch Stangenkombinationen. Auf diese Weise versteht das Pferd die neuen Hilfen schnell.

Sich richtig in den Halsring reinzuhängen, um nach links, rechts, rückwärts oder zum Stehen zu kommen, ist dagegen wenig Erfolg versprechend. Wenn es um Kraft geht, sind Pferde uns nun einmal überlegen.

Bei manchen Pferden und beim Reiten im Gelände ist es sinnvoll, den Halsring zusätzlich zur Trense anzulegen. Rückwärtsrichten, Durchparieren oder das Aufwölben des Rückens fällt den Pferden dann leichter.

▶ **Tipp:** Die regulären Hilfen zum Anhalten und Reiten von Wendungen stehen auf Seite 238 und 244.

So halten sich Wildpferde fit

Favorit Fitness

Während Kinder der westlichen Zivilisation sich in Vereinen und im Sportunterricht fit halten, bewegen sich die Kinder von Naturvölkern jeden Tag sehr viel mehr und üben sich zusätzlich in Geschicklichkeitsspielen.

In freier Wildbahn ist Fitness ein wichtiger Überlebensfaktor! Auch wild lebende Pferde absolvieren ein selbstbestimmtes Fitnessprogramm und trainieren unermüdlich Kondition und Beweglichkeit, wenn ihnen danach ist.

Selbstbestimmtes Training

Und wann ist ihnen danach? Wenn das Wetter sich nach ein paar heißen Tagen abkühlt, wenn nach einer langen Frostperiode der Boden abgetaut ist, wenn vor Gewittern oder einem Wetterumschwung Wind aufkommt, im Tiefschnee, nach Aufregungen und gern auch in der Kühle der Morgen- und Abenddämmerung.

Die natürliche Umgebung der Pferde bietet viele Herausforderungen für ihre Fitness. Klettertraining, Wassergymnastik, Sprünge über Baumstämme, unterschiedliche Bodenbeschaffenheit und die Spielverabredungen mit Gleichaltrigen. Und natürlich muss man sich dann und wann kratzen und im Staub baden.

Stutenrennen und Hengstgerangel

Genau wie Menschenkinder die Welt der Erwachsenen mit Jägern und Gejagten nachspielen, geht es auch den Pferdekindern. Junge Hengste üben sich in Gesten, die ihre Väter in Auseinandersetzungen mit anderen Hengsten einsetzen.

Junge Stuten bevorzugen Renn- und Verfolgungsspiele. Egal, welche Trainingsform der Alltag den wilden Pferden bietet, ständige selbstbestimmte Bewegung im Herdenverband ist das A und O fürs Überleben.

Und je mehr abwechslungsreiche Bewegung wir unseren Hauspferden bieten, desto gesünder und ausgeglichener bleiben sie auch.

Geltinger Birk

In Deutschland und in angrenzenden Ländern hat die Idee, Ponys im Urpferdetyp für den Landschaftsschutz einzusetzen, fuß- oder besser hufgefasst. England kann da schon lange als Vorbild gelten. Sowohl im Exmoor als auch im Dartmoor und im New Forest leben halbwilde Ponys als Landschaftspfleger.

Die Geltinger Birk liegt am nordöstlichsten Zipfel Deutschlands. Mit dem Handy ist man schon in Dänemark und nutzt den Auslandstarif. Aber die rund 80 Koniks, die aufgeteilt auf drei Herden über das riesige Gelände verteilt leben, brauchen zum Glück keine Handys.

◀ Auch in der Pferdeherde gibt es Regeln. Diese Aufforderung zum Spiel ist unter Gleichaltrigen zum Beispiel noch erlaubt. Den Leithengst würde Rotschopf dagegen nie in den Hals beißen!

▲ Die Kinder haben ihre Ponys in der Mitte mit genügend Abstand zueinander aufgestellt und bereiten sie aufs Aufsitzen vor.

Regeln in der Reitbahn

In den meisten Reitschulen findet der Reitunterricht in der Abteilung statt. Das bedeutet, dass die Ponys mit ihren Reitern in einer bestimmten, meist gut bewährten Reihenfolge hintereinander laufen. Der Reitlehrer steht in der Mitte und gibt den Reitern Tipps, wie sie besser sitzen oder mit ihrem Pony oder Pferd zurechtkommen können. Oder er schlägt Übungen vor und unterstützt die Reiter dabei, diese so korrekt wie möglich zu reiten.

Wie eine neue Sprache

Reitanfänger lernen im Reitunterricht viele neue Wörter, Regeln und Übungen. Das ist in jeder Sportart so.

Möchte ein Reiter mit seinem frisch geputzten und gesattelten Pony die Reithalle betreten, so ruft er vorher: „Tür frei, bitte". Die anderen Reiter reiten dann von der Tür weg, sodass das neue Pony in Ruhe in die Bahn kommen kann. Wenn keiner mehr in der Nähe der Tür reitet, ruft man: „Tür ist frei" und der neue Reiter darf in die Bahn.

Sicherheit und Abstand

In manchen Reitschulen ist es üblich, die Ponys oder Pferde vor dem Aufsitzen einige Runden lang zu führen. Aufgesessen wird in jedem Fall in der Mitte der Reitbahn, denn dort stört man keine anderen Reiter.

Reitet man hintereinander her, so hält man mindestens eine Pferdelänge Abstand. Eine Pferdelänge, das sind ungefähr 2,40 Meter. Hat dein Pony einen etwas längeren Bremsweg als das deines Vorreiters, so hast du mit

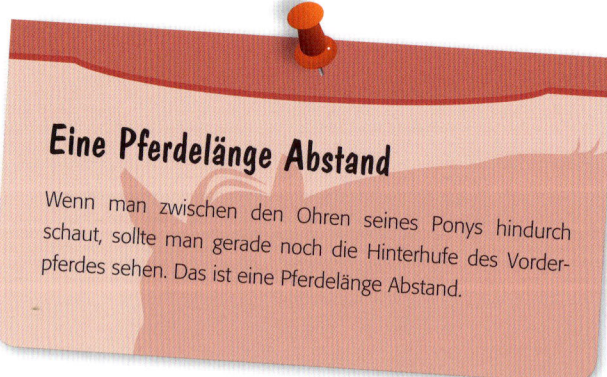

Eine Pferdelänge Abstand

Wenn man zwischen den Ohren seines Ponys hindurch schaut, sollte man gerade noch die Hinterhufe des Vorderpferdes sehen. Das ist eine Pferdelänge Abstand.

◀ Eine Pferdelänge Abstand dient der Sicherheit. Hier ist Rosa an der Tete und die Abteilung reitet auf der rechten Hand. Unten ist Levke an der Tete. Man weicht nach rechts aus.

▶ Finja reitet der ganzen Gruppe entgegen und weicht nach rechts aus. Auch die Abteilung weicht nach rechts aus. Eine Situation, die man ruhig öfter üben sollte.

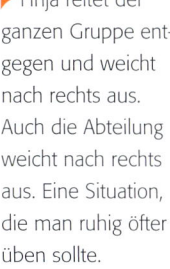

▲ Äppelhaufen der Pferde werden in der Bahn möglichst sofort mit dem Mistboy entfernt. Clara sieht ja sogar richtig fröhlich aus beim Abäppeln!

einer Pferdelänge Abstand noch genug Spielraum zum Anhalten.

Nach rechts ausweichen

Wenn mehrere Reiter in einer Halle durcheinanderreiten, ist das eine gute Gelegenheit, eine Art Rundumblick zu üben und sie alle im Blick zu behalten. Um Zusammenstöße zu vermeiden, gibt es außerdem weitere Bahnregeln.

Im Schritt macht man immer den Hufschlag frei, das heißt, wer trabt, reitet außen auf dem Hufschlag. Begegnet man einem anderen Reiter, weicht man immer nach rechts aus. Eine einfache Regel, wenn man sowieso linksherum reitet.

Wer rechtsherum reitet, muss aber den Hufschlag vorlassen, um rechts vorbeireiten zu können. Beim Handwechsel von links nach rechts weicht man allerdings nach links aus.

▲ Uups, hier wurden die Regeln kurzfristig vergessen. Dann kann es ein ganz schönes Durcheinander geben. Bitte noch mal neu einfädeln und immer nur einer ins Hindernis.

◀ Auch in freier Wildbahn gibt es viel zu lernen. Von der ersten Stunde an lernt das Fohlen, seiner Mutter zu folgen und nah bei ihr zu bleiben.

▲ Mit Schritt am langen Zügel fängt die Reitstunde an, hört sie auf und sollte sie auch zwischendurch aufgelockert werden.

Abteilungsreiten

Nach dem Aufsitzen und Nachgurten lenkt man sein Pony auf den Hufschlag. Auf dem Hufschlag, direkt an der Bande der Reitbahn, wird in den ersten zehn Minuten der Reitstunde Schritt am langen Zügel geritten. Nach dieser Zeit wird noch einmal nachgegurtet.

Lösungsphase im Schritt und Trab

Anschließend wird die Abteilung gebildet. Die Lösungsphase beginnt. Der Reitlehrer setzt dazu ein Pferd an die Spitze. Das ist der Tetenreiter. Das Wort Tete kommt aus dem Französischen und bedeutet „Kopf".

Der Tetenreiter ruft: „Anfang hier". Auch die weitere Reihenfolge und die Richtung, in die geritten wird, werden vom Reitlehrer festgelegt.

Links herum heißt beim Reiten „linke Hand", die Hand, die innen ist und zum Reitlehrer zeigt. Die meisten Pferde gehen linksherum lieber und werden daher auf der linken Hand auch schneller locker.

Bahnfiguren

Nun wird etwa eine Viertelstunde oder 20 Minuten lang überwiegend getrabt. Entweder wird dabei ganze Bahn geritten oder die Pferde werden auf Zirkeln, Schlangenlinien oder anderen Bahnfiguren gebogen.

Außerdem wird häufig die Hand gewechselt und andersherum geritten. Das Traben über Bodenstangen, manche Seitengänge im Schritt und das Zulegen, also das Schnellerwerden innerhalb des Trabs können ebenfalls auf dem Programm stehen. Die Reiter traben leicht, das heißt, sie heben bei jedem zweiten Trabtritt ihren Po aus dem Sattel. Alle Übungen in dieser Phase dienen dazu, dass Pferd und Reiter warm, locker und geschmeidig werden.

Abgeschnaubt? Dann ist ja gut!

Nach der Lösungsphase haben hoffentlich alle Pferde abgeschnaubt. Spätestens jetzt sollte eine Schrittphase am längeren Zügel eingelegt werden, in der sich die

◄ Levke ist an der Tete und die Abteilung reitet auf der linken Hand. Ein bisschen abgelenkt scheinen sie alle noch zu sein. Nach dem Handwechsel schlägt Ute eine Übung vor …

▲ … nun sind alle bei der Sache und strecken eine halbe Runde lang den rechten und die andere Hälfte der Runde den linken Arm in die Höhe. Das lockert die Schultern.

▲ Zirkel sind eine beliebte Bahnfigur für die Lösungsphase. Aber die Abstände stimmen nicht mehr. Katinka muss ein wenig langsamer traben und Rosa ein bisschen aufreiten.

Pferde eine Runde lang dehnen dürfen. In diesen Phasen entspannt sich die Muskulatur von Pferd und Reiter. So können beide anschließend wieder konzentriert mitarbeiten.

Wenn die Zügel wieder aufgenommen worden sind, wird entweder weiter gelöst oder der Reitlehrer beginnt mit versammelnden Übungen. Auch der Galopp wird meist erst in dieser zweiten Phase der Reitstunde geübt.

▶ **Tipp:** Mehr zum Nachgurten steht auf Seite 206.

Von Ponys lernen

Weil mein eigenes Pony noch so jung und unerfahren ist, durfte ich beim Fototermin mit Horst Trajan reiten. Ich kannte ihn vorher nicht und war ganz schön aufgeregt, wie er wohl sein würde. Er ist toll, aber ganz bestimmt keine Schlaftablette. Ich finde es gut, so viele unterschiedliche Ponys zu reiten wie möglich. Jedes reagiert anders und von jedem lernt man etwas anderes, das man später vielleicht beim Reiten gut gebrauchen kann. Auch wenn ich mein eigenes Pony natürlich am liebsten habe, habe ich nun auch Trajan lieb, weil er so nett zu mir war.

◀ Rosa denkt sich eine Schrittfolge mit Hüpfern aus, die anderen übernehmen das. Eine gute Übung, bevor man aufs Pferd steigt!

▼ Sir Henry ist ein kecker Kerl, der sich über Abwechslung vor und in der Reitstunde freut!

Lösen und versammeln

Die Lösungsphase kann aber auch ganz anders aussehen. Die Reiter machen sich ohne Pferd mit verschiedenen Dehn- und Koordinationsübungen warm.

Danach führen sie die Pferde durch Bodenhindernisse. Nervöse Ponys wie Nini machen dabei eher langsame Schritt-für-Schritt-Übungen, wie zum Beispiel im Schritt durch das Stangen-L.

Einfallsreiche und kecke Ponys wie Sir Henry können viele verschiedene Übungen machen, zum Beispiel Rückwärtsrichten an der Hand, vorwärts durch den Slalom. Und nach einem Reiterspiel an der Hand geht es mit einigen Spielen im Sattel weiter.

Der Sinn des Ganzen

Der Ablauf einer Reitstunde folgt einem bestimmten Muster. Im Kleinen entspricht das Muster jeder einzelnen Reitstunde nämlich der gesamten Ausbildung eines Pferdes vom jungen bis zum erfahrenen Reitpferd.

Dieser Ablauf hat sich über Jahrzehnte bewährt. Er ist auch dann sinnvoll, wenn man allein in der Bahn reitet. Solange man den Sinn des Ganzen im Blick behält und pferdefreundlich bleibt, kann man ihn ruhig durch neue Übungen und passende Ideen bereichern.

Ziel Nummer eins: Losgelassenheit

Die Lösungsphase im Schritt am langen Zügel hilft genau wie das anschließende Leichttraben, warm und locker zu werden. Bei jungen Pferden, Reitanfängern, im Winter oder wenn das Pferd in einer Box stehen muss, statt sich frei bewegen zu können, dauert die Lösungsphase länger. Vielleicht gibt es dann außer der Lösungsphase nur noch das Trockenreiten am Ende der Stunde. Durch Tellington-TTouches, Bodenarbeit und Spiele für Pferd und Reiter lässt sich die übliche Lösungsphase abwechslungsreicher gestalten und aufpeppen.

▶ **Tipp:** Passende Übungsvorschläge findest du auf den Seiten 162, 178 und 186.

▼ Das Zulegen an der langen Seite im Trab macht Levke richtig Spaß. Sir Henry kann fliegen! Vor der Ecke zur kurzen Seite wird das Tempo zurückgenommen und Henry muss landen.

▶ Volten und Zirkel verkleinern gehören in die zweite Unterrichtsphase.

▶ Vor dem Springen müssen Ponys und Pferde mit Schritt am langen Zügel, Traben über Bodenstangen und längeren Galopps gut aufgewärmt werden. Aron und Malte sind voll in ihrem Element!

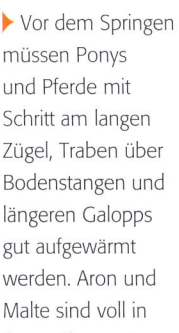

▲ In der zweiten Unterrichtsphase schätzt Henry längere Galoppphasen. Und Levke hat nichts dagegen einzuwenden.

Die zweite Phase des Unterrichts

Häufiges Durchparieren zum Halten und das Antraben aus dem Halt, Seitengänge, Schlangenlinien mit mehreren Bögen, Rückwärtsrichten und enge Wendungen wie Volten, Zirkel verkleinern und vergrößern versammeln das Pferd. Versammlung bedeutet, dass das Pferd beginnt, mehr vom Gewicht der Vorhand und vom Reiter mit der Hinterhand zu tragen. Es beugt die hinteren Gelenke stärker und wirkt erhabener.

Voraussetzung für die Versammlung ist allerdings ein lockeres, gelöstes und genügend gekräftigtes Pferd. Daher wird, wenn überhaupt, erst in der zweiten Phase der Reitstunde an versammelnden Übungen gearbeitet. Meist wird auch der Galopp in diese zweite Phase der Reitstunde eingebaut.

Nach der Lösungsphase kann eine Reitstunde aber auch mit Springunterricht, Quadrillereiten, weiteren Reiterspielen oder dem Üben einzelner Bewegungsabläufe wie Schulterherein oder einfachen Galoppwechseln weitergehen.

Am Ende: Zügel lang und loben

Wie auch immer die zweite Phase des Reitunterrichts aussieht, am Ende gibt es noch einmal eine etwa zehnminütige Schrittphase am langen Zügel. Im Winter, wenn die Pferde geschwitzt haben, kann das Trockenreiten auch hier als schützende Maßnahme dienen. Die Muskulatur von Pferden mit empfindlichem Rücken oder von älteren Pferden wird dabei hinter dem Sattel mit einer Nierendecke warm gehalten.

◀ Das Laufen in einer „Abteilung" ist für frei lebende Pferde vollkommen natürlich, auch wenn sie keine Bahnfiguren kennen.

▼ In jeder einzelnen Ecke soll das Pferd gebogen werden. Wenn Gras in den Reitbahnecken wächst, erzählt dies von Reitern, die die Ecke doch lieber abkürzen. Henry ist schön gebogen.

Bahnfiguren

In der Lösungsphase werden die Pferde auf großen Linien gebogen. Bei jedem Durchreiten der Ecke bewirkst du mit dem sanften Anlegen des inneren Unterschenkels, dass sich dein Pony biegt.

Auf diese Weise hast du innen etwas mehr Gewicht im Sattel. Dadurch, dass du deine innere Schulter zurückgenommen hast, ist auch dein innerer Zügel ein wenig kürzer als der äußere. Nun sollte sich dein Pony schön in die Ecke hineinbiegen. Wendungen zu reiten, kannst du übrigens auch auf einem Stuhl üben. Versuche es mal!

Das Bahnpunktalphabet

Reitet man alle vier Ecken außen herum aus, so heißt das „ganze Bahn" reiten.
Wenn man nun auf großen Linien die Hand wechseln möchte, kann man „durch die ganze Bahn wechseln", „durch die halbe Bahn wechseln" oder „durch die Länge der Bahn wechseln".

Bahnpunkte lernen!

- **A**lle
- **k**leinen
- **E**sel
- **H**aben
- **C**haotische
- **M**anieren
- **B**eim
- **F**ressen

Die schwarzen Punkte zeigen die Zirkelpunkte und das X markiert den Mittelpunkt der Bahn.

A
F   K
B   x   E
M   H
C

Oder welcher Satz fällt dir zu den Bahnpunkten ein?

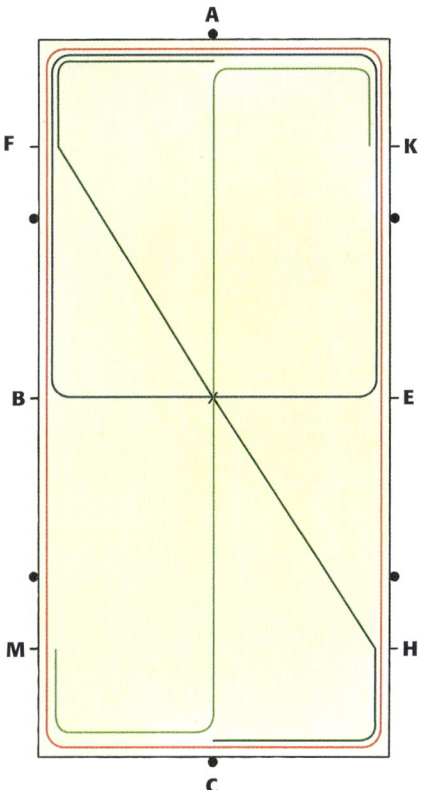

▲ Die Linien zeigen verschiedene Bahnfiguren an.
Die rote Linie: „Ganze Bahn"
Blau: „Halbe Bahn"
Dunkelgrün: „Durch die ganze Bahn wechseln"
Hellgrün: „Durch die Länge der Bahn wechseln"

▲ Beim Quadrillereiten ist das präzise Reiten der Bahnfiguren genau-so wichtig wie die Abstimmung des eigenen Tempos auf die Mitreiter. Eine kniffelige Angelegenheit, die sehr schön aussieht und richtig Spaß macht!

Meist sagt der Reitlehrer die Bahnpunkte an, von denen man weg und zu denen man hin reitet. Durch die ganze Bahn wechselt man auf der linken Hand zum Beispiel entweder von F nach H oder von H nach F.

Freestyle durch die Bahn

Es macht Spaß, korrekte Bahnfiguren zu reiten. Aber es macht auch Spaß, zusammen mit der ganzen Abteilung Bahnfiguren zu erfinden.

Die Buchstaben auf den Zirkel- und Wechselpunkten können dabei helfen, solche „Freestyle"-Bahnfiguren für die ganze Gruppe anzusagen. Oder Jeder aus der Gruppe reitet eine erfundene Bahnfigur vor und die anderen reiten sie dann nach.

◀ „Durch die Länge der Bahn wechseln" ist eine kniffelige Bahnfigur, weil man zuerst ganz gerade reiten, dann aber doch eng abwenden muss.

▶ Auch für diese Quadrillereiter sind die Bahnpunkte wichtige Orientierungspunkte, die ihnen helfen, exakt zu reiten.

◀ Finja trabt mit Katinka auf der Mittellinie, die nachfolgenden Reiter halten eine Pferdelänge Abstand. Alle sind auf der linken Hand. Finja könnte gleich links oder rechts abbiegen. Sie reitet links herum, daher heißt die Bahnfigur „Durch die Länge der Bahn geritten".

▼ „Durchparieren zum Haaalt." Finja und Rosa haben ihre Ponys auf dem ersten Hufschlag angehalten und warten nun, wie es weiter gehen soll.

Durch die ganze Bahn wechseln

„Abteilung ganze Bahn", ruft Ute und alle Kinder lenken ihre Ponys auf den äußeren, ersten Hufschlag. Das ist die Spur, die entsteht, wenn man das ganze Viereck der Reitbahn ausreitet, ohne abzubiegen. Schau mal auf S. xx nach. Hier reiten alle Reiter „ganze Bahn".

Kannst du erkennen, auf welcher Hand sie reiten?* In der Reitstunde sagt der Reitlehrer den Richtungswechsel für alle Reiter an, und er kündigt die Bahnfiguren an, die gerade geritten werden sollen.

„Abteilung durch die ganze Bahn wechseln von H nach F", ruft Ute. „Am Wechselpunkt antraben". Die Kinder durchreiten die zweite Ecke der kurzen Seite, reiten dann im Schritt auf das F zu und traben an, wenn ihr Pony den Hufschlag bei F erreicht hat.

In einer Reitstunde gibt es viele Richtungs- und Tempowechsel, denn sie dienen dazu, dich und dein Pony gut aufeinander abzustimmen. In Reiterprüfungen gibt es festgelegte Abläufe, die jeder Reiter nachreiten muss und die Richter beurteilen dann, ob alle Figuren richtig geritten wurden.

Schnelle Ponys werden weniger eilig, nervöse Ponys werden ruhiger und freche Ponys kommen nicht auf dumme Gedanken, wenn sie sich auf eine Bahnfigur nach der anderen konzentrieren müssen. Ist ein Pony warm geritten, solltest du einen guten Grund haben, um einfach nur ganze Bahn zu reiten. Reite lieber Bahnfiguren!

„Erster Hufschlag" wird die Linie genannt, die ganz außen an der Reitbahn entlangläuft. Direkt daneben liegt der zweite Hufschlag.

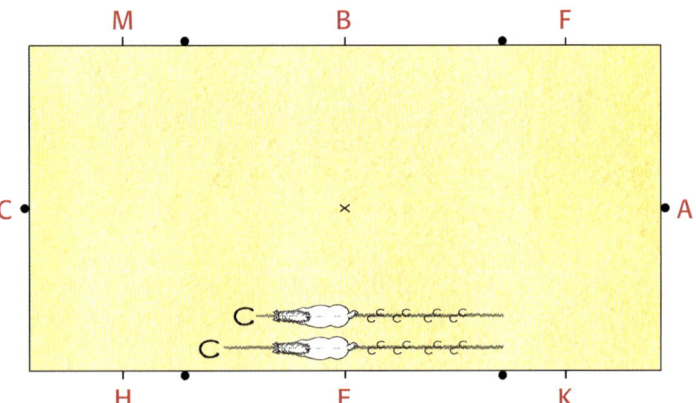

Das rote Pony ist auf der rechten Hand. Es geht ganze Bahn auf dem ersten Hufschlag. Das blaue Pony soll auch auf die rechte Hand. Daher muss es „durch die ganze Bahn wechseln".

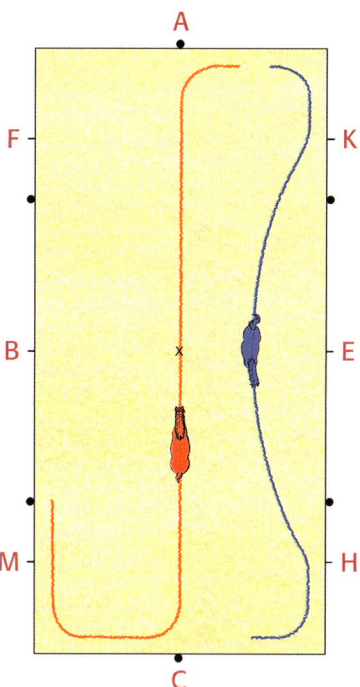

„Durch die Länge der Bahn wechseln, im Arbeitstempo Terrab, leichttraben". Der rote Reiter halbiert die Reitbahn auf der langen Mittellinie und wechselt bei A die Hand. Das blaue Pony geht auf einer „einfachen Schlangenlinie".

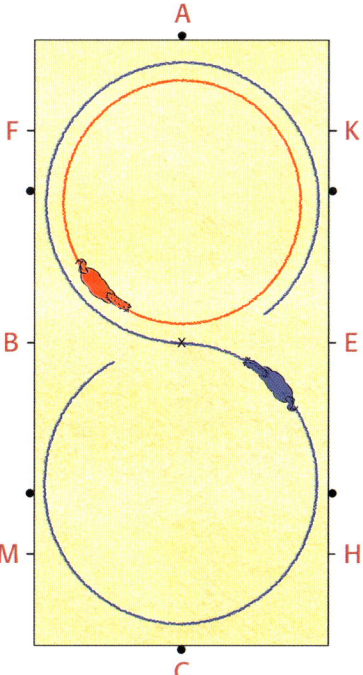

Das rote Pony wird „auf dem Zirkel geritten". Aber auf welcher Hand?* Das blaue Pony wechselt die Hand mit der Bahnfigur „aus dem Zirkel wechseln".

* linke Hand

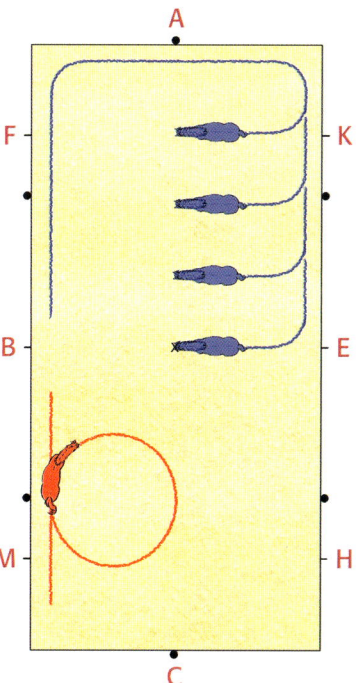

Das rote Pony geht eine „Volte". Auf S. ... und S. xx kannst du dir weitere Volten anschauen! Die blauen Ponys „marschieren auf", am Anfang und Ende der Stunde. Zwischen ihnen ist eine Pferdelänge Abstand.

◀ Der kleine Konikjährling biegt sich vor allem im Hals, um eine juckende Stelle an seiner Hüfte mit den Zähnen zu kratzen. Das rechte Vorderbein hat er vorgestellt, um nicht ins Wasser zu fallen.

▶ Auf dem Zirkel sind die Ponys nach links gebogen. Die Reiter nehmen ihre linke Schulter und den äußeren Schenkel ein wenig zurück.

Es geht richtig rund!

Sandei oder Kreis?

Ein Zirkel ist ein großer Kreis von 20 Metern Durchmesser. Die ersten Stunden an der Longe reitet man auf dem Zirkel. Auch im Galopp ist man häufig auf dem Zirkel unterwegs.

Einen Zirkel wirklich rund zu reiten, ist eine Kunst. Nur an den drei äußeren Zirkelpunkten geht das Pferd für etwa eine Pferdelänge auf dem Hufschlag.

Ob du deinen Zirkel schön rund hinbekommen hast, kannst du an der Spur sehen, die entsteht, nachdem die Reitbahn gerade frisch durchgeeggt wurde. Leider ist aber doch oft statt eines Kreises ein Ei im Sand entstanden. Vier Pylonen oder Tonnen mit genügend Abstand zu den vier Zirkelpunkten helfen Pferd und Reiter, die Zirkelpunkte besser zu treffen und wirklich runde Zirkel in den Sand zu malen.

Viele Möglichkeiten im Kreisverkehr

Man kann gut aus einem Zirkel in den anderen Zirkel wechseln. Diese Bahnfigur heißt „aus dem Zirkel wechseln" und wird gern auch im Galopp geübt. Ist das Pferd bereits gelöst, bietet sich das „Zirkel verkleinern" an. Man reitet eine Art Spirale, bis man am Ende eine Volte um den Zirkelmittelpunkt dreht. Danach vergrößert man den Zirkel auf der Spirale wieder nach außen.

Auch ein Handwechsel im Zirkel ist möglich. Man reitet dazu vom ersten Zirkelpunkt im Bogen auf die Mitte der kurzen Seite zu und vollendet das S, indem man zum nächsten Zirkelpunkt der langen Seite wechselt. Diese Figur heißt „durch den Zirkel wechseln". Reitet man sie zweimal hintereinander, entsteht eine Acht.

Auch auf den unterschiedlichen Schlangenlinien werden Pferde geschmeidig gemacht. Einfache und doppelte Schlangenlinien werden immer an den langen Seiten geritten.

Meine Lieblingsbahnfigur ...

... ist die Acht. Sie macht meine Pferde geschmeidig und löst die Rippenpartie. Ich reite sie in allen Gangarten, auch im Galopp, dann kann man schön fliegende Wechsel einbauen. Was ich dagegen selten reite, ist Viereck verkleinern und vergrößern (Seite 246). Ich reite lieber gleich Travers und Traversalen. Für junge Pferde und Reiter ist es aber bestimmt auch eine gute Übung.

▲ Alle fünf Reiter in verschiedenen Phasen prima gerittener Linksvolten. Besonders schön ist zu sehen, wie die Reiter ihre linke Schulter und ihr rechtes Bein zurücknehmen und in die Richtung schauen, in die sie reiten. Ihre Schultern sollen parallel zu den Pferdeschultern sein. Finja könnte nach oben schauen und Rosa ihre Ellbogen anwinkeln.

Die kleine Schwester des Zirkels

Volten sind eine gute Gymnastikübung. Sie helfen gut aufgewärmten Pferden, ihre Muskulatur zu dehnen. Die Muskulatur der meisten Pferde ist nämlich auf einer Seite etwas kürzer als auf der anderen. Meist ist sie links verkürzt. Deshalb können sich die meisten Pferde in den Linksvolten auch leichter biegen als in den Rechtsvolten.

Auf der steiferen Seite des Pferdes reitet man etwas größere Volten. Der Durchmesser der Volte kann von anfangs zehn Metern auf sechs Meter verringert werden. Entscheidend ist, dass sich das Pferd auch wirklich biegt. Auch auf der Volte lässt sich die Hand wechseln. Dann wird die Volte zur Kehrtvolte.

Um Tonnen herum geht es leichter

Viele Bahnfiguren lassen sich leichter reiten, wenn man sie um Hindernisse herum anlegt. Pylonen, Tonnen oder Sprungständer helfen bei der Orientierung.
Das gilt auch für Achten. Sie sind eine tolle Übung für Pferd und Reiter. Am besten reitet man sie um Tonnen oder Pylonen herum.

Alle schwierigeren Bahnfiguren übt man zunächst im Schritt. Hat man das Prinzip verstanden, kann man zum Trab übergehen und am Ende versuchen, auch im

▼ Oben: In Rot: „Auf dem Zirkel geritten", Blau: „Aus dem Zirkel wechseln", Schwarz: „Durch den Zirkel wechseln", Grün: „Zirkel verkleinern und vergrößern"
Unten: In Blau: „Einfache Schlangenlinie", Schwarz: „Doppelte Schlangenlinie", Rot: „Schlangenlinien durch die ganze Bahn, fünf Bögen"

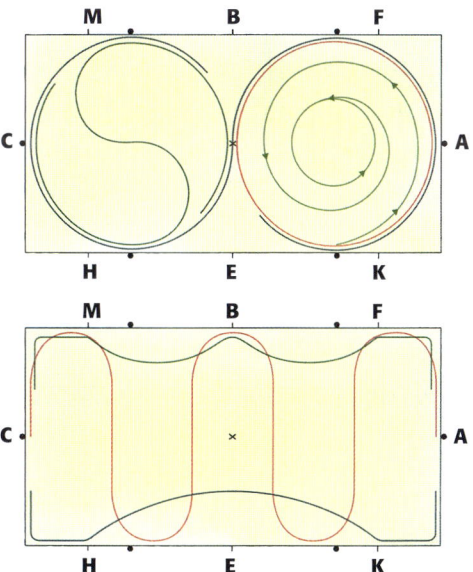

Galopp auf pferdefreundliche und elegante Art dort anzukommen, wo man hinwollte. Bei einigen Figuren kann das allerdings Jahre dauern!

▶ **Tipp:** Das Reiten von Biegungen und Wendungen wird auch auf Seite 236 und 244 erklärt.

◀ Als treibende Hilfe senkt der Hengst den Kopf und droht dem Jährling mit zurückgelegten Ohren. Der Jährling trabt schnell davon.

▼ Madita trabt mit Sir Henry zügig vorwärts. Sir Henry horcht aufmerksam nach hinten. Jetzt ist er jederzeit bereit für eine Parade.

Stop and Go

Zum Anreiten legt man die Unterschenkel leicht ans Pferd, als wolle man den Pferdebauch abwechselnd links und rechts anheben. Reagiert das Pferd auch nach ein paar Wiederholungen nicht auf diese leichte Hilfe, tippt man es zusätzlich mit der Gerte an.

Manche Reitanfänger halten sich mit den Beinen am Pferdebauch fest, sie klammern. Viele Schulpferde haben es sich aus diesem Grund angewöhnt, Schenkelhilfen zu ignorieren. In diesem Fall helfen zusätzliche Gerten- und Stimmhilfen. Die Unterschenkel oder Absätze in den Pferdebauch zu rammen, ist dagegen brutal und unreiterlich.

Wie bremst man ein Pferd?

In der Reitersprache nennt man das Verlangsamen vom Trab in den Schritt durchparieren. Zum Durchparieren gibt man eine halbe Parade. Das bedeutet, dass man die Ellbogen und damit die Zügel mehrmals ein wenig nach hinten und wieder nach vorn bewegt. Dabei richtet man den Oberkörper auf und umschließt das Pferd mit den Beinen. Das Pferd wird normalerweise beim Nachgeben langsamer. Das Nachgeben nach dem gefühlvollen Zurückdehnen der Ellbogen ist also die wichtigere Hilfe.

Die ganze Parade

Eine ganze Parade wird gegeben, um das Pferd anzuhalten. Die ganze Parade wird durch mehrere halbe Paraden, also durch Zurückdehnen und wieder Vorgehen der Ellbogen vorbereitet. Dann sollen die Zügel eine Grenze bilden und die Vorhand des Pferdes, also die Vorderbeine, zurückhalten. Anschließend werden die Ellbogen wieder etwas zurückgedehnt, der Reiter richtet sich auf, legt die Beine an den Pferdebauch und atmet aus. Reagiert das Pferd nicht, können die Hände etwas angehoben werden, bevor wieder nachgegeben wird.

Paraden werden weich und im Fluss der Bewegung gegeben. Der Zuschauer soll sie gar nicht wahrnehmen können. Vorsicht: Beim Anhalten nicht nach vorne fallen oder nach hinten lehnen, sondern aufgerichtet bleiben!

Malte hat die Zügel nachgefasst und bereitet mit Paraden das Anhalten vor. Aron verkürzt die Tritte. Gleich hält er an.

▲ Aron trabt schön vorwärts, gleich möchte Malte durchparieren zum Halt. Malte dehnt die Ellbogen nach hinten und nimmt die Zügel schon ein bisschen an.

Aron steht genau wie ein Tisch: an jeder Ecke ein Huf, kein Bein steht zurück oder vor. Super! Malte hat die Zügel beim Anhalten nachgegeben, behält aber die Verbindung zu Arons Maul.

◀ Pferde, die das Anhalten lernen sollen, bekommen einen deutlich kürzeren Bremsweg, wenn sie nach dem Anhalten ein Leckerli bekommen. Diese Übung dient auch als Notstopp für hitzige Geländepferde.

Sporen ja oder nein?

Wenn ein Pony nicht auf treibende Hilfen reagiert, kann ein junger Reiter kurze, stumpfe Sporen benutzen, bevor er aus Verzweiflung anfängt, ständig mit den Schenkeln zu klopfen. Voraussetzung ist allerdings, dass sein Schenkel schön ruhig am Pferd liegt und in Angstsituationen nicht hochrutscht oder der Sporn gar in den Pferdebauch gebohrt wird.

Stehen wie ein Tisch

Am Ende soll das Pferd auf allen vier Hufen gleichzeitig stehen, wie ein Tisch.
Am besten übt man das weiche Anhalten aus dem Schritt.

▶ Tipp: Mehr über das Anhalten steht auf den Seiten 172 und 222.

Pferde in Freiheit bewegen sich vor allem im Schritt vorwärts. Auf der Suche nach Wasser, Futter und Ruheplätzen legen sie weite Strecken zurück. Langsam, aufmerksam, das Maul im Gras!

Finja reitet Katinka im Schritt durch das Stangen-L. Gleich geht sie noch einmal von der anderen Seite hindurch. Katinka fällt die Linkskurve leichter.

Schritt für Schritt

Der korrekte Schritt ist ein Viertakt. Beim entspannten Pferd kann man das „Tock-Tock-Tock-Tock" der Hufe in gleichmäßigem Takt auf dem Asphalt hören.

Nimmt man allerdings die Zügel zu kurz oder ist das Pferd aus einem anderen Grund verspannt, verschiebt sich der Takt und wird ungleichmäßig bis hin zum Zweitakt. Dann gehen das Vorder- und Hinterbein der linken oder der rechten Seite gleichzeitig nach vorne. Diese Gangart nennt man Pass.

Schritt am langen Zügel entspannt das Pferd und rahmt den Anfang und das Ende jeder Reitstunde ein. Auch im Gelände bummelt es sich schön im Schritt am langen Zügel. Bodenarbeit und Übungen im Spieleparcours werden ebenfalls überwiegend im Schritt gemacht.

Hinfühlen lernen

Im Schritt kannst du am leichtesten lernen, genau hinzuhören, hinzusehen und hineinzufühlen, ob das Pferd gleichmäßig geht. Aus dem Sattel heraus kann man spüren, ob das Pferd schief ist und ein Hinterbein etwas nach außen setzt, anstatt exakt vor oder hinter den Abdruck des Vorderhufs.

Malte lässt Aron am langen Zügel gehen. Schritt am langen Zügel wird immer zu Beginn und am Ende der Reitstunde geritten. Auch zwischendurch wirkt eine Schrittpause entspannend.

Hier hat Malte die Zügel aufgenommen. Sie haben eine gute Länge. Aron tritt mit den Hinterbeinen schön weit vor und geht im Viertakt.

▲ Im Schritt kann man sich gegenseitig ohne Sattel führen und sich Bewegungsaufgaben für den Reiter überlegen. Der Fantasie sind keine Grenzen gesetzt. Aber bitte immer mit Helm!

Der Bauch des Pferdes schaukelt im Schritt von links nach rechts. Wenn du dich ein wenig eingefühlt hast, kannst du genau in diesem Rhythmus treiben. Du legst also den Unterschenkel an den Bauch des Pferdes an, wenn sich dein Bein sowieso ans Pferd anschmiegt.

Schrittgefühl

Fühle beim Warm- oder Trockenreiten am langen Zügel einmal nach, wie sich dein Pferd in den verschiedenen Schrittphasen bewegt. Deine Hüften bewegen sich dabei hoch, runter, vor und zurück. Was passiert mit deinen Schultern? Was mit dem Rücken und den Beinen? Fühlt es auf beiden Seiten sich ganz gleichmäßig an oder bewegt dich dein Pferd zum Beispiel links etwas weiter nach vorne oder nach unten als rechts?

Mittelschritt und Schrittrennen

Um den Schritt zu verbessern, legt man die Unterschenkel in einem schnelleren Rhythmus abwechselnd links und rechts an den Pferdebauch an, schneller, als das Pferd sich bewegt.

Nun macht das Pferd größere Schritte im Schritt, viel-

▲ In der Lösungsphase sorgen witzige Übungen dafür, dass man locker wird. Levke „brummt" beim Ausatmen mit den Lippen. Diese Idee stammt aus dem Stimmtraining. Herrlich albern und entspannend.

leicht wird es auch etwas fleißiger oder trabt sogar an. In diesem Fall pariert man es mit einer halben Parade wieder zum Schritt durch und gibt die Hilfen ein wenig sachter.

Bleibt das Pferd dagegen im Schritt und geht nur etwas munterer und mit größeren Schritten, hat man es geschafft, Mittelschritt zu reiten.

Schrittrennen sind eine vergnügliche Art, den Mittelschritt zu üben. Zwei Reiter treten dazu an den langen Seiten der Reitbahn gegeneinander an. Wer antrabt, scheidet aus. Wer zuerst an der langen Seite angekommen ist, hat gewonnen.

▶ **Tipp:** Weitere Vorteile des Schritts stehen auf Seite 212, mehr übers Treiben findest du auf Seite 214.

Dressurprüfung für Springreiter

Hoch konzentriert

In manchen Dressurstunden oder Dressurprüfungen könnte man zwar den Eindruck
bekommen, dass Dressur etwas Hochernstes
und Heiliges ist, das nur mit begabten Pferden geübt werden soll. Doch eigentlich ist es
genau andersherum.

Dressur ist nichts anderes als Pferdegymnas-
tik. Sie soll Ponys und Pferde geschmeidiger
machen und ihnen helfen, sich physiologisch
und im Gleichgewicht zu bewegen.

Das bedeutet, dass sie weniger schief und weniger auf der Vorhand laufen sollen und das ist natürlich gerade für weniger dressurbegabte Ponys
wichtig!

„Vergiss eins nicht: Reiten macht Spaß."

Diesen vergnügten Spruch der Richterin bekam Malte als Abschlusskommentar nach der
Dressurprüfung für Springreiter „Ohne leichten
Sitz geht nichts" auf dem Landesbreitensportturnier in Bad Segeberg zu hören.

Malte hatte wohl etwas zu konzentriert ausgesehen. Und dann war Aron auch noch über die
Platzbegrenzung gesprungen!

Prüfungen sind nun mal aufregend!

Die meisten Turnierreiter sind in Prüfungen aufgeregter, als wenn sie zu Hause die gleichen Aufgaben reiten. Ihre Ponys und Pferde spüren das sofort. In der Aufregung werden weniger feine Hilfen gegeben, die Zügel werden kürzer genommen, die Atmung ist flacher, die Bewegungen sind abgehackter.

Die Ponys lassen sich von ihren Reitern anstecken, sind aber auch wegen der vielen anderen Ponys und Pferde hibbeliger als im Alltag.

Alle Rassen erlaubt

Die fantasievollen Prüfungen und die freundliche Atmosphäre auf dem Breitensportturnier helfen Reitern und Ponys, locker und entspannt zu bleiben. Hier traut man sich auch einmal, mit Haflingern, Fjordponys oder Kaltblütern eine Dressur zu reiten.

Und wenn die muskulösen Kraftpakete gut geritten sind, dann landen sie auch auf den vorderen Plätzen, selbst wenn sie im Trab nicht so leichtfüßig tanzen wie ihre zierlicheren Kollegen.

◄ Wendungen sind kein Problem, zumindest im Stehen. Pferde sind im Hals sehr gelenkig.

▶ Bei den Mounted Games geht es deutlich dynamischer zu als auf dem Dressurviereck, aber auch hier werden enge Wendungen geritten!

Enge Wendungen

Volten, Achten und Kehrtvolten sind bereits ziemlich enge Wendungen, bei denen Pferd und Reiter sich nach und nach gut aufeinander einstimmen.

Die Kehrtvolte wird meist aus der zweiten Ecke der langen Seite geritten. Das entsprechende Kommando lautet: „Aus der Ecke kehrt."

Aus der immer enger gerittenen Kehrtvolte lässt sich mit der Zeit die Hinterhandwendung entwickeln. Mit der Zeit, das heißt, mit den Jahren. Die Hinterhandwendung ist eine Übung für fortgeschrittene Pferde und Reiter.

Gehirnjogging für Pony und Reiter

An die Vorhandwendung kannst du dich dagegen schon früher wagen. Auch hier kannst du dein Gefühl für die Feinabstimmung der Hilfen wunderbar schulen. Die Vorhandwendung gehört zu den lösenden Übungen.

▲ Wie groß die Kehrtvolte bei der Bahnfigur „aus der Ecke kehrt" geritten wird, das hängt vom Ausbildungsstand von Pferd und Reiter ab. Diese hier fällt am Ende der Lösungsphase noch großzügig aus.

Das Pferd wird auf dem Hufschlag zum Beispiel linker Hand mit einer ganzen Parade zum Halten gebracht. Der rechte Zügel wird etwas verkürzt, der rechte Steigbügel etwas stärker belastet, der Reiter schaut nach rechts. Nun legt man den rechten Unterschenkel fester ans Pferd und treibt genau in dem Takt nach links, in dem das Pferd Schritt für Schritt wendet.

▲ Marcel möchte eine Vorhandwendung nach rechts reiten. Er hat den rechten Zügel etwas verkürzt, belastet den rechten Bügel stärker und treibt Nini mit dem rechten Bein am Gurt.

▲ Der Unterschied zwischen Stellung (links) und Biegung (rechts) von oben gesehen. Auch beim Reiten der ganzen Bahn soll das Pferd leicht nach innen gestellt sein, das innere Auge des Pferdes ist vom Sattel aus zu sehen. In der Biegung verkürzt das Pferd die Muskeln der inneren Seite und dehnt sie an der Außenseite. Die korrekte Stellung und Biegung betrifft vor allem den Hals des Pferdes, setzt sich aber in der Biegung durch den Rumpf fort.

▲ Nini tritt mit der Hinterhand um die Vorhand herum, bis sie wieder ganz auf dem Hufschlag steht. Auf dem Bild ist gut zu sehen, dass Nini gestellt, aber nicht gebogen ist.

Reagiert das Pferd nicht, kann man den Kopf weich nach rechts stellen und das Pferd mit der Gerte hinter dem Unterschenkel im Takt anticken.

Schokoladenseite

Wird das Pferd beim Wenden zu eilig, reguliert man das Tempo mit dem linken Unterschenkel. Tritt das Pferd nach vorne, fängt der linke Zügel das Pferd ab.

Viele Pferde wenden zu einer Seite leichter als zu der anderen. Und auch die meisten Reiter geben ihre Hilfen auf einer Seite weicher und feiner als auf der anderen.

▶ **Tipp:** Das Reiten von Biegungen und Wendungen wird auf Seite 244 erklärt. Mehr über die Vorhandwendung an der Longe findest du auf Seite 196.

▲ Damit sie nicht zu schnell wird, fängt Marcel mit dem linken Unterschenkel jeden zweiten Tritt der Hinterhand ab. Fast geschafft!

Auch als Lektion in der Ponyquadrille machen sich Seitengänge gut! Sieh dir an, ob die Ponys korrekt gestellt sind.

▲ Ganz schön schwer: Malte, Madita und Marcel probieren Schenkelweichen im Trab. Madita gelingt es schon gut, Sir Henrys Vorhand zur Mitte der Bahn zu führen und ihn dabei vorwärts-seitwärts traben zu lassen.

Schrittweise seitwärts

In der Vorhandwendung hat das Pferd schon gelernt, den seitwärts treibenden Schenkel zu verstehen. Genau wie Menschen eine Fremdsprache lernen und erst einmal nicht wissen, was der Begriff „leg yielding" bedeutet, weiß auch das junge Pferd noch nicht, dass es seitwärts gehen soll, wenn der Unterschenkel des Reiters es hinter dem Gurt seitwärts treibt.

Wie auch bei der Vorhandwendung, ist es ja auch nicht nur der Unterschenkel des Reiters, sondern das Zusammenspiel der Hilfen, das dem Pferd die Seitwärtsbewegung verständlich macht.

Seitwärts als Medizin
Viele Reiter betrachten das Schulterherein als die wichtigste Übung, um ein Pferd geschmeidig zu machen und seine Schiefe zu verbessern.

Ist das Pferd noch nicht in Seitengängen geschult, übt man sie zunächst einmal vom Boden aus. Auch ohne

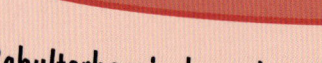

Schulterherein barocker Art

Auch wenn es meist anders gelehrt wird: Viele Reiter verlagern ihr Gewicht in den Seitengängen in die Bewegungsrichtung, also in die Richtung, in die das Pferd weichen soll. Mit Erfolg. Linker Hand sieht das anfangs so aus:
Nach Durchreiten der Ecke dreht man sein Pferd so, als würde man durch die ganze Bahn wechseln wollen. Dabei treibt man mit dem linken Bein etwa eine Handbreit hinter dem Gurt seitwärts. Der rechte Bügel wird deutlich ausgetreten und damit das Gewicht nach rechts in die Bewegungsrichtung verlagert. Dabei nicht in der Hüfte einknicken!
Der linke Zügel ist etwas verkürzt und sorgt für die leichte Biegung. Der rechte Zügel sorgt dafür, dass das Pferd mit den Vorderbeinen auf dem zweiten Hufschlag bleibt.

Reiter im Sattel ist die gymnastische Wirkung der Seitengänge groß und kann zum Beispiel am Ende der Lösungsphase am Boden gut eingesetzt werden.

▶ Dies ist Schulter-herein im Trab auf „vier Hufspuren", jedes Pferdebein folgt seiner eigenen Spur.

▶ Eine Traversale im Trab. Dabei geht das Pferd vorwärts-seitwärts in der Bahnfigur „Durch die ganz Bahn wechseln".

▶ Beim Schenkelwei-chen (links) wird das Pony „in Stellung" seitwärts geführt. Im Schulterherein (Mitte) biegt sich das Pony, die Vorhand kommt nach in-nen, im Travers (rechts) die Hinterhand.

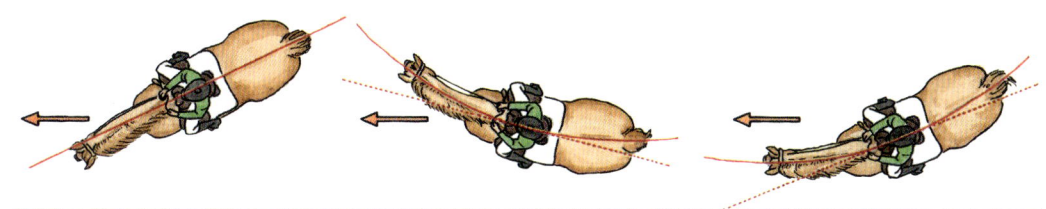

Schöne Zukunftsaussichten

Unter dem Sattel kannst du die Seitwärtsbewegung in verschiedene Hufschlagfiguren einbauen. Du kannst dein Pony bei einer einfachen Schlangenlinie seitlich übertre-ten lassen. Diese Figur nennt man „Viereck verkleinern und vergrößern". Geübte Pferde und Reiter können sowohl das Schenkelweichen, als auch Schulterherein und Travers im Trab und (Jahre später) auch im Galopp reiten.

▶ **Tipp:** Mehr über das Zusammenspiel aller Hilfen fin-dest du auf Seite 214.

Hilfengebung Schenkelweichen

Auf der linken Hand, Pferdekopf zeigt in Richtung Bande:
- rechten Bügel stärker belasten = Reitergewicht verlagert sich etwas nach rechts,
- rechter Unterschenkel liegt etwas zurück und treibt,
- linker Unterschenkel liegt etwas zurück und passt auf, dass das Pferd langsam und nicht zu weit seitwärts tritt,
- Blick des Reiters in Bewegungsrichtung nach links,
- linker Zügel reguliert die Pferdereaktion auf den rechten Schenkel,
- rechter Zügel stellt das Pferd leicht gegen die Bewegungs-richtung.

◀ Die beiden befreundeten Jährlinge traben eng beieinander und im Gleichschritt.

Leichttraben im Wechsel

Im Gelände wird immer leicht getrabt. Dabei solltest du immer mal den „Fuß" wechseln, weil du sonst immer auf dem gleichen „Fuß" leicht trabst und das schwächere Hinterbein dadurch schwach bleibt.

Fühlt sich das Wechseln auf den ungewohnten Fuß „komisch" an, ist das ein sicheres Zeichen dafür, dass das Pony oder Pferd steif und schief ist und mehr Bodenarbeits- oder Dressurübungen braucht.

Energiespartempo Trab

Im Trab bewegt sich das Pferd im Zweitakt. Zwei diagonale Beinpaare tun jeweils genau das Gleiche. Im Idealfall ist der Trab eine schwungvolle, raumgreifende Bewegung. Er ist eine Energiespar-Gangart, in der man im Gelände weite Strecken zurücklegen kann. Der Trab eignet sich nach dem Schritt am langen Zügel gut zum Lösen des Pferdes.

Der Arbeitstrab der Lösungsphase ist dabei wenig spektakulär. Reitet man nach der Lösungsphase jedoch Übergänge innerhalb einer Gangart, fangen manche Ponys an zu fliegen.

Kleines Trablexikon

An den kurzen Seiten fängt man das Tempo dabei ein, indem man eine oder mehrere halbe Paraden gibt, sich aufrichtet und die Schenkel etwas anlegt. Das Pferd geht einen verhaltenen Arbeitstrab oder versammelten Trab.

In der zweiten Ecke der kurzen Seite geht man dann mit der Hand etwas nach vorne und treibt, je nach Pferd leicht oder energischer, abwechselnd mit dem inneren und äußeren Unterschenkel am Gurt. Das Pferd macht schwungvollere, raumgreifendere Trabtritte bis hin zum Mitteltrab.

▶ Finja steht beim Leichttraben auf, wenn das äußere Vorderbein vorgeht, und entlastet damit das innere Hinterbein.

▶ Nini genießt den flotten Trab. Marcel könnte die Beine beim Treiben lang lassen.

▶ Levke lässt Sir Henry an der langen Seite „zulegen". Vor der Ecke zur kurzen Seite fängt sie das Tempo wieder ein. Trabt sie „richtig" leicht? *

* Levke trabt auf dem „falschen Fuß"; sie hebt sich im Sattel, während das linke Vorderbein nach vorne geht.

Anfangs sollte man beim Mitteltrab auf jeden Fall leichttraben. Bleibt man nämlich zu früh sitzen, lehnen sich viele Reiter mit dem Oberkörper nach hinten, um mit den Bewegungen des Pferdes mitgehen zu können. Dadurch behindert man aber die flüssigen Bewegungen des Pferdes, und Pferd und Reiter verspannen sich.

Leichttraben – gar nicht so leicht

Das Leichttraben ist die erste schwierige Übung in der Longenstunde. Der Reiter steht auf, wenn das äußere Vorderbein des Pferdes nach vorne geht und setzt sich hin, wenn das innere Vorderbein nach vorne geht.

Die Idee dabei ist, dass man das innere Hinterbein des Pferdes durch das Aufstehen entlastet.

Das „richtige" Leichttraben fließt auch in Reiterprüfungen mit in die Note ein. Allerdings ist es in manchen Ländern oder Reitweisen so, dass gar nicht oder, nach deutscher Sicht, auf dem falschen Fuß leicht getrabt wird. Und auch dafür gibt es gute Argumente.

▶ **Tipp:** Mehr übers Geländereiten auf Seite 258, die Lösungsphase auf Seite 230.

▶ Rosa trabt auf dem „falschen" Fuß leicht. Zwei Mal sitzen bleiben, dann stimmt es wieder, Rosa!

▶ Malte gibt Aron viel Zügelfreiheit, der verlängert schön seine Trab tritte.

◀ Eine etwas rabiate Hilfe zum Rückwärtsgehen. Hier muss man sich nicht wundern, wenn man zur Antwort in den Po gebissen wird.

▲ Rosa übt das Rückwärtsrichten zunächst vom Boden aus. Sie geht auf Trajan zu, sagt das Wortsignal „zurück" und tippt ihn mit der Gerte am Röhrbein an.

Vor und zurück

Rückwärtsrichten, also Rückwärtsgehen, soll genau wie der Trab diagonal und im Zweitakt erfolgen, ohne dass das Pony sich gegen einen ziehenden Zügel verspannt. Das Pferd soll flüssig, aber nicht eilig zurücktreten und sich jederzeit anhalten lassen.

Verspannte Pferde heben den Kopf an und machen eilige, breitbeinige Tritte oder gehen nicht diagonal rückwärts.

Hat das Pony noch nicht genau verstanden, was die Hilfen zum Rückwärtsrichten bedeuten, reißt es wahrscheinlich den Kopf hoch und das Maul auf. Dies tut es auch dann, wenn der Reiter glaubt, zum Rückwärtsrichten müsse man nur am Zügel ziehen.

Leicht soll es gehen!

Eigentlich sind die Hilfen zum Rückwärtsrichten genau die gleichen wie zum Anreiten. Man treibt mit beiden Schenkeln etwas hinterm Sattelgurt, als wolle man losreiten. Erst wenn man spürt, dass das Pony sich in Bewegung setzt, hält man am Zügel leicht gegen und leitet die Vorwärtsbewegung in eine Bewegung nach hinten um.

Manche Reiter heben dazu einfach nur ihre Hände ein wenig an und lassen sie sofort wieder sinken, wenn ihr Pferd das Gewicht nach hinten verlagert. Vielen Ponys fällt es leichter, rückwärts zu gehen, wenn sich ihr Reiter ein wenig nach vorne beugt und so ihren Rücken entlastet.

Schritt für Schritt vom Boden

Soll das Pony das Rückwärtsrichten erst lernen, bringt man ihm die Hilfen vom Boden aus mit Stimmsignal bei. Geht es dann am Boden flüssig zurück, hilft man ihm beim Übergang zum gerittenen Rückwärts.

Eine Person gibt weiter die Hilfen vom Boden aus, die zweite sitzt schon im Sattel. Erst nach diesen Vorübungen macht man sich ans Üben aus dem Sattel.

▼ Rückwärts durchs das Stangen-L ist eine beliebte Prüfungsaufgabe der Westernreiter.

▲ Finja fädelt sich rückwärts durch das Stangen-L. Noch muss Ute vom Boden ein wenig mithelfen.

▲ Finja lehnt sich nach vorne, um Katinkas Rücken beim Rückwärtsrichten zu entlasten. Die Unterschenkel hat sie zurückgenommen, damit Katinka nicht seitlich ausweicht.

Schaukel und Stangen

Geht das Pferd vom Boden und vom Sattel aus entspannt rückwärts, ist die „Schaukel" eine spannende und nützliche Folgeübung. Hier bewegt sich das Pferd erst eine Pferdelänge rückwärts, dann wieder vorwärts, dann wieder rückwärts. dann wieder vorwärts. Auch diese Bewegungsfolge für Fortgeschrittene übt man zunächst einmal vom Boden aus. Der bekannte Dressurtrainer Fritz Stahlecker übt dies mit seinen jungen Ausbildungspferden sogar in Freiarbeit!

Auch durch das Stangen-L kann das Pferd rückwärts geführt oder geritten werden. Es braucht schon viel Vertrauen des Fluchttieres Pferd, sich dabei nicht umzudrehen.

▶ **Tipp:** Mehr über das Rückwärtsrichten am Boden auf Seite 173.

◀ Schon die ganz, ganz Kleinen können und lieben den Galopp. Schau dir die Fußfolge an. Was für einen Galopp springt das Konikbaby*?

*Rechtsgalopp

▲ Greta und Kimberly im Linksgalopp im Anflug auf das nächste Cavaletti.

Hopp, hopp, hopp, Pferdchen lauf ...

Der Galopp ist eine Gangart im Dreitakt. Ein locker und raumgreifend gesprungener, schwungvoller Galopp ist wohl die Lieblingsgangart der meisten Reiter.

Vor dem Angaloppieren macht man das Pferd mit einem „Klingeln" am Zügel, einer halben Parade, aufmerksam. Der innere Fuß bringt mehr Gewicht in den inneren Steigbügel.

Dann wird der innere Zügel etwas angenommen. Danach legt man den äußeren Schenkel etwas zurück und treibt mit beiden Unterschenkeln. Mit der Hand geht man sofort nach vorne, sobald man spürt, dass das Pferd anspringen will.

Halbe Parade, Bügeldruck auf den inneren Steigbügel geben, inneren Zügel annehmen, mit beiden Unterschenkeln treiben und innere Hand nach vorn nachgeben – das alles dauert im Normalfall ungefähr ein Augenzwinkern.

Trabt das Pferd nur schneller, anstatt anzugaloppieren, nimmt man das Tempo wieder zurück und versucht es noch einmal, diesmal mit deutlicheren und besser aufeinander abgestimmten Hilfen.

Wenn es hakt

Manchen Pferden fällt der Galopp schwer. Dies kann daran liegen, dass ihr Reiter dazu neigt, sich am Zügel

▲ Sir Henry in der Einbeinstütze des Linksgalopps. In der darauf folgenden Schwebephase berührt keiner seiner Hufe den Boden und er wölbt den Rücken schön auf.

▶ Zum Angaloppieren reitet Madita eine Volte im Schritt oder, wie hier, im Trab. Wenn sie auf die lange Seite zureitet, ist Henry schön gebogen und galoppiert richtig im Linksgalopp an.

◀ Trajan ist beim Galoppieren ziemlich heftig geworden. Rosa wendet auf eine Volte ab.

▲ Henry schlägt beim Angaloppieren mit dem Schweif. Schimpft er ein bisschen, weil Madita mit der Hand nicht weich genug nachgegeben hat, oder möchte er gern ungebremst losdüsen?

▲ Hier kann man Rosas äußeres Bein, das hinter dem Gurt liegt besonders gut erkennen. Der innere Zügel wird etwas zu stark und ziehend eingesetzt.

festzuhalten, um tief im Sattel sitzen zu bleiben. Besser wäre es, stattdessen mit einer Hand in die Mähne oder in den Sattel zu fassen.

Ein zu enger Sattel, der an der Schulter drückt oder zu wenig Widerristfreiheit hat, behindert den freien Galopp ebenfalls. Im Galopp greift das innere Vorderbein weit vor und die innere Schulter bewegt sich weit nach hinten. Dafür braucht sie Platz.

Schiefe Pferde schließlich springen häufig im Außengalopp an. Im korrekten Arbeitsgalopp springt das innere Vorderbein weiter vor als das äußere.

Versammelt, mittel oder im leichten Sitz

Der Arbeitsgalopp hat ein gut regulierbares Tempo, in dem sich auch Zirkel oder Volten reiten lassen. Der versammelte Galopp ist wesentlich langsamer. Das Pferd tritt weit unter und wirkt rund. Im Mittelgalopp wirkt das Pferd dagegen etwas länger und macht raumgreifendere Bewegungen.

Sowohl beim Springen, als auch im Gelände geht man im Galopp in den leichten Sitz. Dazu hebt man sich ein wenig aus dem Sattel, bei ruhigen Pferden mehr, bei schnellen Rennern weniger. Die Hände gehen vor in Richtung Pferdehals und ruhen links und rechts vom Mähnenkamm. Die Zügel werden in der Zügelbrücke gefasst, die dem Reiter Stabilität gibt.

▶ **Tipp:** Wie ein passender Sattel aussieht, erfährst du auf Seite 209, mehr zum Galopp im Gelände findest auf Seite 264, die Zügelbrücke auf Seite 213.

▶ Katinka springt im Außengalopp an, sie soll aber in der Reitbahn im Innengalopp, hier im Linksgalopp gehen. Da hilft nur Durchparieren und neu starten, am besten aus einer Biegung heraus.

◀ Marcel neigt dazu, sich rund zu machen, wenn er müde ist. Nini hätte es leichter, wenn Marcel mehr in der Bewegung mitgehen würde. Hilfreich ist es, zwischen den Pferdeohren hindurch nach vorne zu schauen und die Bügel fest auszutreten.

▼ Finja nach einem Sturz. Enttäuscht sieht sie Katinka an und die schaut intensiv zurück.

Der Reiter auf der Erde

„Das höchste Glück der Pferde ist der Reiter auf der Erde". Diesen Spruch habt ihr bestimmt schon einmal gehört oder selbst grinsend aufgesagt. Er ist ja auch lustig. Das Fallen gehört zum Reiten wie der Kern zur Kirsche und es ist völlig normal, dass man ab und zu vom Pferd fällt.

Manchmal reicht die Kraft einfach nicht für eine ganze Reitstunde aus, vielleicht, weil der Tag sowieso schon anstrengend war. Dann genügt ein ganz normaler Sprung übers Cavaletti oder ein erschreckter Seitwärtshüpfer des Ponys und schon kommt man ins Rutschen.

Reitersitz bei Stress oder Müdigkeit

Vielleicht merkst du selbst beim Reiten, dass du müde wirst oder dich verspannst. Wenn es möglich ist, solltest du in diesem Fall eine Schrittrunde am langen Zügel reiten und dich dabei strecken, auf den Hals des Ponys legen oder andere Bewegungsübungen machen.

Die meisten Reiter ziehen die Beine hoch, halten sich am Zügel fest und kippen ein wenig nach vorne oder nach hinten, wenn sie müde sind oder unter Druck geraten. Sie sitzen nicht mehr sicher und stabil im Gleichgewicht. Bewegungsübungen bringen sie schnell wieder zurück in ihre Mitte und damit fester in den Sattel.

Nach dem Sturz

Nach einem schweren Sturz sollest du auf keinen Fall sofort wieder aufsitzen. Im Schock, der nach so einem Sturz auftreten kann, merkst du vielleicht gar nicht, wie stark deine Schmerzen sind. Sanfte, gleichmäßige Striche entlang der Ohrmuschel helfen, aus einem Schock herauszukommen, denn damit wird der Kreislauf angeregt.

▶ Finja rundet die Schultern nach vorne. Dadurch sitzt sie im Trab nicht stabil und Katinka könnte ihr leicht die Zügel aus der Hand ziehen.

▲ Auch Malte wird im Galopp ein bisschen rund, wenn seine Kraft nachlässt. Hier zieht er die Absätze hoch, nimmt die Schultern nach vorne und lehnt sich nach hinten.

Nachdem man den Boden geküsst hat ...

Nach leichten Stürzen sitzen die meisten Reiter gleich wieder auf. Anders sieht es aus, wenn viel Angst oder Schmerz mit dem Sturz verbunden ist, zum Beispiel, weil das Pony im Gelände durchgegangen ist oder weil man schwere Prellungen oder sogar Brüche davongetragen hat.

Es ist normal, nach einem schweren Sturz oder einer gefährlichen Situation eine Zeit lang ängstlicher zu sein als vorher. Auch hier hilft es, immer wieder Schrittrunden zu reiten, in denen man sich durch verschiedene Bewegungsübungen entspannt. Nach und nach und Schritt für Schritt wird man mutiger und die Angst verliert sich wieder.

Eine sehr gute Idee sind Falltrainings mit Holzpferd und Matten, die in einigen Reitschulen, oft zusammen mit Karate-Lehrern, angeboten werden. Hier kannst du üben, dich im Falle eines Falles richtig abzurollen, sodass es nicht zu Verletzungen kommt.

▼ Marcel hat die Beine im Trab etwas hochgezogen und lehnt sich insgesamt etwas zu sehr nach vorne. Die Ellbogen sind nicht mehr angewinkelt.

▼ Levke lehnt sich im Galopp etwas zu sehr nach hinten und streckt die Arme. Dadurch sitzt sie nicht mehr im Gleichgewicht. Nicht schlimm! Wie sitzt du, wenn du müde bist?

▼ Rosa verspannt sich, als Trajan im Galopp ein schnelleres Tempo einschlagen möchte. Alle Fotos auf dieser Seite sind Beispiele dafür, dass jeder Reiter in manchen Momenten aus der Balance gerät.

Ingrid Klimke – Mannschaftsolympiasiegerin

Immer schon Pferdefreundin

Ingrid Klimke hat als Kind einer Reiterfamilie schon früh begonnen, sich mit Pferden zu beschäftigen und zu reiten. Dabei wurde sie von Anfang an vielseitig und auf hohem Niveau gefördert.

Dazu gehörte auch pferdefreundliches Verantwortungsbewusstsein. Auch Ingrid Klimkes Brüder reiten. Ihr erstes selbst ausgebildetes Pferd Patriot ging sowohl im Springen als auch Dressur bis in die schweren Klassen.

Der Vater: Dr. Reiner Klimke

Die Einstellung, ein Pferd möglichst vielseitig zu fördern, lebte Ingrid Klimkes Vater, Dr. Reiner Klimke, beispielhaft vor. Sein Pferd Ahlerich gewann Welt- und Europameisterschaften und olympisches Gold in der Dressur, er wurde aber auch im Gelände und über niedrige Sprünge trainiert. Dr. Reiner Klimke starb 1999, aber er ist immer noch der erfolgreichste Reiter aller Zeiten mit den meisten Medaillen.

Vielseitig ausbilden

Als begeisterte Vielseitigkeitsreiterin bildet sie auch Pferde, die in Dressur oder Springen begabt sind, so vielseitig wie möglich aus. Ihre Trainingsmethoden stellt sie in einer DVD-Reihe und in zwei Büchern vor, die sie zusammen mit ihrem Vater geschrieben hat.

Mit ihren Pferden Robinsons Concord und Sleep Late kam sie in die Spitzengruppe der Vielseitigkeitsreiter und nahm im Jahre 2000 zum ersten Mal an den olympischen Spielen teil.

Spitzenpferde mit Spitznamen

Ingrid Klimkes Pferde haben Rufnamen.

Patriot: Pats
Robinsons Concord: Pony
Sleep Late: Blue
Butts Abraxxas: Braxxi

Tabasco: Tabbi
Dresden Man: Alfi
Und der Jack Russel Terrier
Lilofee wird Fee genannt.

Der Profi

Seit 1998 betreibt Ingrid Klimke einen Turniers-stall mit zehn Pferden, die je nach Begabung in Dressur, Springen oder Vielseitigkeit vorgestellt werden. Mit im Stall stehen auch das Shetland Pony Sir Barnaby und die edle kleine Schimmel-stute Kimberly. Auf ihnen reiten Greta Klimke und ihre Freundinnen – und eines Tages sicher auch Philippa, Gretas kleine Schwester. Unterstützt wird Ingrid Klimke von Carmen Thiemann, die die Pferde liebevoll und einfühl-sam betreut und auch das Stallmanagement führt. Mit ihrem Spitzenpferd Butts Abraxxas gewann Ingrid Klimke 2008 und 2012 Olympi-sches Mannschaftsgold.

◀ Pfützen und Wasser scheinen keine gruselige Angelegenheit zu sein, wenn man selbst bestimmen kann, wann man sie betritt und wann nicht.

▲ Katinka und Finja genießen den abendlichen Ritt ins Wasser. Inzwischen ist Katinka ein zuverlässiges Führpferd, das anderen Ponys die Angst vorm Wasser nimmt.

Im Gelände: Freiheit und Abenteuer

Während man in der Reitbahn sozusagen im sicheren Rahmen sattelfest wird, lässt es sich nie so genau einschätzen, welche Abenteuer und Herausforderungen man im Gelände bestehen muss. Hubschrauber, Traktoren, Rasenmäher, Kinder auf Bobbycars, Pfützen, Regenschirme oder Gullydeckel – das Gelände bietet viel Abwechslung.

Abruptes Stehenbleiben aus dem Trab und der eine oder andere Hüpfer zur Seite sind typische Pferdereaktionen im Gelände. Die meisten Pferde machen sich in einer Gruppe von mindestens zwei Pferden weniger Sorgen über Schreckgespenster, als allein.

Scheuen

Wenn mein Pferd scheut, bitte ich einen Reiter auf einem ruhigen Führpferd um Hilfe. Das geht dann vorneweg und ich lasse mein Pferd hinschauen, auch schnuppern. Es kann auch nützlich sein, im Schulterherein an Stellen vorbeizureiten, die dem Pferd unheimlich sind.

Auch Freiheit braucht Regeln!

Bei Gruppenritten richtet man sich aus Sicherheitsgründen nach dem Können des schwächsten Reiters oder Pferdes. Gemischte Gruppen sieht man daher nur in Ausnahmefällen auch einmal im Galopp, denn für einen Gruppengalopp im Gelände brauchen Pferd und Reiter viel solide Geländeerfahrung.

Natürlich hält man auch im Gelände genügend Abstand zum Vorderpferd. Hier sind es sogar zwei Pferdelängen. Reitergruppen geben Kommandos und Informationen wie: „Auto von hinten" von Reiter zu Reiter weiter. Zum Anhalten oder Durchparieren in eine langsamere Gangart hebt der Anfangsreiter die Hand oder er gibt deutliche Stimmkommandos.

▲ Die Gruppe richtet sich immer nach dem schwächsten Reiter oder Pferd. Darf ein Pferd nur im Schritt geritten werden oder hat man Anfänger dabei, macht man eben einen Schrittausritt.

▲ Die Begegnung mit vermeintlichen Schreckgespenstern wie hier einer Plastikfolie kann auch bereits auf dem Platz geübt werden. Unsere Ponys haben sehr unterschiedlich reagiert.

▲ Auch beim Bergabreiten entlastet man den Pferderücken, indem man sich leicht nach vorne neigt.

▼ Sobald man zu zweit oder zu mehreren reitet, spricht man sich ab und verändert nicht im Alleingang das Tempo. „Sollen wir angaloppieren?" „Ja, okay!"

Und wenn es spukt?

Manche Pferde fürchten sich vor Kühen, andere vor Plastikplanen. Steht heute eine Bank an einer Stelle, an der vorher nichts stand, ist sie den meisten Pferden unheimlich. Auch Dorfbewohner, die Unkraut zupfend am Boden knien, können einem Pferd Sorgen machen.

Scheuende Pferde beruhigt man am besten dadurch, dass man selbst ruhig bleibt, sie ein wenig klopft und anschließend weitertreibt. Sind Pferd und Reiter durch genügend Bodenarbeit schon ein gutes Team, ist es in besonders brenzligen Situationen sicherer, kurz abzusitzen und sein Pferd an einem Hindernis vorbeizuführen. Am Boden ist ein Reiter in solchen Fällen sicherer als auf dem Pferd.

Also, ab ins Gelände und nach Lobausfoidrung genügend Bodenarbeit und vielseitigem Reitunterricht.

▶ **Tipp:** Mehr über Scheu- und Gelassenheitstraining steht auf den Seiten 182 und 184.

◀ Levke, Rosa, Finja, Malte und Marcel drehen nach der Reitstunde auf dem Platz noch eine Runde im Gelände. Die letzten zehn Minuten wird immer Schritt geritten.

▼ Manchmal empfiehlt es sich, zumindest im Schritt paarweise zu reiten. So können ängstliche Pferde beruhigt werden, indem man sie in die Mitte nimmt.

Vorausschau und Rücksicht

Im Gelände ist Rücksichtnahme innerhalb und außerhalb der Gruppe gefragt. An Fußgängern, Radfahrern, aber auch an Weidetieren reitet man grundsätzlich nur im Schritt vorbei. Begegnet man anderen Reitern, wartet man mit dem Antraben oder Angaloppieren, bis diese sich weit entfernt haben.

Insgesamt hält man Risiken so gering wie möglich und meidet zum Beispiel nasse Holzbrücken oder morastige Wege.

Getrabt oder galoppiert wird nur auf elastischem Untergrund. Vor uneinsehbaren Kurven pariert man durch. Auf Asphalt, Beton, Schotter und auf frosthartem oder durch Regen aufgeweichtem Boden wird aus Rücksicht auf die Pferdebeine nur Schritt geritten.

Und noch etwas zum Thema Rücksicht: Pferdeäpfel, die vor Haus- und Hofeinfahrten fallen gelassen werden, müssen nach dem Ritt selbstverständlich entfernt werden!

12 Gebote für das Reiten im Gelände

1 Verschaffe dem Pferd täglich ausreichend Bewegung unter dem Sattel und auch auf der Weide oder im Paddock.
2 Gewöhne dein Pferd behutsam an Straßenverkehr und Gelände.
3 Verabrede Ausritte gemeinsam mit Freunden, denn in der Gruppe macht es mehr Spaß und ist sicherer.
4 Sicherheit geht vor: Verzichte nie auf einen Reithelm. Wichtig ist auch der Versicherungsschutz für Pferde und Reiter.
5 Pflege Zaumzeug und Sattel und kontrolliere deren Zustand.
6 Informiere dich über gesetzliche Regelungen für das Reiten in Wald und Flur in deiner Region.
7 Meide Fuß-, Wander- und Radwege sowie Biotope.
8 Vermeide das Reiten auf aufgeweichten Wegen und passe das Tempo dem Gelände an.
9 Reite an anderen Menschen immer nur im Schritt vorbei und sei dabei freundlich und hilfsbereit.

▲ Im Herbst und Winter wird es früh dunkel. Reiter und Pony sind mit Leuchtwesten, Bandagen, Decken oder anderem Zubehör aus lichtreflektierendem Material gut zu erkennen.

▲ Vor dem Überqueren einer Straße hält die ganze Gruppe an. Damit kein Pferd zurückbleibt, wechseln alle gleichzeitig die Straßenseite.

10 Melde Schäden, die entstanden sind, unaufgefordert und kümmere dich um die Regelung des Schadenersatzes.

11 Sprich andere Reiter und Fahrer auf mögliches Fehlverhalten an.

12 Mach dich praktisch und theoretisch fit fürs Geländereiten, z. B. mit dem FN-Abzeichen Deutscher Reitpass, das ist der sogenannte „Gelände-Führerschein" für Reiter.

▲ Um die weitere Strecke zu besprechen, zum Nachgurten oder aus vielen anderen Gründen muss auch in der Gruppe jederzeit durchpariert werden können. Für manche Ponys gar nicht so einfach!

Verkehrsregeln für Reiter

• Reiter werden in der Straßenverkehrsordnung den sogenannten langsamen Fahrzeugen gleichgestellt.

• Reiter benutzen den äußerst rechten Fahrbahnrand auf der rechten Straßenseite.

• Das Gebotsschild (blaues Schild mit weißem Reiter) kennzeichnet ausschließlich Reitern vorbehaltene Wege.

• Das allgemeine Schild „Durchfahrt verboten" gilt nicht für Reiter oder Pferdeführer. Erst mit dem schwarzen Symbol eines Reiters gilt dies Verkehrszeichen als ausschließliches Reitverbot.

• Richtungsänderungen sind mit Handzeichen anzuzeigen.

• Bei Dämmerung und Dunkelheit müssen Reiter auf öffentlichen Wegen und Straßen ausreichend beleuchtet sein.

• Mehrere Reiter (sechs bis zwölf Pferde) können einen geschlossenen Verband bilden, indem sie sich in Zweierreihen formatieren. Vorteil: Ruhigere, erfahrene Pferde, die auf der linken Seite gehen, können ängstlichere oder unerfahrene Pferde gegen den Verkehr abschirmen.

▶ **Tipp:** Regeln in der Reitbahn siehe Seite 226.

◀ Greta reitet Kimberly ohne Sattel und am langen Zügel zum Paddock. So können beide noch ein wenig entspannen.

Schritt im Gelände

Schrittphasen

Vor dem Aufsitzen im Gelände sollte das Pferd eine Weile geführt werden. So kann man noch vom Boden aus bequem nachgurten.

Wie auch in der Halle, so wird auch im Gelände zunächst einmal mindestens zehn Minuten lang Schritt geritten, damit das Pferd sich aufwärmt und löst. Der Zügel ist dabei so lang wie möglich. Da sich Ponys und Pferde im Gelände mitunter auch vor aufflatternden Vögeln erschrecken, lässt man die Zügel zwar lang, ist aber jederzeit bereit zum Nachfassen.

Auch im Straßenverkehr, bei Begegnungen mit Spaziergängern, anderen Pferden oder Kühen sowie auf hartem oder rutschigem Untergrund wird Schritt geritten.

In der letzten Viertelstunde eines schnelleren Rittes reitet man wieder Schritt am langen Zügel.

Peppige Ideen

Auch wenn man vielleicht nur wenige Geländestrecken zur Auswahl hat, so lassen sie sich doch problemlos aufpeppen.

Während der Schrittphase kann jeder Reiter eine Übung vorschlagen, wie zum Beispiel beide Zügel in eine Hand nehmen, einen Arm hoch strecken, im Schritt in die Bügel stellen, ein Lied singen, rechte Hand zum linken Knie führen. Wichtig ist dabei nur, Übungen so auszuwählen, dass man jederzeit auf ein plötzliches Scheuen des Pferdes reagieren kann. Rechte Hand zum linken Fuß wäre also beispielsweise eine unpassende Übung.

Übungen im Gelände

Nach der Lösungsphase kann die ganze Gruppe zum Beispiel immer mal wieder Volten oder Schlangenlinien einbauen. Oder der jeweils letzte Reiter pariert sein Pferd zum Halt durch, die anderen reiten eine kurze

◀ Trajan und Sir Henry haben ein ähnliches Schritttempo. Levke und Rosa können entspannt nebeneinander reiten. Aber Vorsicht, auch beim Plauschen immer aufs Pony konzentrieren!

▼ Malte wartet mit Aron, während die Gruppe wegreitet. Eine nützliche Übung nicht nur für den Notfall.

Strecke im Schritt oder im Trab, dann trabt der letzte Reiter an, überholt die Gruppe und setzt sich selbst an die Tete.

Dies wird so lange wiederholt, bis der ursprüngliche Tetenreiter wieder vorne ist. Oder der erste Reiter reitet eine Kehrtvolte und setzt sich ans Ende der Gruppe. Nach und nach folgen die anderen Reiter, bis der Erste wieder ganz vorn ist. Zulegen im Schritt oder im Trab und bei fortgeschrittenen Reitern und Pferden auch im Galopp, Durchparieren vom Trab zum Halten oder vom Galopp in den Schritt sowie anschließendes antraben oder angaloppieren sind anspruchsvolle Übungen.

Für den Notfall

Auch das Wegreiten eines Einzelnen von der Gruppe kann geübt werden. In Notfallsituationen kann es wichtig sein, dass das Pony gelernt hat, seinen Herdentrieb zu überwinden und sich von der Gruppe zu trennen.

▼ Malte trabt mit Aron an den anderen vorbei und setzt sich an die Spitze. Gut gemacht! Erst traben wir eine Runde mit Aron als Tetenpony, dann ist Nini dran.

In der Konikherde wird eher selten galoppiert. Hauptgangart ist der Schritt. Nur im Spiel oder bei Auseinandersetzungen galoppieren die Ponys.

Marcel galoppiert begeistert im leichten Sitz. Nini fühlt sich wohl dabei!

Trab und Galopp

Im Trab lassen sich lange Geländestrecken problemlos überwinden, dabei immer leicht traben. Da man dazu neigt, auf dem „bequemeren" Fuß leicht zu traben, sollte man immer mal wieder den Fuß wechseln, also zwei Mal sitzen bleiben. Andernfalls wird das schwächere Hinterbein des Ponys oder Pferdes immer schwächer.

Auch im Trab lässt sich das Tempo verändern. Man kann einen gemäßigten Arbeitstrab reiten, aber man kann sein Pony auch mal im Trab abfliegen lassen. Im Gelände fällt der Mitteltrab oft sehr schwungvoll aus!

Abheben im leichten Sitz

Geländegalopps lassen sich üben. Kurze Strecken bergauf, kurze Galopps hinter Ponys, die schnell vorweg traben könnten erste Möglichkeiten sein, den Galopp zu üben. Auch in der Bahn galoppieren ungeübte Reiter zuerst einfach nur auf. Von ausgesprochenen Galoppstrecken ist dringend abzuraten. Natürlich sind einige Wege einfach ideal zum Galoppieren. Aber gerade dort solltest du ab und zu Schritt reiten, damit dein Pony nicht auf Galopp programmiert ist, sobald es eine bestimmte Wegstrecke sieht!

Auch auf den letzten Metern vor Stall oder Weide ist es absolut tabu, zu galoppieren. Der Herdentrieb ist stark und die Gefahr, dass das Pony sich nicht mehr kontrollieren lässt und durchgeht, ist groß.

Am leichtesten regulierbar ist der Galopp, wenn es leicht bergauf geht. Im Galopp geht man auch im Gelände in den leichten Sitz. Man hebt sein Gesäß aus dem Sattel und stützt die Hände links und rechts am Mähnenkamm ab. Bei temperamentvolleren Pferden behält man den Sattelkontakt bei und verlagert nur das Gewicht über die Hände am Mähnenkamm weiter nach vorn. Der leichte Sitz ist bequem und kann, wenn man darin geübt ist, auch einmal eine Viertelstunde lang beibehalten werden, ohne dass man ermüdet.

◀ Malte und Marcel galoppieren mit ihren Ponys den Hang hinauf. Das ist ein super Training für die Hinterhand und für die Ponys ganz schön anstrengend.

▲ Gruppengalopps sind nur in Gruppen mit fortgeschrittenen Reitern und Ponys ratsam. Auch hier kann man erkennen, dass einige Ponys nichts dagegen hätten, richtig loszudonnern.

Galoppverbot für Durchgänger

Hat das Pferd zu wenig Bewegung, ist es heftig oder sehr schreckhaft, so kann es vorkommen, dass es im Galopp plötzlich enorm beschleunigt und den Reiter im Sattel gar nicht mehr wahrnimmt. Das ist gefährlich und fühlt sich auch so an. Pferde, die zum Durchgehen neigen, sollten einige Monate lang gar nicht im Gelände galoppiert werden.

Wenn das Pferd zu schnell wird, hilft es, sich tief in den Sattel zu setzen, die Zügel nachzufassen, mit einer Hand in die Mähne oder in den Sattel zu greifen und mit der anderen immer wieder Paraden zu geben. Auch ein Balanceriemen um den Hals kann heftige Pferde beruhigen.

Oftmals sind sie durch ungenügelte Gruppengalopps erst heiß gemacht worden. Außerdem sollten die Haltungsbedingungen geändert und Ursachenforschung betrieben werden. Hat das Pferd vielleicht Schmerzen und ist daher so kopflos? Ist es insgesamt schlecht geritten und wenig durchlässig? Passt der Sattel nicht?

▶ **Tipp:** Mehr über den Trab auf Seite 248, Sattelcheck auf Seite 209.

Keine Panik!

Wenn ein Pony durchgeht, ist es ist schwierig, einen guten Tipp zu geben. Am wichtigsten ist, dass man selbst keine Panik bekommt. Also: Ruhig atmen, mit einer Hand in die Mähne fassen, die Bügel nach vorne austreten und fest im Sattel einsitzen. Immer wieder halbe Paraden geben, aber keinesfalls an beiden Zügeln fest und unnachgiebig ziehen.

◀ Die Konikstute klettert durch einen ausgetrockneten Wassergraben. Ihr Fohlen lernt so natürliche Hindernisse kennen und folgt der Mutter ohne Angst.

▲ Zum Vielseitigkeitstraining gehört es, natürliche Geländehindernisse wie einen Wall zu überwinden.

Hindernisse im Gelände

Neben gruseligen Gullydeckeln oder furchterregenden Plastikplanen bietet das Gelände Hügel und Berge zum Hochgaloppieren und Gräben und kleine Baumstämme für niedrige Sprünge.

Bergauf geht der Reiter in den leichten Sitz und verlagert so seinen Schwerpunkt nach vorn, genau wie das Pferd. Auch bergab beugt man sich leicht nach vorn. Nur beim Sprung bergab verhält man sich anders. Beim sogenannten Sicherheitssitz bleibt der Oberkörper aufrecht und die Schenkel liegen vorne und fest am Pferd. Das Gewicht wird in die Bügel verlagert, um in der Landung dem Pferd nicht in den Rücken zu fallen.

Nach vorn denken

Gräben und andere kleine Naturhindernisse überwindet man anfangs am besten hinter einem sicheren und erfahrenen Pony oder Pferd. Genau wie im Geländegalopp geht man beim Überspringen kleiner Sprünge in den leichten Sitz, treibt vorm Absprung und gibt dem Pony genügend Zügelfreiheit, sodass es überm Sprung seinen Hals als Balancierstange benutzen kann. Ansons-

▶ Sir Henry springt gern und hat in Springprüfungen schon Schleifen in allen Farben gewonnen. Hier nimmt er die strahlende Levke mit über einen Steilsprung.

▼ „Huch, das lag doch vorher noch nicht hier?" Trajan darf sich die Stange an ungewohnter Stelle zuerst einmal in Ruhe ansehen.

▲ Katinka weiß nicht genau, wie hoch diese Stange eigentlich ist. So macht sie sicherheitshalber einen riesigen Satz und Finja hat es schwer, mit der Bewegung mitzugehen.

▲ Greta springt über zwei Cavaletti und wechselt zwischendurch die Hand. Schön dynamisch!

ten überm Sprung immer nach vorn denken und dabei zwischen den Ohren des Pferdes hindurch dahin schauen, wo es als Nächstes hingehen soll!

Halali: Jagdreiten

Manche ländlichen Reitvereine bieten im Herbst, wenn die Getreidefelder abgeerntet sind, traditionelle Reitjagden an. Im Trab und Galopp geht es dabei über niedrige oder auch anspruchsvollere Geländehindernisse.
Häufig wird in zwei Gruppen geritten, in einer reiten die Reitjagd-„Profis", in der anderen die weniger Geübten, die auch mal einen Sprung auslassen möchten. Schon das Zuschauen macht großen Spaß, das Mitreiten jedoch ist unvergleichlich!

▲ Malte und Aron schauen schon zum nächsten Sprung. Wie hoch der wohl ist?

Reiterralleys

Andere Reitvereine organisieren zum Teil schon seit Jahren fantasievolle Reiterralleys, bei denen meist im Gelände, manchmal auch auf dem Platz witzige Aufgaben gelöst werden müssen. Auch bei den Reiterralleys gilt: Zuschauen ist toll, mitmachen aber toller!

Cavaletti-Training

Das Reiten über Cavaletti ist eine gute Übung für junge Reiter. Volten, Kehrtwendungen, Schlangenlinien und Achten lassen so viele Ideen für abwechslungsreiche Figuren zu!
Greta springt gerne über Cavaletti! Sie und Kimmi werden dabei schön locker und haben Spaß.

Cavaletti springen

Cavatelli oder Cavaletti?

Marcel mag Makkaroni, Malte mag Rigatoni, Clara mag Tortellini, Levke mag Cavatelli, Finja mag Quadretti, Rosa mag Spaghetti und Ingrid Klimke mag Cavaletti.

Auch wenn man Cavaletti nicht essen kann, so können sie doch genauso glücklich machen wie die mindestens 100 Nudelsorten, die man in Italien kennt. Und wie Nudeln, so sind auch Cavaletti sehr vielseitig und immer wieder anders einsetzbar.

Gymnastik für alle

Bei Ingrid Klimke bereichern sie nicht nur das Spring- sondern auch das Dressurtraining junger und erfahrener Pferde und Reiter. Reiten soll Pferd und Mensch vor allem Freude bereiten, findet sie. Damit auch Dressurpferde eine Chance haben, locker zu werden und nicht vor Langeweile zu verkümmern, stellt Ingrid Klimke ihnen nach einer ausgiebigen Lösungsphase immer wieder neue Cavaletti-Aufgaben.
Und Spaß kann man mit Cavaletti wirklich haben, wenn man einige Dinge beachtet. Denn auch der tollste Spaß sollte fair und sicher für alle Beteiligten sein.

Vorsicht, Abstand halten

Klassische Cavaletti, oder auf Deutsch Bodenricks, lassen sich in drei verschiedenen Höhen und den verschiedensten Mustern aufstellen. Die Abstände zwischen den Cavaletti richten sich danach, in welcher Gangart man sie überwinden möchte.
Im Schritt beträgt der Durchschnittsabstand beim Pferd 80 cm, im Trab 1,30 m und im Galopp 3,00 m. Aber Vorsicht: Dies sind Durchschnittswerte, die nicht nur für Ponys individuell verändert werden müssen, damit Pony oder Pferd auch wirklich vertrauensvoll losmarschieren.

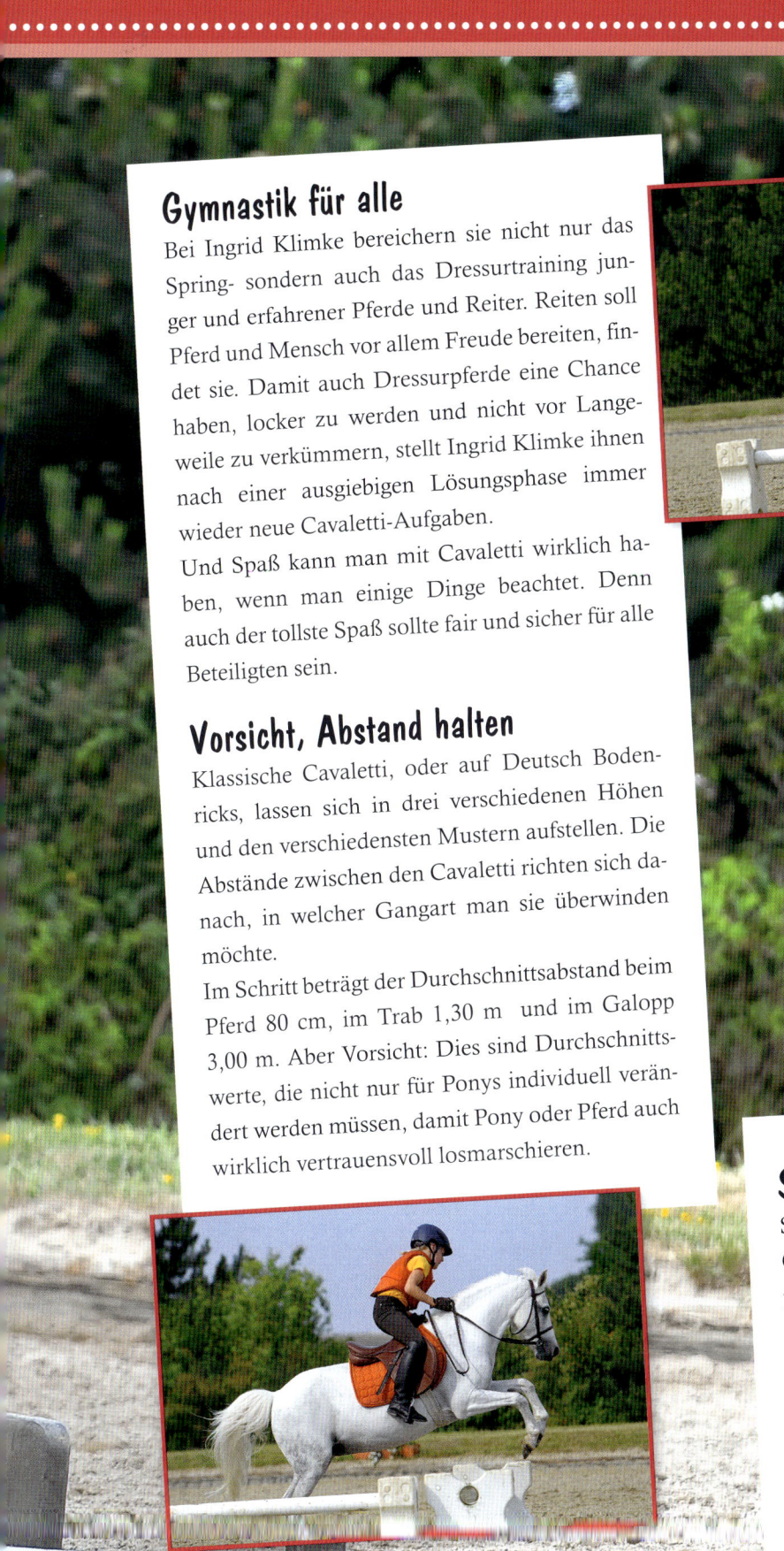

Schritt bis Galopp

Schon beim Warmreiten im Schritt können die Cavaletti mit einbezogen werden, in der Lösungsphase kann auf geraden Linien über sie getrabt werden. Nach gründlichem Lösen kann man sich daran wagen, ein Cavaletti-L aus zwei Cavaletti in Form der Acht zu überwinden.
Diese anstrengende Übung darf fünf Minuten dauern – aber nicht wesentlich länger. Für regelmäßiges Cavaletti-Training lohnt es sich, sechs bis acht Bodenricks zur Verfügung zu haben.

◀ Plantschen macht Spaß! In der insektenreichen Zeit oder bei großer Hitze genießen die Ponys ein kühles Plantschbad an der Wasserstelle.

▼ Aus dem Wasser heraus traben oder galoppieren bringt Spaß … und nasse Reithosen!

Herausforderung Wasser!

Viele Ponys zögern, bevor sie ins Wasser marschieren. Sie wissen ja nicht, wie tief das Wasser ist und ob der Untergrund sie trägt.

Bevor man ins Wasser reitet, sollte das Pony gelernt haben, über verschiedene Untergründe zu gehen, beispielsweise über Plastikfolien und Gullydeckel.

Mit Führpferd voran

Wenn eines meiner Pferde neue Situationen kennenlernen soll, haben wir immer ein unerschrockenes, braves Führpferd dabei. Auf diese Weise lernen Jungpferde zum Beispiel ohne Stress ins Wasser zu gehen oder über Hindernisse zu springen. In schwierigen Situationen füttern wir auch zur Belohnung.

An einem heißen Tag, bei richtigem Badewetter, mögen viele Ponys lieber ins Wasser gehen als an kühlen Tagen. Genau wie ihr Reiter sollten sie dabei so wenig anhaben wie möglich.

Und rein ins kühle Nass!

Manche Ponys folgen ihrem Menschen ins Wasser, wenn er vorausgeht. Andere folgen lieber einem anderen, badebegeisterten Pony ins Nass.

Zunächst einmal genügt es, zögerliche Ponys ans Wasser heranzuführen und sie daran schnuppern oder sogar daraus trinken zu lassen. Sind sie gar zu ängstlich, kann ein zweiter Mensch sie von hinten mit der Stimme oder leichtem Antippen mit einer Gerte zum Vorwärtsgehen bewegen.

Am Wasser dürfen sie zuschauen, wie ein anderes Pony ins Wasser geht.

Schließlich werden sie entweder hinter dem anderen Pony ins Wasser geführt oder sogar hineingeritten. Nun beginnt der eigentliche Spaß.

▲ Katinka trinkt in Ruhe aus dem sauberen Fluss. Sie fühlt sich sicher.

▶ Das Führen über Plastikplanen ist eine gute Vorbereitung für den ersten Ritt in die Fluten.

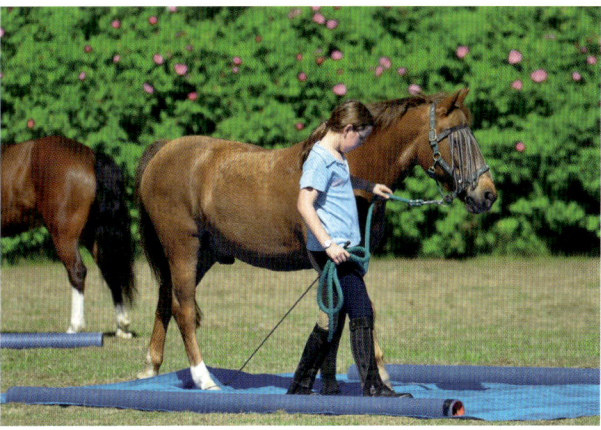

◀ Auch dies ist eine nützliche Übung, um die Gelassenheit des Ponys zu trainieren. Sir Henry geht zwischen den Planen hindurch. Danke, liebe Ponyeltern!

Seepferdchen ahoi!

Je nach Badestelle kann man längere Strecken im flachen Wasser traben oder, wenn die Strömung nicht zu stark ist, etwas tiefer ins Wasser hineinreiten und schwimmen.

Wie schwimmt man denn mit dem Pferd? Entweder bleibt man auf ihm sitzen und hält sich in der Mähne fest. Oder man gleitet im Wasser neben das Pferd, greift in die Mähne und lässt sich ziehen. Vorsicht: Sowohl die Vorder- als auch die Hinterhufe greifen beim Schwimmen weit aus!

Schnelle Reaktionen sind gefragt, wenn das Pony im Wasser stehen bleibt und anfängt, zu scharren. Als nächstes wird es sich nämlich ins Wasser fallen lassen. Hier hilft nur energisches Treiben!

Viele Ponys und Pferde traben oder galoppieren ziemlich begeistert aus dem Wasser heraus. Auch darauf sollte man gefasst sein.

Vorsicht Hilfszügel

In den Schlaufen von Hilfszügeln, auch von Martingals, können sich die Vorderhufe des Ponys gefährlich verfangen – bitte alle Hilfszügel unbedingt vorher abschnallen! Auch die Zügelschnallen sollten vor dem Schwimmen geöffnet werden.

Wasserscheu überwinden

Als wir sie bekamen, ging Katinka noch nicht ins Wasser. Dann ging meine ältere Schwester Lisa mit ihr auf einen Wanderritt. Es war sehr heiß. Die Wanderreiter machten an einem kleinen Fluss Pause und führten die Ponys ans Wasser.
Erst hat Katinka nur getrunken, aber nach und nach ging sie immer tiefer ins Wasser. Inzwischen macht es ihr richtig Spaß, zu baden und anderen Ponys zu helfen, sich ins Wasser zu trauen. Wir finden das natürlich toll!

◀ Um seinen schweren Kopf nicht tragen zu müssen, stützt das Fohlen sein Kinn aufs Gras. Pferde stützen gerne den Kopf ab, auch auf der Schulter ihres Menschenfreundes.

▲ Marcel lässt Nini trinken. Nach einem anstrengenden Ritt achtet er darauf, dass sie nicht den ganzen Eimer auf einmal aussäuft, denn das kann zu einer Kolik führen.

Ruhe nach dem Ritt

Pferdeunerfahrene Menschen verstehen oft nicht, dass man vor und nach dem Reiten noch einmal genauso viel Zeit einplanen muss wie für das Reiten selbst. Ein Pony lässt sich nicht wegstellen wie ein Fahrrad.

Auch wenn es ausnahmsweise einmal schnell gehen muss und kann, ist es ja auch schön, wenn man sein Pferd nach einem Ritt in Ruhe versorgt. Es ist eine gute Möglichkeit für uns Menschen, uns dafür zu bedanken, dass unsere Pferde uns so freundlich durch die Weltgeschichte tragen.

Versorgen und Vorsorgen

Es gibt einiges zu tun. Trense und Sattel müssen gesäubert und weggebracht werden. Die Pferdehufe müssen sorgfältig ausgekratzt werden. Kleine Steinchen im Hufhorn könnten sonst zu Druckstellen, Hufabszessen und Lahmheiten führen.

Beine und Rücken des Pferdes untersucht man am besten mit der flachen Hand auf warme Stellen, kleine Schwellungen oder Verletzungen, bevor man das Pferd noch einmal abbürstet. Warme Stellen oder Schwellungen an den Beinen können Vorboten von Entzündungen sein.

Schwellungen in der Sattellage entstehen oft, wenn der Sattel nicht richtig passt oder wenn die Satteldecke verrutscht ist.

Draußen mit Freunden

Mehr als zehn Stunden, also einen knappen halben Tag, sollte man ein Pony oder Pferd nicht in eine Box sperren. In seiner Freizeit sollte sich jedes Pony oder Pferd zusammen mit anderen Ponys oder Pferden frei bewegen können, denn es braucht Pferdegesellschaft und freie Bewegung, um gesund und zufrieden zu bleiben.

▶ Rosa untersucht Katinkas Rücken, vor allem die Sattellage und ihre Beine mit beiden Händen auf warme Stellen und Schwellungen. Ein wichtiger Teil der Vorsorge.

◀ Nach dem Ritt müssen die Hufe auf Steinchen untersucht und gut ausgekratzt werden. Kein Problem für Nini und Marcel.

Wasser, Massagen und wärmende Decken

Im Sommer werden Beine und Rumpf zur Erfrischung mit dem Schlauch abgespritzt oder das Pony wird abgeschwammt, also an schwitzigen Stellen mit einem Schwamm erfrischt.

Im Winter deckt man das Pony spätestens nach dem Reiten für einige Stunden mit einer Abschwitzdecke ein, damit die erwärmte Muskulatur nicht zu abrupt abkühlt. Nach einem längeren Ritt braucht das Pony Wasser – aber es soll andererseits nicht zu viel auf einmal trinken, sonst könnte es eine Kolik bekommen. Ein halber Eimer voll Wasser genügt fürs Erste.

Auch eine schöne Massage tut dem Pony nach einem längeren Ritt gut. All das braucht Zeit.

Im Sommer kann man eine Plastikflasche mit Essigwasser, dem einige Spritzer ätherische Öle beigefügt wurden, mit zur Weide nehmen und das Pony nach dem Reiten damit abschwammen.

Ist das Pferd versorgt, braucht es freie Zeit mit seinen Freunden, Bewegung und Futter. Und erst dann haben auch wir frei.

▶ **Tipp:** Mehr über Gesundheitsvorsorge liest du auf Seite 164.

Ende gut, alles gut!

Es ist eine Kunst, eine Reitstunde so zu beenden, dass Pony und Reiter zufrieden sind. Man sollte immer mit einem guten Gefühl aufhören und sein Pony mit einem ehrlichen „Danke" abstatteln lassen.

Hat eine neue Übung vielleicht nicht so gut geklappt, macht man zum Abschluss einfach etwas, von dem man sicher sein kann, dass es gut gelingt.

Springreiten einmal anders

Sportstafette „Jump and Run"

Hin und wieder sieht man diese Prüfung auch schon auf ganz „normalen" Vereinsturnieren. Man startet zu dritt. Zuerst springt das Pferd-Reiter-Paar einen kleinen Parcours. In Bad Segeberg waren sechs Sprünge mit einer Höhe von etwa 60 Zentimetern zu überwinden.

Nach dem letzten Hindernis überreicht der Reiter seine Springgerte einem Läufer, der den gleichen Parcours zu Fuß meistert, und zwar so schnell wie möglich, denn gewertet werden die Fehler und die Zeiten der drei Sportler.

Springen als Lebenselixier

Malte hatte die Sportstafette zusammen mit seinem Freund Mirko genannt.

Seine Familie, Freunde und sein Fan-Club mit Levke, Marcel, Rosa, Clara, Ute und nicht zuletzt Horst drückten am Rand die Daumen oder wie Horst, den Auslöser der Kamera.

Und los!

Schon beim Einreiten konnte man gut sehen, dass Malte und Aron hier voll in ihrem Element waren. Konzentriert und in rasantem Tempo sausten sie in schönster Manier über die Sprünge. Zum Glück hat Malte ja Erfahrung in Springprüfungen. Neulingen passiert es in dieser Prüfung nämlich durchaus einmal, dass sie in der Aufregung die richtige Reihenfolge der Sprünge vergessen!

Hurra!

Nach dem letzten fehlerfreien Sprung stellte Mirko seine sportlichen Fähigkeiten unter Beweis und sprintete kraftvoll und in Bestzeit über die bunten Stangen. Dass er ordentlich Sprungkraft hat, beweisen Horsts Fotos.

Fazit: Für uns war „Jumper Boys" ganz klar der Gewinner der Prüfung, auch wenn es am Ende nur für den 5. Platz gereicht hat!

Tschüss!

Als ich vor ungefähr 30 Jahren ein Jahr lang im Stall des damaligen Landesmeisters im Springen arbeitete, ging es schon morgens beim Frühstück vor allem darum, dass es den Pferden gut gehen sollte.

„Lass Montara zusammen mit Malibu raus, die mögen sich. Nimm Checkup mit an die Ostsee, der braucht mal ein bisschen Wind um die Nase."

Jedes Pferd hatte ein Pflegemädchen, das mit ihm an der Hand grasen ging. Zwei große Holsteiner Schulpferde spazierten den ganzen Tag frei übers Hofgelände und mussten gelegentlich aus fremden Vorgärten geholt werden.

Und alle Pferde, auch die Hengste, verbrachten einen Großteil des Tages möglichst zusammen mit Freunden an der frischen Luft.

Die Persönlichkeit von Ponys und Pferden spielt nicht nur im Hochleistungssport eine wichtige Rolle. Leistung bringen Pferde nur, wenn sie rundum gesund und zufrieden sind. Dann sind sie so eigensinnig und lebendig, so schwungvoll, mutig, überraschend, schön und manchmal auch wild, wie ein Lebewesen nur sein kann. Und genau dafür lieben wir unsere Ponys und Pferde – und das Reiten!

Deine Ute

Adressen

Pony- und Pferderassen

Alle Pony- und Pferderassen haben allgemeine und andere Seiten, auf denen sich Gestüte vorstellen, die diese Rasse züchten. Eine schöne allgemeine Seite zur Rasse Shetland Pony ist **www.shetty.de**, alles über Haflinger findest du auf **www.haflinger-online.de**.

Die Pferdestammbücher sind ein Zusammenschluss von Züchtern der einzelnen Bundesländer. Jedes Bundesland hat mindestens einen solchen Verband, manchmal auch für Pferde und Ponys getrennt.

Unter **www.pferdezucht-rheinland.de** werden zum Beispiel Gestüte, Termine, Verkaufspferde und Wissenswertes aller Pferde- und Ponyrassen des Rheinlands vorgestellt, unter **www.ponyverband.de** findest du die hessischen Pony- und Pferdezüchter.

Die meisten Bundesländer haben eigene Landgestüte. Unter **www.die-deutschen-landgestuete.de** findest du viele Informationen.

Reitsport

Die Pferdesportverbände sind ein Zusammenschluss der Reitvereine der einzelnen Bundesländer. Alle unterschiedlichen Disziplinen und hier vor allem die Ausbildung und Jugendarbeit sind ein wichtiger Schwerpunkt ihrer Arbeit. Vom Norden …

www.pferdesportverband-sh.de für Schleswig-Holstein,
www.psvwe.de für Weser-Ems,
www.pferdesportverband-mv.de für Mecklenburg-Vorpommern
… bis zum Süden …
www.pferdesport-bw.de für Baden-Württemberg gibt es viele Seiten!

www.pferd-aktuell.de Die FN ist die Deutsche Reiterliche Vereinigung. Die Seite ist spannend und bietet viele Informationen für Reiter, die beruflich oder in ihrer Freizeit Turniere reiten oder fahren. Auch Western- und Distanzreiter sind hier vertreten. Unter „FN-Kids" gibt es eine Jugendseite.

www.vdd-aktuell.de Der Verein deutscher Distanzreiter und -fahrer bietet interessierten Einsteigern Schnupperritte und Geübten organisierte Langstreckenritte an.

www.buschreiter.de Interessante Neuigkeiten aus dem Vielseitigkeitssport.

www.mounted-games.de Spannendes zum Turbo-Reitsport Mounted Games.

www.vfdnet.de Freizeit-, Gelände- und Wanderreiter sind im Verein der Freizeitreiter Deutschlands organisiert. Der VFD macht auch Jugendarbeit und bietet interessante Workshops an, vertritt die Interessen von Reitern in der Natur und veranstaltet unter anderem Breitensportturniere.

Ausbildungsmethoden und Trainer

www.tteam.de Hier wird die Arbeit von Linda Tellington-Jones erklärt und man findet Termine von Lehrern, die in dieser Methode ausgebildet sind.

www.aniam.de Auf dieser Seite geht es um Tellington-Training mit Kindern.

www.pferdefluestern-fuer-kinder.com Eine schöne Seite für Kids von Andrea und Markus Eschbach.

www.ingrid-klimke.de Ingrid Klimkes Website

www.uteochsenbauer.de Ute Ochsenbauers Website

Pferdezeitschriften

Alle gängigen Pferdezeitungen sind auch im Internet zu finden, beispielsweise

www.st-georg.de, **www.mein-pferd.de**, **cavallo.de**, **reiterrevue.de**

Manche Informationen gibt es nur online:

www.hufgefluester.eu, **www.pferdiathek.tv**, **www.clipmyhorse.tv**

Register

Danke!

Ich möchte ich mich gerne ganz herzlich bei den vielen Menschen und Tieren bedanken, die dieses Buch möglich gemacht haben:

- Danke an alle Kinder und Ponys, die so begeistert mitgemacht haben: Finja und Katinka, Clara und Sunny, Levke, Madita und Sir Henry, Malte und Aron, Marcel und Nini, Rosa und Trajan und Shoshoni, Alexa und Galina und natürlich Ina! Leute und Vierbeiner: es hat sich gelohnt, oder?!
- Tausend Dank an Ingrid, Greta, Ruth und Philippa Klimke und an Carmen und Kimberly für engagiertes Mitwirken, Erdbeerbiskuitrolle, gute Laune und Geduld!
- Danke den Eltern der mitwirkenden Kinder, die als echte Organisationstalente Fahrten, Transporte und Betreuung übernahmen und auch die Sonnencreme und den Wassereimer für die Ponys nicht vergaßen!
- Tausend Dank an Jan Clausen, der Sally und Aron frühmorgens vor die Kutsche spannte!
- Das Ehepaar Vierling öffnete mir die Geltinger Birk. Tausend Dank dafür und für die schönen Winterfotos der Koniks, die Gisela Vierling aufgenommen und uns überlassen hat!
- Danke an die Koniks, die uns und unserem Fotografen Horst unbefangen zeigten, wie ihr Alltag aussieht und sich dabei sogar direkt vor der Kamera ins Wasser plumpsen ließen!
- Werner Unruh kam mit den Haflingern Little Boy und Raika und mit Hut und Doppellonge extra für Maltes ungarische Post angereist, vielen Dank dafür!
- Danke an Christian Meyer und Sönke Theede, die die Bergenhusener und Wohlder Reitbahnen für uns glatt zogen.
- Danke dem Reitverein Bergenhusen, der uns Platz und Halle zur Verfügung stellte.
- Danke unserem Wohlder Sportverein, der uns für den Fototermin auf dem Rasen des Sportplatzes reiten ließ!
- Danke dem Pferdesportverband Schleswig-Holstein
- Danke an das Pferdemuseum in Verden, dass wir ihre Exponate fotografieren durften.
- Danke den Züchtern Beate und Hubertus Schmidtlein, Fleur Schnee und ihren Trakehner Pferden.
- Tausend Dank für die grandiose Arbeit unseres weltbesten Fotografen Horst Streitferdt, der Kinder und Ponys nicht nur ins allerbeste Licht rückte, sondern ihnen durch seine immer freundliche und respektvolle Art auch half, natürlich und locker zu bleiben.
- Danke an meine Tochter Charlotte, die bei den Fototerminen den Überblick behielt und dafür sorgte, dass Horst die wichtigen Motive in den Kasten bekam!
- Danke an Gudrun Braun, mit der es auch diesmal eine Freude war, zusammenzuarbeiten!
- Danke an meinen Mann Andreas, der sowieso der Beste ist!

Bildnachweis und Impressum

Mit 800 Fotos von Horst Streitferdt / KOSMOS, 19 Fotos von Gudrun Braun (Seite 19 links, 21 unten, 32 oben rechts, 35 Mitte rechts, 38 unten, 70 oben, 71 Mitte, 92 unten, 122 oben rechts, 123 oben links und rechts, 256 Mitte und unten, 257, 266 oben rechts), ein Foto von Pauline von Hardenberg (Seite 282), zwei Fotos von Andreas Ochsenbauer (Seite 21 oben rechts, 81 unten), ein Foto von Ute Ochsenbauer (Seite 41 oben Mitte), ein Foto von Julia Rau / KOSMOS (Seite 268 unten), fünf Fotos von Christiane Slawik / KOSMOS (Seite 50 rechts, 51 oben links und unten) und fünf Fotos von Gisela Vierling (Seite 30, 31).
Mit 78 Illustrationen von Esther von Hacht und zwei Illustrationen von Susanne Retsch-Amschler (Seite 67, 73).
Mit 6 Pferdeillustrationen im Kolumnentitel von Nebojsa Kontic/Shutterstock.com.

Umschlaggestaltung von Henry´s Lodge GmbH unter Verwendung von fünf Farbfotos von Gorilla / fotolia (Vorderseite) und Horst Streitferdt (Rückseite).

Mit 836 Farbfotos und 80 Farbillustrationen.

Unser gesamtes lieferbares Programm und viele weitere Informationen zu unseren Büchern, Spielen, Experimentierkästen, DVD, Autoren und Aktivitäten findest du unter **kosmos.de**

Gedruckt auf chlorfrei gebleichtem Papier

© 2016, Franckh-Kosmos Verlags-GmbH & Co. KG, Stuttgart.
Alle Rechte vorbehalten
ISBN 978-3-440-14078-9
Projektleitung: Gudrun Braun
Redaktion und Bildredaktion: Gudrun Braun
Gestaltungskonzept und Satz: Plural Design
Produktion: Verena Schmynec, Andrea Hehn, Julia Reinel
Druck und Bindung: Print Consult GmbH, München
Printed in Slovenia / Imprimé en Slovénie

Mein außerordentlich
fabelhaftes Buch über

PFERDE
und REITEN

Ich heiße
Emma und bin
verrückt nach
Pferden!

Mein außerordentlich
fabelhaftes Buch über

PFERDE
und REITEN

ECHT NIX FÜR JUNGS

- Endlich reiten lernen
- Pferdesprache verstehen
- Emmas geheimes Tagebuch

Die schönsten Pferderassen
Einladungen für deine Reiterparty selbermachen
Pferdestarkes Daumenkino

NUR FÜR ECHTE PFERDE-FANS

KOSMOS

96 Seiten, ca. €/D 14,99

Du träumst immerzu von Pferden und vom Reiten? Dann bist du hier genau richtig!

Ich zeige dir:

- die schönsten Rassen
- wie du dein Pferd pflegst und verwöhnst
- wie du richtig sattelfest wirst
- meine Abenteuer mit meinem Pony Bisou
- … und noch vieles mehr

Nur für echte Pferdefans!

Lass uns zusammen:

- Pferde-Leckerli backen
- herausfinden, was für ein Reitertyp du bist
- Pferde zeichnen wie ein Profi

Extra dabei:

- Lustiges Pferderassen-Quartett
- Süße Pony-Lesezeichen

Alles über Pferde

Kerstin Niemann

Meine ersten Reitabzeichen

So klappt die Prüfung mit Spiel und Spaß

FRÜHER
Reit-
abzeichen
10–7
HUFEISEN

Nach der neuen FN-Prüfungs-ordnung

Was heißt „Auskammern"? 37

a) Man zieht die Sattel-decke am Widerrist hoch, damit sie dort nicht drückt.

Man holt das Sattelzeug aus der Sattelkammer.

fegt die Sattelkammer

Wo reitet man Schritt in der Reitbahn? 49

a) Immer auf dem ersten Hufschlag

Auf dem zweiten oder dritten Hufschlag. Trab und Galopp haben „Vorfahrt"

entlang der auf und ab. So
die anderen

Rassen weltweit.

b) Es gibt nur Schätzungen – ungefähr sind es 320 Rassen.

c) 150 Ponyrassen und 250 Rassen gibt es

viele verschiedene
e- und Ponyrassen
auf der Welt?

80 Seiten, ca. €/D 14,99

Bist du bereit für deine erste Abzeichenprüfung? Hier findest du alles, was du über Pferde und das Reiten wissen musst. Mit spannenden Rätseln und kniffeligen Fragen macht das Lernen und Üben richtig viel Spaß.

Extra: herausnehmbare Karten mit den wichtigsten Prüfungsfragen.

Pferdesprache für Kinder

Pferdeflüstern leicht gemacht

Andrea und
Markus Eschbach

56 Seiten, ca. €/D 9,99

Die Sprache der Pferde findet sich in keinem Wörterbuch. Doch durch genaues Beobachten kannst du bald verstehen, was dir dein Pferd mitteilen will. In kurzen informativen Texten, ergänzt durch tolle Fotos, erklären dir die Autoren, wie man die Pferdesprache lernen kann.

kosmos.de